幼儿园
食育主题活动
案例精选

刘秋红　主编

中国农业出版社
北　京

本书编写人员名单

主　编　刘秋红

副主编　于德彦　刘　琴

参　编　闫　安　杜　荣　李冬梅
李梦月　杨　薇　张旭楠
张珊珊　张晓红　赵凯莉
崔冰新

前言

“民以食为天”，每个人从出生开始就和食物有着密不可分的联系。食物是幼儿在生活中每天都要接触和享用的，食物背后也隐藏着一个地方的地域文化、国家文化甚至民族文化。以食物为载体的教育是通过教师的引导和支持，帮助幼儿将在生活中获取的关于食物的零散经验进行整合，进一步探索生活中的元素，从而获得成长的活动。北京市门头沟区第一幼儿园遵循“竞相绽放五色花开，关注发展成就未来”的教育理念，坚持“培养健康乐学、勇敢自信的快乐儿童”的育人目标，确定了以健康教育为基础的五彩教育园本课程。幼儿园以饮食教育为切入点，承担了中国学前教育研究会课题“健康饮食教育促进幼儿主动学习的实践研究”、北京市学前教育研究会课题“基于反思教学的教师开展主题活动的实践研究”以及北京市规划办课题“食品制作体验活动促进幼儿主动学习的实践研究”的研究。幼儿园以幼儿的主动学习为核心，以推动教师关注幼儿的健康教育、提升教师教学反思能力为抓手，以促进教师专业化发展、提升幼儿园教育质量为旨归，开展了以幼儿饮食教育为主要内容的“饮食营养活动课程”，即食育课程。

《3～6岁儿童学习与发展指南》（以下简称《指南》）中明确指出：“幼儿的学习是以直接经验为基础，在游戏和日常生活中进行的。”这就点明了幼儿学习的主要特点是在做中学、玩中学、生活中学。我园的食育课程正是遵循了幼儿的年龄特点和学习特点，通过“健康饮食主题活动”“食品制作体验活动”引导幼儿运用多种感官积极参与。幼儿在主动建构的过程中学得有趣、学得有效、学得有用，通过在看、听、尝、闻、摸、做中发现问题、分析问题、探究操作、解决问题，促进幼儿科学认知的发展；在与成人、同伴交流操作经验、介绍食物的过程中，表达自己的真实感受，促进幼儿语言能力的发展；尝试使用多种工具，用自己喜欢的方式展开想象，进行模仿和创造，获得美的感受和体验；了解家乡特色饮食、中国传统饮食文化，萌发爱家乡、爱祖国的自豪感。

我园在研究健康饮食主题活动的过程中，依据幼儿的年龄特点设计主题内容，小班重点在于认识食物的特征、营养，帮助幼儿从情感上与食物建立联系，并逐渐喜欢吃各种各样的食物，不挑食。中班主要以食物营养为切入点，让幼儿深入了解食物的不同营养，获得更丰富的食物知识。大班主要是结合饮食文化开展活动，让幼儿在活动中了解家乡甚至本民族的饮食。通过主题活动的开展，幼儿对食物的特点、食物的营养、进餐礼仪、饮食文化等方面有了更深的认识和理解。食育课程的实施以发展目标为中心层层落实，在《指南》《幼儿园教育指导纲要（试行）》（以下简称《纲要》）的基础上确立了以“关注幼儿发展需要，培养健康儿童”为取向的课程目标，将五大领域目标自然渗透在各个活动之中。在实现幼儿发展目标的同时，也确立了教师发展目标——提升教师环境创设能力、观察指导能力、活动设计能力、评价分析能力。

食育课程的开展经历了由教师参与研究到全园所有人参与研究的过程，包括保健医、食堂管理员、厨师、后勤人员、家长共同支持幼儿的学习与发展。我们依据幼儿的兴趣和需要不断调整活动内容和方式，总结梳理了教学环节中可以使用的教学方法和研究能力，提升了后勤人员的服务意识和水平，增进了家园沟通与配合，幼儿园整体办园质量有了进一步的提升。

我们行走在改革的道路上，从茫然困惑的摸索到坚定自信的前行，全体干部教职员工在课程实践中大胆假设、小心求证、历经挫折、持续摸索。虽是一路挑战，却也助推了幼儿园课程研究能力的不断提升。“千淘万漉虽辛苦，吹尽黄沙始到金”，喜欢走进孩子们的活动，愿意看到孩子们双眸中透出的欣喜、惊奇、渴望……今日幼苗茁壮成长，明日定成祖国优秀栋梁。

刘秋红

2018 年 6 月

目 录

主题一：香香的菜花（小班）

指导老师：闫安

一、主题由来

幼儿刚入园时，我发现大部分幼儿只吃大米饭，不吃蔬菜，挑食、偏食现象特别严重。蔬菜是孩子们每天都要接触到的，那么如何唤起幼儿对蔬菜的喜爱之情，使幼儿在宽松、自然、快乐的情境中了解蔬菜呢？我根据小班幼儿的年龄特点及本班幼儿出现的情况，准备开展一次健康主题活动，帮助幼儿改善挑食、偏食的问题，养成良好的健康饮食习惯。

在上一次食品制作活动“掰菜花”结束后，雪儿说她在家也帮妈妈掰过菜花，妈妈还把菜花做成了香喷喷的菜花炒肉，于是一场热闹的讨论开始了。有的说“妈妈在家给我做过菜花”，有的说“妈妈在家给我做过绿菜花”，有的说“我妈妈做的饭是全世界最好吃的”……虽然小朋友们讨论得很兴奋，但是普遍都不爱吃菜花。因此，我以菜花为切入点，设计并开展了“香香的菜花”这一主题活动。

二、设计思路

我将主题与区域活动相结合，引导幼儿运用不同的艺术形式表现蔬菜的色彩和形态。在“香香的菜花”主题活动中，通过提供菜花图片和菜花实物、家园合作、动手操作等活动不断丰富幼儿的认知体验。

本次主题活动分为四个阶段，每个阶段又细分了不同的活动内容。

第一阶段：菜花的家在哪里。

以菜花的生长过程为切入点激发幼儿的兴趣。因为在冬季不方便进行种植活动，所以我采取观看视频的方式让孩子直观感受植物生长的过程。

通过此阶段的活动，幼儿感受到菜花对人体的重要性，对菜花产生了浓厚的兴趣。

具体环节：小种子快快长——农民伯伯辛苦了。

第二阶段：菜花的特征是什么。

主要将主题与区域活动相结合，引导幼儿运用不同的艺术形式表现蔬菜的色彩和形态。在活动中观察幼儿在艺术表现方面是否有良好的学习习惯，激发幼儿愿意和蔬菜做朋友的情感，鼓励幼儿多吃蔬菜，养成良好的饮食习惯。

幼儿在本阶段已经愿意进一步了解菜花的秘密。通过观察实物的形式了解菜花的外形特征，幼儿对菜花不再有抵触心理。

具体环节：画画我的小菜花——蔬菜会画画。

第三阶段：菜花的家人都有谁。

引导幼儿通过直接操作与体验充分感知菜花的不同种类、形态、口味和营养，使幼儿在认识菜花种类的基础上丰富生活经验。在活动中观察幼儿对菜花的营养是否有了初步了解。让家长参与到食品制作活动中，以家园共育的方式帮助幼儿了解菜花的营养。

具体环节：菜花的家人都有谁——创意菜花。

第四阶段：菜花都能怎么吃。

经过前几阶段的活动，孩子们想要亲手制作食物。幼儿对操作活动感兴趣，更愿意品尝自己制作的食物。通过食品制作活动，孩子们对菜花更感兴趣了，也更愿意吃菜花了。整个活动以了解菜花的营养为主线，让幼儿在认识、探索和操作中都把健康作为主要目标，喜欢菜花，愿意了解多吃菜花的好处。

在活动中我们重点关注幼儿的主动学习和主动探索，幼儿在发现问题、主动探索、解决问题的过程中得到全面的发展，同时达到健康饮食的目的。通过食品制作活动转变幼儿观念，让孩子真正爱上菜花，知道菜花也是餐桌上的一道美食。

具体环节：凉拌菜花——爱吃蔬菜好宝宝。

三、幼儿可获得的领域经验

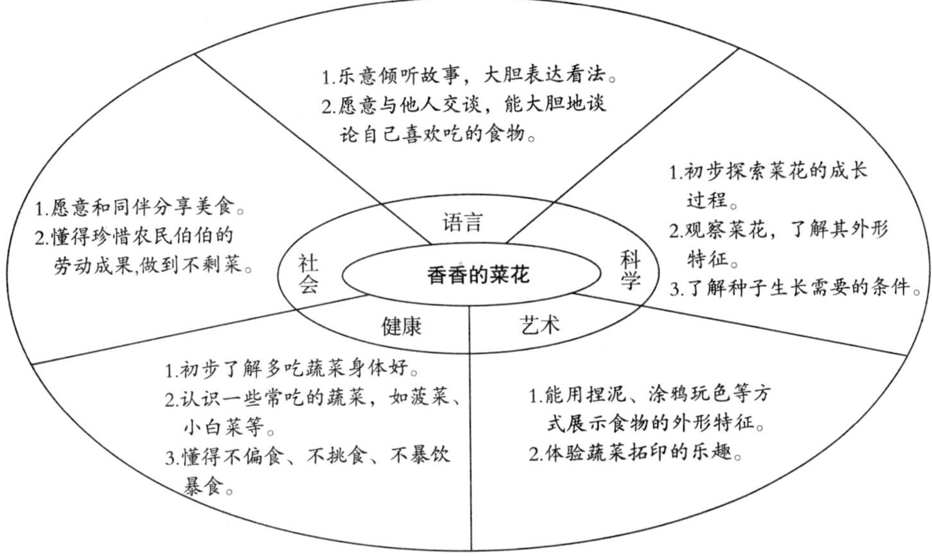

四、主题网络图和主题墙饰

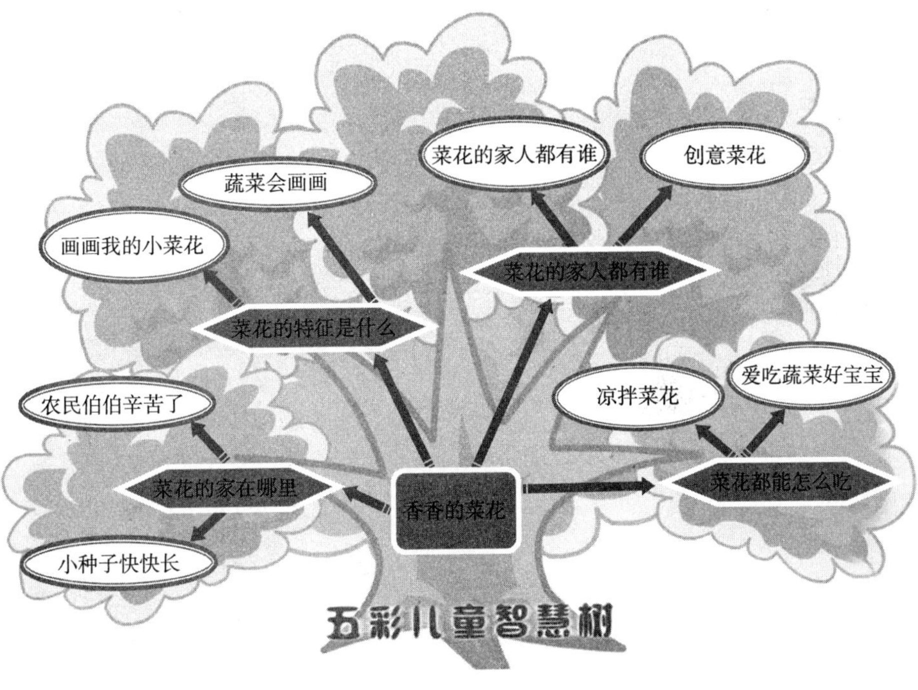

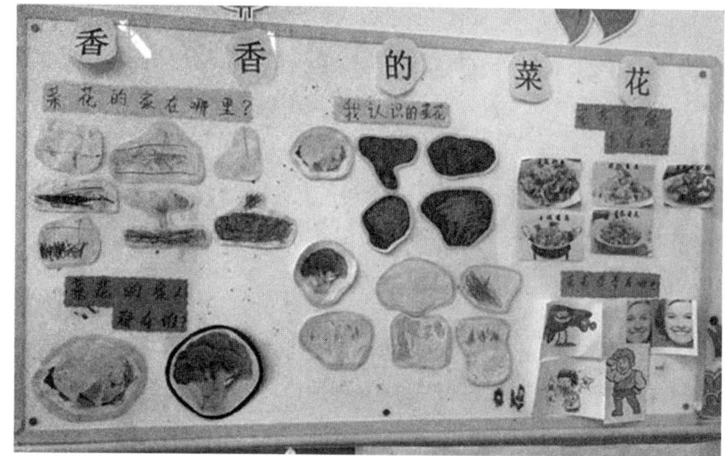

图 1

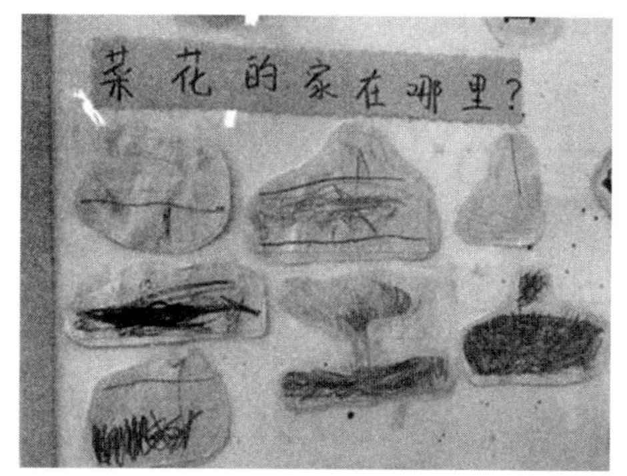

图 2

图 3

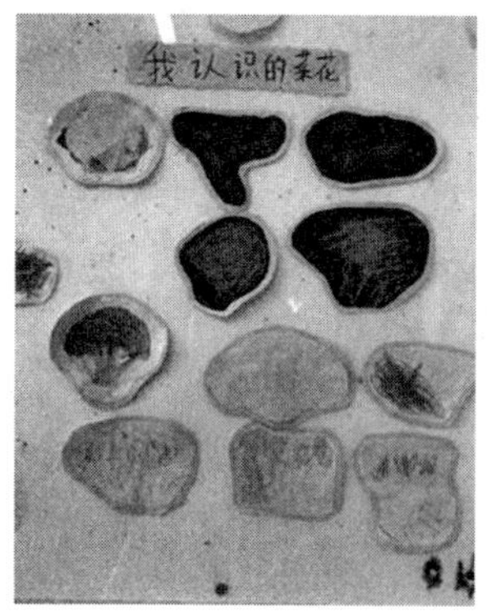

图 4

图 5

五、主题过程实录

第一阶段：菜花的家在哪里

环节一：小种子快快长

由食品制作活动“掰菜花”延伸而来。经过了好玩的食品制作活动，孩子们对菜花产生了浓厚的兴趣。幼儿1：“老师，咱们什么时候再掰一次菜花啊？”幼儿2：“菜花是长在地里的，我跟奶奶看见过。”幼儿3：“老师，菜花到底是从哪来的呢？”“对啊，对啊，菜花到底是怎么长出来的呢？”由此我才发现，孩子们因为生活经验较少，根本不知道植物是从哪儿来的，更别说是怎样生长的了。于是我及时抓住教育契机，从孩子的疑问和兴趣点入手，带领幼儿探究植物的生长过程和生长环境。

通过活动，幼儿知道了植物大都是由一颗种子而来，经过阳光的照射和雨水的滋润后，种子才能一点点地发芽长大，菜花也是一样，这让孩子们兴奋不已，吵着要找种子试一试。我满足孩子的求知欲和探索欲，找来了种子和孩子们一起种下去。孩子们每天精心地照顾着种子，可是种子久久也不发芽，这时我才告诉孩子们，种子发芽还需要的一个重要条件就是温度，现在是冬天，天气寒冷，所以小种子不肯露出头。

在活动中，孩子们初步了解了种子发芽所需的条件及种子的生长过程，在探究中学到知识，使已有的经验得到升华。

活动名称：菜花快快长大（集体活动）

活动目标：

1. 观察菜花，了解其外形特征。

2. 了解菜花的生长过程。

活动准备：装有菜花的袋子、挂图、菜花实物、水彩笔（人手一份）。

活动过程：

一、开始部分

故事导入，引出活动主题。

导语：“通过故事你知道了什么？”

二、基础部分

1. 提问："小菜花先长出了什么？又长出了什么？"

2. 教师示范并讲解菜花生长的过程。

出示装有菜花的袋子，告诉幼儿袋子里有一颗神奇的菜花。通过教学道具引导幼儿了解菜花的生长过程（图6）。

提问："故事里菜花的种子最终长成什么样子了？"

3. 游戏：种子发芽。

导语："种子是怎样长大的呢？请你跟着音乐来学一学。"

三、结束部分

1. 引导幼儿了解大部分植物都是由种子慢慢长大才变成现在所看到的样子。

2. 收集种子，供春天种植活动使用。

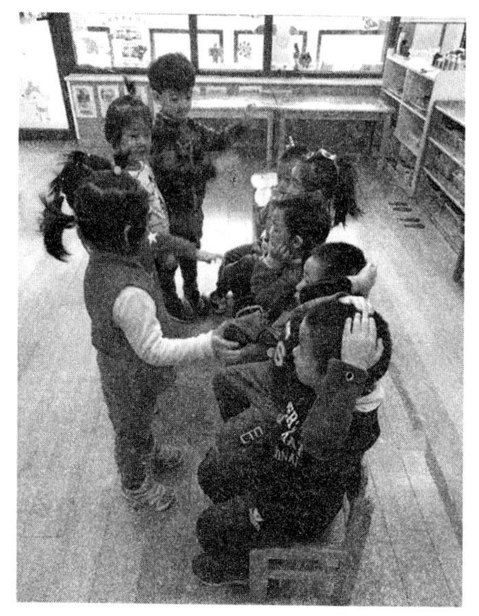

图6

环节二：农民伯伯辛苦了

进餐是孩子们在幼儿园一日生活中不可缺少的一个环节。经常能听到小朋友向我告状："老师，×××又把不爱吃的菜挑出去了。""老师，×××吃饭撒了一桌子，身上也全都是。""老师我不想吃这个，您帮我拨出去点，我吃一半行吗？"……针对我班幼儿目前进餐时出现的不想吃、不会吃，甚至吃一半、掉一半的现象，我开展了"农民伯伯辛苦了"的活动，通过活动使我们的宝宝懂得要珍惜粮食。在这次活动中我通过幻灯片引导孩子们观察大米、面粉和蔬菜的由来，观察各种农作物的生长过程和农民伯伯劳作的场景，让孩子们体会到粮食是农民伯伯辛苦劳动的成果，小朋友在吃饭时不能掉饭粒、剩饭菜，要爱惜粮食。这种社会性的情感教育对于小班孩子来说不太好理解，为此我结合孩子们的日常进餐继续开展这一教育。

在平时进餐时，我耐心地指导孩子们正确的握勺方法，培养他们安静进餐、细嚼慢咽的好习惯，并引导孩子们回忆自己种植菜花时的辛苦与期待，使孩子们逐步懂得尊重劳动者的劳动成果。

通过反复的指导、有效的表扬与奖励，孩子们增强了对他人的尊重意识，真正领悟到不浪费粮食要从自己做起。

活动名称：不浪费，好宝宝（集体活动）

活动目标：

1. 知道粮食的来历和爱惜粮食的道理。

2. 有良好的幼儿园进餐礼仪。

活动准备：PPT 课件。

活动过程：

一、开始部分

播放唐诗《悯农》动画，引出爱惜粮食的主题。

二、基础部分

1. 提问："你们知道粮食是怎样来的吗?"

2. 结合古诗的动画故事，引导幼儿了解粮食是农民伯伯辛苦种出来的，得之不易。

3. 和幼儿一起探讨粮食的来历和为什么要爱惜粮食。

4. 讲故事《小猪请客》，通过故事引导幼儿了解要怎样爱惜粮食。

三、结束部分

开展"小小检查员"活动。邀请班上的幼儿轮流当小小检查员，每餐之后检查幼儿的餐具是否还有剩饭剩菜，引导幼儿爱惜粮食。

活动反思：在活动中我们应该耐心地引导幼儿接触蔬菜。活动后引导幼儿参与讨论，阐述自己的发现，留给幼儿更多自己探索、参与的空间，让幼儿在操作之后得出结论。

阶段反思：通过主题第一阶段的活动，幼儿对菜花有了初步的了解，知道了菜花生长的过程。通过教学挂图和实物，幼儿更清晰地观察到菜花的生长过程，内容由浅入深，教学内容有探索性，孩子们能够积极主动地参与进来。在活动中，我随时观察幼儿的表现，支持幼儿的发现与想法，引导幼儿探索植物生长必备的条件，丰富了幼儿的生活经验，使已有经验得到升华。渐渐地，孩子们对于吃饭这一环节不再抵触，也知道珍惜粮食，大部分幼儿进餐难的现象得到改善。我知道我已经达成了第一部分的预设目标。

第二阶段：菜花的特征是什么

环节一：画画我的小菜花

经过之前"失败"的种植活动，孩子们已经知道植物生长的必备条件了，对菜花的兴趣也愈发浓厚了。在娃娃家里，孩子们玩得正高兴。幼儿1：“宝宝，吃点菜花吧，能长大个儿，菜花长得跟蘑菇有点像。”幼儿2：“爸爸，咱们家的菜花长得真像蘑菇，让我尝尝蘑菇菜花。”

我在无意间听到了孩子们在娃娃家的对话，我走过去以客人的角色参与到他们的活动中，问他们愿不愿意向大家展示自己的新发现，两个孩子非常开心。于是在活动区的分享环节，两个小朋友向大家分享了他们的收获，其他小朋友听了他俩的想法，也都兴奋地说出了自己的看法，一个新的活动就此生成了。

孩子们了解了菜花的外形特征，并用画笔记录了下来，有的还画了菜花的一家，因为一个菜花很孤单，它应该和家人在一起。

活动名称：画画我的小菜花（集体活动）

活动目标：

1. 能够正确选用颜色给菜花涂上漂亮的颜色。
2. 继续学习用水粉颜料涂色的技能。

活动准备：蜡笔、菜花图片、菜花实物。

活动过程：

一、开始部分

以菜花妈妈做客的形式导入活动。

导语：“今天有一位菜妈妈来做客，请你猜猜它是谁？它长什么样子？”

二、基础部分

1. 请小朋友把菜花妈妈的宝宝用蜡笔变出来。
2. 提出绘画要求。
3. 幼儿作画，教师巡回指导，注意纠正幼儿的握笔姿势，引导能力弱的幼儿选择好颜色后再涂（图7）。

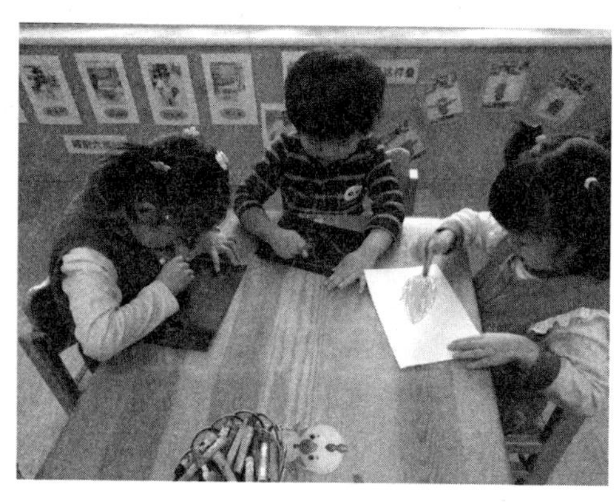

图7

三、结束部分

评价展示，展示一些绘画效果比较好的作品和一些有进步的小朋友的作品。

环节二：蔬菜会画画

蔬菜是幼儿在日常生活中最常见的一种食物，而利用蔬菜的横截面也可以创作出美丽的美术作品。因此我以蔬菜为主要道具，根据本班幼儿当前的发展水平设计了本次蔬菜拓印的活动。通过看一看、做一做、玩一玩增强幼儿对蔬菜的兴趣，激发幼儿对蔬菜的喜爱之情。

活动名称：蔬菜拓印（集体活动）

活动目标：

1. 尝试用胡萝卜、藕、甜椒、黄瓜、土豆、菜花等蔬菜的横截面蘸上颜料进行印画，初步感知印画的方法。

2. 通过用蔬菜印画，感受这种特殊画法的乐趣。

3. 养成物归原处的习惯。

活动准备：藕、胡萝卜、胡萝卜、菜花、葱头、辣椒等蔬菜，红黄蓝绿色颜料和浆糊做成的色糊，调色盘 5 个，湿手帕 5 块，长方形和圆形的纸若干，教师用蔬菜横切面印好的漂亮桌布。

活动过程：

一、开始部分

导语："今天有很多蔬菜宝宝来到了我们活动室里，你们想认识它们吗？那现在老师就把它们请出来。"（教师逐一出示蔬菜，幼儿回答）

二、基础部分

1. 导语："蔬菜宝宝们今天还带来了一个小小的魔术，它们制作出了一块漂亮的桌布，你们想看吗？（出示桌布）小朋友们，你们能猜出这上面的图案都是哪些蔬菜宝宝变的吗？"

2. 出示印画材料让幼儿认识。

导语："蔬菜宝宝变的魔术真好玩，你们想知道它们是怎么变的吗？我们一起来学习一下吧。"

3. 教师讲解并示范用蔬菜印章制作漂亮的桌布。

导语："选一个蔬菜宝宝，蘸上你喜欢的颜色然后盖在纸上，用手用力按压，蔬菜宝宝的魔术就变出来了。想换一种蔬菜怎么办？"引导幼儿要把蔬菜印章物归原处。

小结：印的时间要长一些，并且要用力压，不能将颜色重叠印，印完一个要等它晾一会儿再印下一个。

4. 幼儿操作，教师巡回指导。

导语："孩子们，你们想帮蔬菜宝宝变魔术吗？那我们也轻轻回到位置上尝试着变一变吧！"

幼儿自选方形或圆形的纸张当桌布。鼓励幼儿选择两种以上的蔬菜印章和颜料印画，提醒幼儿画完后把蔬菜印章放回原处。

三、结束部分

展示作品，欣赏漂亮的桌布。

提问："你喜欢哪一块桌布？为什么？猜一猜它们都是用什么蔬菜印的？"

阶段反思：孩子们对蔬菜渐渐产生了好感，挑食现象相比上一阶段有了明显的改善。通过本阶段的两个活动，幼儿更深层次地了解到菜花不仅对保持身体健康有着重要的作用，还可利用它进行玩色活动，这让孩子们感到非常惊讶。不知不觉中，我班幼儿对蔬菜的兴趣愈加浓厚了。

第三阶段：菜花的家人都有谁

环节一：菜花的家人都有谁

通过前两个阶段的活动，幼儿初步了解了菜花，并对它产生了极大的兴趣，随之而来的是各种各样的问题。幼儿1："我吃过白菜花和绿菜花。"幼儿2："我也知道有白菜花和绿菜花，老师，我喜欢粉色、蓝色和红色，那有粉菜花、蓝菜花和红菜花吗？"幼儿3："坦坦，只有白菜花和绿菜花，没有粉菜花、蓝菜花和红菜花。"幼儿4："为什么啊？"……

千奇百怪的问题向我扑来，于是我们开展了第三个阶段的活动"菜花的家人都有谁"。我利用多媒体和家长资源，帮助幼儿知道了菜花常见的种类，家长们还将白菜花泡在带颜色的水里，得到了新品种，这让孩子们兴奋不已。通过活动的开展，孩子们彻底爱上了菜花。

活动名称：菜花的家人都有谁（集体活动）

1. 了解白菜花和西蓝花的区别。

2. 初步了解两种菜花的营养价值。

活动准备：白菜花、西蓝花实物。

活动过程：

一、开始部分

出示魔术箱，引起幼儿兴趣。

导语："亲爱的小朋友们，你们看老师给你们带来了什么？"

二、基础部分

1. 摸一摸、猜一猜，鼓励幼儿大胆表述。

请 3～4 名幼儿上前摸一摸，并用较清晰的语言描述摸到物品的特征。

2. 揭晓答案。

导语："现在让我们来看一看摸箱里到底是什么。"

3. 分别介绍两种菜花的名称，并引导幼儿观察两种菜花的不同。

导语："原来小朋友们摸到的是菜花宝宝，让我们一起欢迎菜花宝宝到我们班来做客。菜花宝宝有个小问题想问你们，你知道它们的名字分别是什么吗？它们有哪些不一样的地方呢？"

4. 分别介绍两种菜花的营养价值，引导幼儿养成不挑食的好习惯。

三、结束部分

1. 根据班级情况将幼儿分为 2～4 组，教师分别将两种菜花放在盆里供幼儿观察，幼儿可随意摆弄菜花。

2. 幼儿分享自己的观察所得，教师进行总结。

环节二：创意菜花

我班幼儿初步了解了白菜花和西蓝花的区别，但兴趣依旧不减，常常会将菜花联想成白云、棉花，聊一聊关于菜花的话题。于是我结合本园的食品制作活动，发动家长的力量，共同给孩子带来了一节好玩的食品制作课"创意菜花"。

"菜花不仅可以吃，还可以变成漂亮的艺术作品。"我向孩子们卖着关子，孩子们刚刚听说这个活动时，感到很好奇，当我向孩子们大致介绍活动内容时，孩子们兴奋不已，他们非常期待这节活动早早到来，有的小朋友还主动让家长上网查找有关创意菜花的图片和视频发给我，孩子们的这一反应让我感到既惊讶又欣慰，因为通过我的努力，孩子们不良的饮食习惯终于得到了很大的改善。

活动名称：菜花大变身（小班）　　　　幼儿人数：9 人

活动目标：

1. 掌握插的技能。

2. 认识圣诞树的形态。

3. 爱吃蔬菜，感受自己做事的成就感。

活动准备：

1. 经验准备：认识西蓝花、胡萝卜。

2. 物质准备：西蓝花 1 颗、胡萝卜 10 根、大盘 4 个、小盘 9 个、牙签 9 根。

食材和工具的卫生：食材已焯水，工具已消毒。

食材和工具的安全：安全。

活动过程：

1. 出示圣诞树图片，请幼儿描述。
2. 出示食材，请幼儿想一想要怎样制作圣诞树。
3. 教师和幼儿一起讨论应该怎样制作圣诞树。
4. 教师重点讲解如何用牙签插，注意安全。
5. 幼儿制作，教师进行指导。
6. 做好后，请幼儿分享一下自己的制作经验。
7. 请幼儿提出在制作中遇到的难题，大家一起想办法解决。
8. 大家一起欣赏作品（图 8～图 9）。

图 8

图 9

活动反思：孩子们都非常喜欢这次活动，对于用菜花和胡萝卜制作圣诞树非常感兴趣。食材都是事先焯过水的，易于孩子们操作。在用牙签插的环节，孩子们也没有遇到太大的困难。食材已经提前切好，所以孩子们在操作的过程中井然有序，按部就班，每个孩子都完成了自己的作品。

阶段反思：通过主题活动的第三阶段，孩子们更加深入地探索了蔬菜的营养价值，还把菜花变成了艺术品，他们对“创意菜花”这一活动特别感兴趣，因为小班幼儿的动手能力还未能达到中大班幼儿的水平，所以我大力挖掘家长资源，以家长的力量推动主题继续开展，让家长亲身参与到孩子们的活动中来，以此来丰富孩子们已有的生活经验，锻炼提高孩子们的动手能力。看到一只只可爱的小羊和一棵棵精美的圣诞树在孩子的手中逐渐诞生的时候，作为老师的我感到无比骄傲。在我精心设计的活动中，孩子们能够主动积极地参与和探索，体验艺术的多样性，体验饮食文化的多样性。

第四阶段：菜花都能怎么吃

环节一：凉拌菜花

某天，我班的一个小姑娘突然跑来跟我说："老师，昨天我在饭馆吃的饭，我们吃了干锅菜花，特别辣，咱们幼儿园的菜花都是和西红柿一起做，我昨天吃的这个跟咱们这的不一样。"其他小朋友听见了，也纷纷说自己都吃过什么样的菜花。我抓住教育契机，先用多媒体向孩子们展示了菜花的多种吃法，之后请家长在家里给孩子们做一做，品尝一下不同做法的菜花，体验菜花由不同做法而产生的新口味。

活动名称：凉拌菜花（集体活动）

活动目标：

1. 了解制作凉拌菜花的方法。
2. 巩固掰菜花的技能，学习如何搅拌。
3. 爱吃蔬菜，珍惜劳动成果。

活动准备：菜花、麻酱、盐、醋、勺子、盘若干。

活动过程：

一、开始部分

1. 出示菜花，请幼儿说一说应该怎么掰。
2. 幼儿掰菜花，教师巡回指导。

二、基础部分

1. 和幼儿讨论凉拌菜花应该怎么做。
2. 教师将菜花焯水并为幼儿分好。
3. 与幼儿一起讨论凉拌菜花可以添加什么作料。
4. 出示麻酱、盐和醋，请幼儿看一看、闻一闻。
5. 请幼儿取勺子尝试搅拌（图 10）。

提问："怎样把菜拌得均匀而且不撒出来？"

三、结束部分

1. 幼儿分享自己的搅拌经验：轻轻搅拌转圈圈。
2. 教师与幼儿共同回顾制作过程。

图 10

环节二：爱吃蔬菜好宝宝

有一天，小鱼跟我说她妈妈知道我们班里在正在开展菜花的主题活动，于是和小鱼一起学习了很多关于菜花的知识，小鱼开心地向大家进行了分享。经过小鱼的分享，我从中筛选出小班幼儿能够理解的营养点向孩子们进行讲解，通过我的讲解，我班幼儿对于菜花又有了新的认识。

孩子们了解了菜花的营养并分享给了家长，好多家长向我反馈，说孩子回家就要吃菜花，还说了好多菜花的营养，家长们纷纷表示幼儿园的活动丰富了孩子的知识。

经过之前的活动，我班幼儿不仅对菜花充满兴趣，对蔬菜的喜爱之情也只增不减，我们班小朋友知道现在正是自己长身体的时候，身体需要各种各样的营养，不仅是菜花，所有的蔬菜都要吃，如果碰到的是自己不太喜欢的蔬菜，一点都不吃是不行的，这样身体就没有吸收到蔬菜的营养，最后造成的影响就是身体长不高、长不大，浑身没有力气。结合班上幼儿普遍挑食的情况，我找出这些食物的图片，帮助幼儿初步了解食物与健康的关系，了解这些食物的营养价值。

 **活动名称**：蔬菜真好吃（集体活动）

活动目标：

1. 常见的几种营养价值高但有特殊味道的蔬菜。

2. 了解这几种蔬菜在人体中的特殊作用。

活动准备：胡萝卜、芹菜、香菇、小葱等蔬菜。

活动过程：

一、开始部分

导语："今天我们请来了几位小客人，这些小客人经常在我们的饭桌上出现，来看看它们是谁？"

依次出示胡萝卜、芹菜、香菇和小葱，引导幼儿向蔬菜宝宝问好。

二、基础部分

1. 导语："小朋友，你们喜欢这些蔬菜宝宝吗？我们用小鼻子去闻一闻它们身上的味道。你们喜欢吃这些菜吗？"

2. 让幼儿了解四种蔬菜的营养价值。

导语："这些蔬菜宝宝经常到我们的饭桌上来，有的小朋友喜欢吃，有的小朋友不喜欢吃。但是它们可喜欢小朋友了，你们想不想知道它们在说些什么？"

一边看木偶表演一边向幼儿介绍四种蔬菜的营养价值。

三、结束部分

幼儿品尝四种蔬菜。

导语："你们看，胡萝卜宝宝、香菇宝宝、芹菜宝宝、小葱宝宝又到班上来了，我们一起来跟它们做游戏吧。"

阶段反思：在凉拌菜花的环节，虽然孩子们都没有做过凉拌菜花，但大家都大胆地说出自己的想法。有一名幼儿分享自己在家见到的拌凉菜的方法，并且说出了用水焯一下这个重要环节。在搅拌的环节，孩子们也掌握了搅拌方法，每名幼儿都制作出了美味的凉拌菜花。

通过小鱼的分享，孩子们真正懂得了菜花对我们的好处，很多孩子都说出了"挑食不对，我以前不应该挑食，所有蔬菜都对小朋友的身体有好处"这样的话，家长们也向我反映，通过这次的主题活动，孩子们在家经常说"要不挑食""爱吃蔬菜好宝宝"的话，并且真的能够做到不挑食，即使遇到自己不爱吃的菜，也能够做到少吃一些并且慢慢适应，不会再像以前一样一口不吃。

六、收获感悟

人们每天的生活都离不开蔬菜，蔬菜中含有许多其他食物无法替代的营养成分。这个健康主题的开展主要是让幼儿不再抵抗吃菜花，并能够认识一些蔬菜，激发幼儿喜欢吃蔬菜的欲望，懂得蔬菜有营养。但由于小班幼儿年龄小，生活经验少，因此我们从幼儿感兴趣的菜花入手，在幼儿园开展了许多制作活动，激发了幼儿对蔬菜的兴趣。

在"香香的菜花"这一主题中，我及时抓住教育契机，让幼儿在看一看、闻一闻、玩一玩、做一做中萌发喜欢吃蔬菜的情感，引导幼儿懂得蔬菜是帮助我们健康成长的好朋友。在主题活动开展过程中，为了让幼儿融入到与自己生活密切相关的实践活动中去，将主题活动生活化，我们开展了多次食品制作活动，家长们也积极配合班级活动，带领幼儿去菜场买菜，近距离地观察蔬菜，激发幼儿认识蔬菜、多吃蔬菜的兴趣。在此过程中，我们也意识到家园共育的重要作用。

在主题活动中，我们为幼儿提供了各种材料，并支持幼儿各种天马行空的想法，给幼儿自由探索的空间。我们在满足幼儿兴趣需要的同时，采用灵活多样的形式让幼儿主动学习、积极探索。在生活中，我们还通过听故事、跳舞等方式吸引幼儿自然地投入到活动中，以较形象的、他们能接受的口吻告诉他们道理。可这个活动因为我的一句提问导致幼儿出现了相反的教育效果。例如，我问："故事中的小朋友不喜欢吃什么?"有的幼儿就说："我也不喜欢吃××。"针对这个问题的回答都是否定的。为此我尝试换了一种提问方式："你最喜欢吃什么?"这样一来正面的回答就多了，孩子们你一言我一语，更好地达到了教育效果。

健康主题活动较好地达到了预期的目标，幼儿对蔬菜产生了浓厚的兴趣，吃饭时也经常会问老师"今天吃的是什么菜?""今天的汤里是什么菜?"，挑食的现象也少了。

在本次主题的末期，我还请到了两位家长走进课堂，和孩子们共同开展了食品制作活动"菜花大变身"，我们用西蓝花制作了圣诞树，用白菜花制作了小绵羊，孩子们惊讶得不得了，没想到蔬菜除了能吃，还有这么大的用途。两位家长也表示，感受到了老师的辛苦，更加体会到了老师的不易和对孩子们的精心付出，使得师长关系得到了进一步的升华。

伴随着主题活动的开展，孩子们的动手能力、创造力、想象力和探索能力都得到了不同程度的提高，遇到问题主动想办法，坚持做完一件事的好品质也在主题活动中得到了充分的体现。"不挑食、不偏食，所有蔬菜都爱吃"的这一目标，依旧是我们长期坚持的大方向，会融入到我们今后生活中的各个细节之中。

主题二：绿色蔬菜好宝宝（小班）

指导老师：李梦月

一、主题由来

绿色蔬菜是幼儿每天都要接触到的食物，但是幼儿对蔬菜的名字并非很熟悉。而且我发现很多幼儿刚入园时都有挑食的问题：大部分幼儿只爱吃排骨、鸡腿等荤菜，盘子里的蔬菜常常需要老师再三鼓励才能吃几口，还有的幼儿一吃绿色蔬菜就会恶心、干呕，甚至有的小朋友看到饭就感觉压力倍增，觉得吃饭是一件非常痛苦的事情。

我分析幼儿对绿色蔬菜产生抗拒心理主要是因为父母及家中其他长辈没有重视幼儿的均衡饮食。另外，小班幼儿对于绿色蔬菜的营养及其对身体的好处也不了解。为了让幼儿健康成长，注意均衡饮食，帮助幼儿改掉挑食的毛病，我设计了健康主题活动“绿色蔬菜好宝宝”。为了让幼儿了解绿色蔬菜的特征及营养，培养幼儿的观察力和动手能力，我根据小班幼儿的年龄特点及我班幼儿发展现状，围绕主题活动开展了丰富的区域活动和教育活动。通过生活、区域、集体教学等一系列活动，幼儿认识并简单了解了绿色蔬菜，逐渐养成了爱吃蔬菜的健康饮食习惯。

二、设计思路

本次主题活动分为四个阶段，每个阶段又细分了不同的活动内容。

第一阶段：绿色蔬菜有哪些。

通过带领幼儿观看绿色蔬菜的图片与实物，开展语言、科学活动帮助幼儿了解绿色蔬菜的类型。主要引导幼儿通过观察了解一些常见蔬菜的名称及其外形特征，帮助幼儿了解并认识不同种类的绿色蔬菜，丰富幼儿的生活经验。

具体环节：我认识的绿色蔬菜——绿色蔬菜哪里来——照顾我们的小菜籽。

第二阶段：绿色蔬菜有营养。

引导幼儿通过直接操作充分感知蔬菜的不同种类、形态、口味、营养等，在活动中观察幼儿对蔬菜的营养是否有了初步了解。

具体环节：蔬菜的哪些部位可以吃——择小白菜。

第三阶段：绿色蔬菜我爱吃。

本阶段将主题与生活活动相结合，通过语言活动“挑食的聪聪”帮助幼儿养成良好的饮食习惯，努力做到不挑食、不偏食。通过食品制作活动让幼儿在真实体验、自主学习和快乐分享活动中喜欢上吃蔬菜。通过评比活动激发幼儿吃绿色蔬菜的兴趣，在活动中观察幼儿是否对吃绿色蔬菜感兴趣。

具体环节：挑食的聪聪——多吃蔬菜不生病——蔬菜营养粥——小白菜窝头。

第四阶段：我和蔬菜做朋友。

本阶段主要将主题与艺术活动和区域活动相结合，引导幼儿运用不同的艺术形式表现蔬菜的颜色和形态，在活动中激发幼儿愿意和蔬菜做朋友的情感，鼓励幼儿多吃蔬菜，养成良好的饮食习惯。

具体环节：蔬菜娃娃——蔬菜穿新衣。

三、幼儿可获得的领域经验

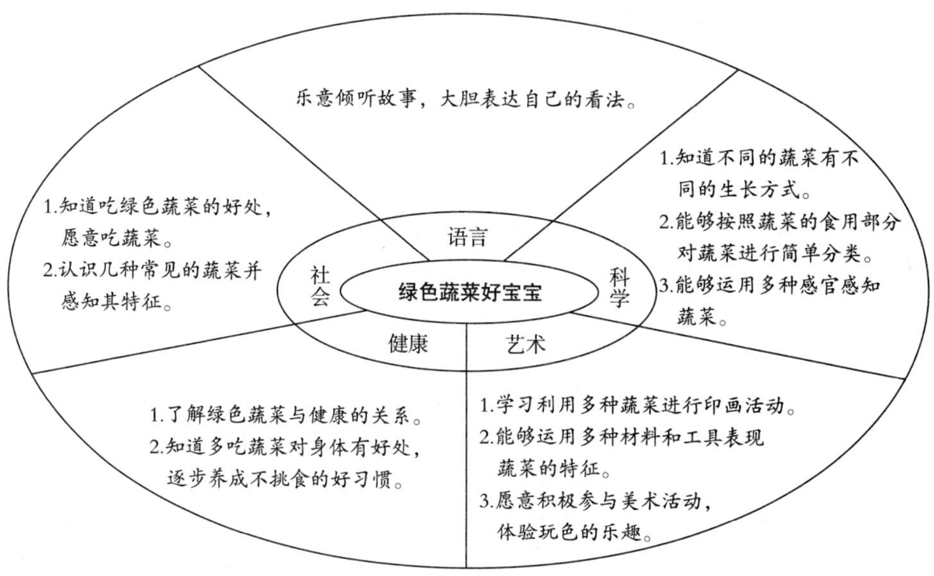

四、主题网络图和主题墙饰

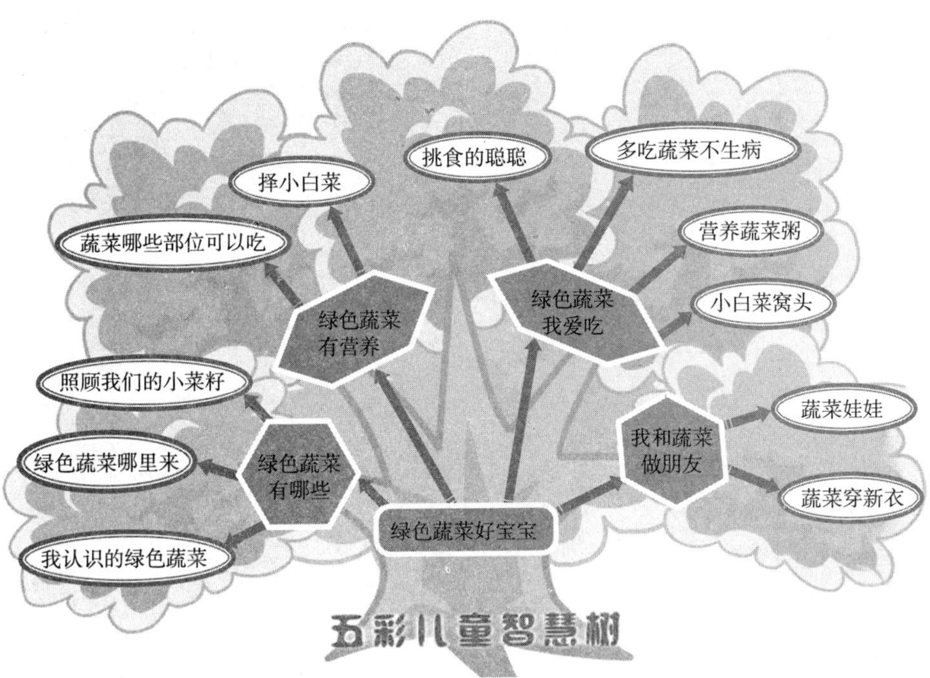

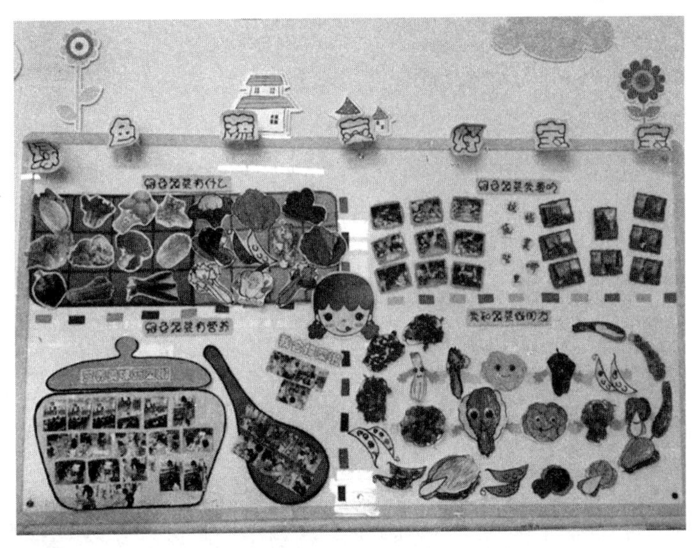

图 1

图 2

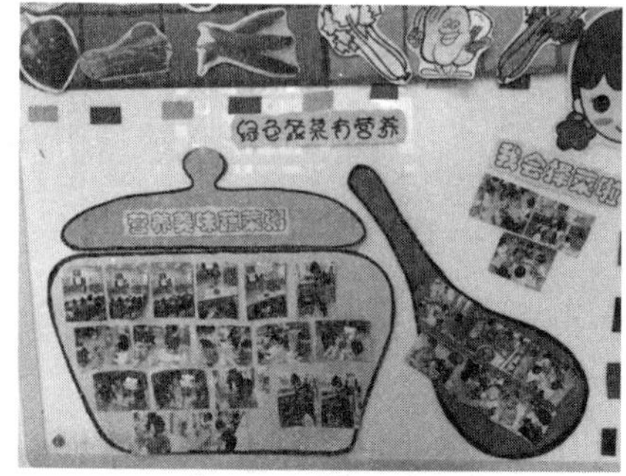

图 3

图 4

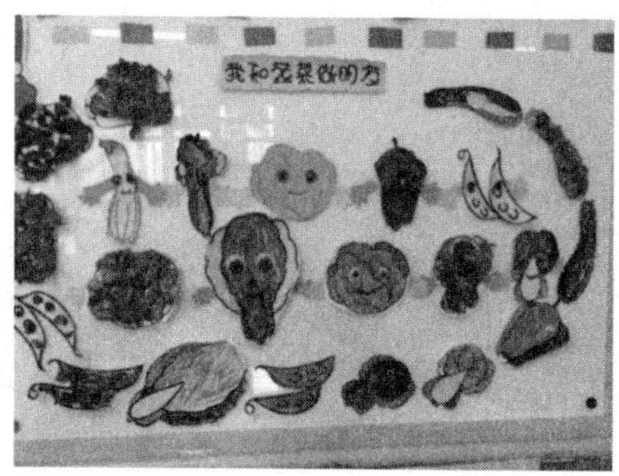

图 5

五、主题过程实录

第一阶段：绿色蔬菜有哪些

环节一：我认识的绿色蔬菜

在科学活动“我认识的绿色蔬菜”中，教师先请幼儿说说自己知道的绿色蔬菜。孩子们很感兴趣，都争先恐后地说起来。依航第一个说：“我知道，我知道，有黄瓜，有白菜。”“还有芹菜。”雨涵跟着说。文心把手举得高高地说：“还有柿子椒。”

我发现当幼儿凭借日常生活中的印象说蔬菜名称时，反应比较快，但是当看图片时却说不出蔬菜的名称。于是在孩子们说得差不多以后，我出示各种各样的绿色蔬菜的图片，帮助幼儿将所知道的蔬菜名称与蔬菜的外形特征进行一一对应。在观察图片说名称这一过程中，幼儿体会到参与的乐趣，并且在答对问题后获得了成就感，初步了解了绿色蔬菜的名称及其外形特征。

活动名称：我认识的绿色蔬菜（集体活动）

活动目标：

1. 认识几种常见的蔬菜。

2. 知道吃蔬菜的好处，产生吃蔬菜的愿望。

活动准备：

1. 准备几种常见蔬菜：芹菜、油菜、菜椒、西红柿等。

2. 摸箱一个，盆子、筐若干。

3. 供幼儿品尝的菜肴：胡萝卜丝拌芹菜。

活动过程：

一、开始部分

导语：“小朋友们，谁能说一说你吃过的蔬菜呢？”

二、基础部分

1. 出示蔬菜，请幼儿说说自己认识的蔬菜。

提问：“班里来了这么多蔬菜宝宝，小朋友们知道它们的名字吗？”

2. 一起认识蔬菜。

（1）拿出芹菜和油菜，引导幼儿观察它们的茎、叶等，引导幼儿发现异同。导语：“小朋友，这是什么？它们长什么样子？有哪些一样和不一样的地方？”

（2）请幼儿将自己小组的芹菜和油菜分别放到相应的筐里，加深对芹菜和油菜的认识。

3. 游戏：蔬菜宝宝快出来。分别将芹菜、油菜、西红柿、菜椒放入摸箱，请幼儿通过触摸来判断是哪种蔬菜，并根据教师指令拿出相应的蔬菜。

三、结束部分

教师用拟人化的语言激发幼儿想吃这些蔬菜的欲望。

导语：“我是芹菜宝宝，身上营养多又多，我会让小朋友的身体更棒。”

活动反思：幼儿认识蔬菜的过程也是丰富幼儿生活经验的过程。蔬菜的样子、特征在这个过程中也会给幼儿留下深刻印象。

环节二：绿色蔬菜哪里来

“老师，白菜是从土里长出来的吗？”“黄瓜是挂在树上吗？”孩子们认识了绿色蔬菜后，很好奇它们的“家”在哪里。听着孩子们的各种猜想，我把问题简单化地告诉了幼儿。许多从土里长出来的蔬菜都有根，根上面会有泥土。“小白菜的根上就有土，我看到过。”“那小白菜就是从土里长出来的呗!”文心和琬彤开始有模有样地说起来。为了让幼儿了解蔬菜的生长环境，我搜集了相关图片让幼儿欣赏，并向幼儿进行简单的介绍（图6～图7）。

图6

图7

活动名称：绿色蔬菜哪里来（集体活动）

活动目标：

1. 知道不同的蔬菜有不同的生长方式。
2. 能够按照蔬菜的食用部分对蔬菜进行简单分类。

活动准备：PPT课件（蔬菜）。

活动重、难点：知道不同的蔬菜有不同的生长方式，会对蔬菜进行简单分类。

活动过程：

一、开始部分

蔬菜从哪里来?

（1）提问：“小朋友们，你们知道我们吃的蔬菜是从哪里来的吗?”

（2）幼儿讨论。（从超市买来的，从菜市场买来的，从很远的地方运来的，从地里种出来的。）

二、基础部分

1. 出示几种常见的、具有代表性的蔬菜——西红柿、白菜、土豆、藕。

导语：“小朋友们，谁知道这些蔬菜叫什么？一起找一找它们的哪些部位可以吃吧！”

2. 演示蔬菜课件，帮助幼儿理解不同的蔬菜有不同的生长方式。（有的长在土里，有的长在水里，有的吃地上的茎叶，有的吃地下的茎。）

三、结束部分

出示多种整株蔬菜，请幼儿根据我们吃的部位进行分类。（叶菜类、瓜果类、根茎类）

活动反思：在讨论“蔬菜从哪里生长出来”这个问题时，部分幼儿能够回答出来，也有部分幼儿因为缺少生活经验无法回答。我依据本班幼儿的兴趣，通过谈话、PPT教学和幼儿动手操作三个环节帮助幼儿了解蔬菜的生长方式，活动内容由浅入深，幼儿在轻松的氛围中学习对蔬菜进行简单分类。

环节三：照顾我们的小菜籽

“老师，这是我带来的小菜籽。”“嗯，那你知道它是什么蔬菜的菜籽吗?”“奶奶说是小白菜的菜籽，它现在正在土里睡觉，然后就会发芽，还会长大。”张幽迪向我介绍说。“小白菜长大的过程是需要小朋友们精心照顾的，就像妈妈照顾你们一样。你们知道要怎么照顾小白菜吗?”我问小朋友们。“我会每天给它浇水。”张幽迪说。“对，还要让它多晒晒太阳。等到长大后，还要把它放到更大的盆里面呢。”“对，还要晒太阳才能长大。”董彬祺跟着说（图8）。

图8

幼儿在讨论如何照顾小白菜的过程中，简单了解了蔬菜的生长要素，即阳光和水。通过讨论，初步培养了幼儿的观察能力，增强了幼儿关心照顾植物的情感。

活动名称：照顾我们的小菜籽（生活活动）

活动目标：

1. 喜欢、爱护植物，愿意参加给植物浇水等活动。
2. 积极运用多种感官感知周围事物，进行自发的探究活动。

活动准备：幼儿自带菜籽。

活动策略：

1. 鼓励幼儿将和家长一起种好的菜籽带到幼儿园，并与同伴交流。
2. 支持、鼓励幼儿经常观察自己或其他小朋友菜籽的生长变化，如看一看、摸一摸、闻一闻，还可以猜一猜土里面是什么菜籽。
3. 教师和幼儿一起为植物浇水，帮助植物晒太阳。
4. 家园合作，支持、鼓励幼儿向父母介绍自己的经验，在家也可以开展种植活动。

活动反思：凡是幼儿自己能做的、能想的，就让他们自己去做、去想，让他们自己去发现、探索自己的世界。在观察与照顾植物的同时，幼儿惊喜地发现了菜籽的变化，了解了植物生长的要素。作为教师，我们要放手，让幼儿做观察的主人。

阶段反思：第一阶段“绿色蔬菜有哪些”的活动结束了，本阶段的主要目的是通过语言、科学活动帮助幼儿认识绿色蔬菜的种类，引导幼儿通过观察了解一些常见蔬菜的名称及外形特征，丰富幼儿的生活经验。教师在活动中激发幼儿的兴趣，为下一阶段的活动做铺垫。

第二阶段：绿色蔬菜有营养

环节一：蔬菜的哪些部位可以吃

在“蔬菜的哪些部位可以吃”的活动中，我通过教学软件中的游戏请幼儿观察蔬菜的各个部位，并指一指这些蔬菜的哪些部位可以吃。“有的蔬菜可以吃叶子，有的蔬菜是吃根，小朋友们要仔细想一想，我们平时是吃这些蔬菜的哪个部位。”

多多：“油菜是吃叶子的。”

小美：“辣椒都可以吃。”

在我的引导下，幼儿积极动脑思考，并大胆地走上前进行互动（图 9～图 10）。

图 9

图 10

在幼儿尝试操作后，我依据图片上的蔬菜，依次帮助幼儿认识蔬菜可以吃的部位，巩固幼儿的记忆，初步了解蔬菜的哪些部位可以吃。幼儿在与教师和软件游戏互动的过程中简单了解了蔬菜可以吃的部位，掌握了基本的饮食常识。

活动名称：蔬菜的哪些部位可以吃（集体活动）

活动目标：

1. 区分常见蔬菜的食用部位。

2. 了解不同蔬菜有不同的营养，多吃蔬菜营养好。

活动准备：

1. 经验准备：已经认识了常见蔬菜。

2. 物质准备：蔬菜图片。

活动重、难点：知道蔬菜的不同食用部位。

活动过程：

一、开始部分

1. 说说自己喜欢的蔬菜。

提问："我们每个人每天都要吃蔬菜，你喜欢吃什么蔬菜？为什么？"

2. 小结：蔬菜有很多的维生素和矿物质，营养很丰富，所以多吃蔬菜可以补充营养。

二、基础部分

1. 按蔬菜可以吃的部位分类。

导语："你们爱吃的蔬菜品种真多，这些蔬菜有的是吃种子，有的是吃果实，有的是吃茎叶，还有的是吃根（边说边出示分类筐和蔬菜）。这里有很多蔬菜，它们的什么部位可以吃呢？"

2. 样样蔬菜都要吃。

提问："这么多蔬菜可以怎么吃？妈妈是怎样烧给你们吃的？"

导语："蔬菜的做法很多，可以炒、煮，还可以把很多不同的蔬菜放在一起做成蔬菜沙拉，香甜可口，好吃极了，回家可以让妈妈给你做一做。"

三、结束部分

小结：蔬菜的营养很丰富，能让每个人的身体健康成长，所以我们要多吃蔬菜，而且样样蔬菜都要吃，可不能挑食哟。

活动反思：蔬菜的什么部位可以吃呢？这对小班幼儿来说是一个比较陌生的问题。幼儿常常吃到的都是已经加工好的蔬菜，却不知道不同的蔬菜吃的部位不一样，有些蔬菜的部位是不能吃的，不同蔬菜吃的方法也是不一样的。这次活动丰富了幼儿的生活经验。

环节二：择小白菜

在食品制作活动"择小白菜"中，孩子们一看到我准备好的小白菜便好奇地跑过来问我："老师，咱们要做什么呀？"

琬彤："老师，今天我们是要择小白菜吗？"

依航："我会择小白菜。"

文心："我也会，把根择了就行了。"

孩子们讨论完以后，我开始了本次食品制作活动，引导幼儿认识小白菜，鼓励幼儿学习正确的择菜方法，并尝试择菜（图 11～图 12）。

图 11

图 12

我首先出示小白菜，问孩子们："小白菜长什么样？它有什么用？小朋友喜欢吃小白菜吗？"然后请个别幼儿说说刚才是怎样择菜的，并请幼儿示范。最后指出幼儿不恰当的择法，并示范正确的方法。

活动结束后，幼儿通过观察小白菜的实物，了解了小白菜的外形特征。通过动手操作，初步掌握了择菜的方法。在让幼儿尝试自由择菜时，我提供的材料有一定的层次性，第一次给幼儿准备的小白菜相对较小，叶子也不是很多，这样幼儿在没有掌握正确方法的尝试过程中就不会出现时间的隐性浪费。第二次的小白菜比较大，叶也多，这样更有利于幼儿练习正确的方法。

活动名称：择小白菜（集体活动）

活动目标：

1. 初步了解小白菜的外形特征。

2. 知道多吃小白菜对身体好，有爱吃蔬菜的习惯。

3. 体验与他人分享的情感。

活动准备：

1. 经验准备：认识小白菜的颜色及名称，个别幼儿有过择菜经历。

2. 物质准备：小白菜一捆、菜盆 4 个、小白菜图片。

食材和工具的卫生：菜盆经消毒、小白菜根被切掉。

食材和工具的安全：安全。

活动过程：

一、开始部分

出示小白菜图片，师幼一起欣赏。

1. 请幼儿猜一猜这是什么菜。

2. 引导幼儿观察小白菜的外形特征。

3. 师幼一起讨论小白菜的吃法：炒、做汤、凉拌。

4. 小结小白菜的营养，鼓励幼儿多吃蔬菜。

二、基础部分

组织幼儿择小白菜。

1. 引导幼儿观察小白菜的根部：颜色和叶子有什么不一样的地方？

（1）小白菜根是白色的，还有须子，叶子是绿色的。

（2）提问："你可以用什么方法将小白菜一片一片地择下来呢？"鼓励幼儿大胆尝试、探索择小白菜的方法。

（3）引导幼儿将叶子一片一片掰下来放在盆里，将坏的叶子择下来放在一边。

2. 幼儿分组进行择小白菜的活动。

（1）鼓励幼儿积极择菜。

（2）引导幼儿做事认真细致，有始有终，不要把坏叶子和好叶子混在一起。

三、结束部分

1. 请幼儿说一说择菜活动的感受，体会食堂叔叔阿姨的辛苦。

2. 表扬择菜择得干净的小朋友。

3. 引导幼儿做事不怕脏、不怕累。

阶段反思：本阶段活动在幼儿认识蔬菜种类的基础上，丰富幼儿的生活经验。在活动中观察幼儿对蔬菜营养是否有了初步了解，对蔬菜的可食用部分是否有了新的认识。用摸一摸、闻一闻的方式感受动手操作的乐趣，同时也让幼儿获得劳动的成就感。

第三阶段：绿色蔬菜我爱吃

环节一：挑食的聪聪

在集体活动“挑食的聪聪”中，我结合教育挂图讲故事《挑食的聪聪》，引发幼儿兴趣并组织幼儿讨论：为什么聪聪会生病？出示蔬菜图片，请幼儿认识并说说蔬菜名称，说一说这些绿色蔬菜的营养。

活动名称：挑食的聪聪（集体活动）

活动目标：

1. 乐意倾听故事，大胆表达看法。

2. 了解各种蔬菜的可食用部分，尝试按可食用部分对蔬菜进行分类。

3. 知道多吃蔬菜对身体好。

活动准备：常见的蔬菜图片若干、PPT 课件。

活动过程：

一、开始部分

1. 结合教育挂图讲故事《挑食的聪聪》。

2. 讨论：为什么聪聪会生病？

二、基础部分

1. 出示蔬菜图片，请幼儿认识并说说蔬菜名称。

2. 说一说这些绿色蔬菜的营养。

三、结束部分

小结：要做一个不挑食的孩子，多吃蔬菜补充营养才能不生病。

活动反思：本次活动通过故事的形式引导幼儿做一个不挑食的孩子，多吃蔬菜补充营养。教师结合 PPT 课件讲述故事，能帮助幼儿较好地记住故事内容。幼儿通过观察图片能够较为完整地回答教师的问题，而且知道多吃蔬菜对我们的身体有好处。

环节二：多吃蔬菜不生病

我戴上手偶，为幼儿讲述故事《好宝宝不挑食》，引导幼儿知道挑食不利于自己的身体健康。

我根据故事内容引导幼儿讨论“小朋友有没有像小灰狗那样的挑食习惯?”“我们应该对小灰狗说什么、做什么?”孩子们都知道挑食不好，纷纷举手说：“挑食是不对的，要做不挑食的好宝宝。”

冉冉：“老师说了，小朋友不能挑食，吃蔬菜有营养，能长高还能不生病。”

小七：“不挑食是好宝宝。”

我根据孩子们的回答也连忙说：“小朋友现在正是长身体的时候，身体需要各种营养。如果挑食就会使小朋友的身体缺少营养，最后像小灰狗一样，长不高、长不大，浑身没有力气。”结合班上幼儿普遍挑食的情况，找出这些食物的图片，帮助幼儿初步了解食物与健康的关系，了解这些食物的营养价值，最终帮助幼儿养成良好的饮食习惯，努力做到不挑食、不偏食（图 13～图 14）。

图 13

图 14

活动名称：不挑食（集体活动）

活动目标：

1. 愿意在集体中大胆地表达自己的想法。
2. 养成良好的饮食习惯，努力做到不挑食、不偏食。
3. 初步了解食物与健康的关系。

活动准备：小狗和小狗妈妈的手偶。

活动过程：

一、开始部分

欣赏故事《好宝宝不挑食》，知道挑食的危害。

1. 教师戴上手偶，讲述故事《好宝宝不挑食》，引导幼儿发现挑食会对自己的身体有危害。

提问："小灰狗有一个不好的习惯是什么？"（挑食）

2. 提问："小灰狗挑食的结果是什么呢？"（小灰狗越来越瘦，身体也越来越差，所以差点儿被风吹跑了。）

二、基础部分

1. 教师以故事中狗妈妈的口吻提问："小朋友有没有像小灰狗那样挑食的毛病？"

2. 教师引导幼儿说说如何来帮助小灰狗改掉挑食的毛病。

提问："我们应该对小灰狗说什么？我们应该为小灰狗做些什么？"

3. 小结：小朋友现在正是长身体的时候，身体需要各种营养。如果挑食就会使小朋友的身体缺少营养，最后像小灰狗一样，长不高、长不大，浑身没有力气。

三、结束部分

1. 结合班上幼儿普遍挑食的现象，找出这些食物的图片，帮助幼儿了解这些食物的营养价值。

提问："这些食物中哪些是你吃过的？哪些是你喜欢吃的？它们有哪些营养价值呢？"

2. 小结：牛奶可以补钙，让小朋友长得高而壮；鱼肉、羊肝可以让小朋友的眼睛更加明亮；肉可以补充热量，让小朋友更有劲儿。

活动反思：好的饮食习惯要从小开始培养，"不挑食"这个概念在幼儿的思维中已经变得很牢固。

环节三：营养蔬菜粥

在食品制作活动中，教师先引导幼儿说一说吃过什么样的菜粥，激发幼儿制作的兴趣，并与幼儿讨论菜粥怎么做，鼓励幼儿大胆尝试。

图 15

在讨论过程中，教师引导幼儿说一说可以用哪些菜来做菜粥。除了蔬菜，还需要什么？今天要选哪种蔬菜来做菜粥？讨论菜粥的制作步骤：择菜（择掉什么不用?）—清洗—切一切（切得要碎）—放到锅里煮一煮（要把水烧开）。

讨论与教学结束后，请幼儿操作，

在遇到问题时帮助幼儿解决（图 15～图 17）。幼儿在活动过程中运用多种感官感知蔬菜，掌握做菜粥的方法，体验自己做蔬菜粥的快乐。

图 16

图 17

活动名称：营养蔬菜粥（集体活动）

活动准备：

1. 经验准备：已经有过吃菜粥的经历，会择菜、清洗蔬菜。
2. 物质准备：小米、小白菜、食盐等若干，案板，锯齿形状的水果刀。

食材和工具的卫生：使用之前用清水和酒精进行消毒。

食材和工具的安全：孩子清洗食材后，教师再次清洗。

活动目标：

1. 愿意运用多种感官感知蔬菜。
2. 掌握做菜粥的方法。
3. 体验自己做蔬菜粥的快乐。

活动过程：

一、开始部分

1. 导语："小朋友们，你们吃过菜粥吗？吃的是什么样的菜粥？"

通过讨论激发幼儿对制作菜粥的兴趣。

2. 谈谈做菜粥需要什么。

提问："菜粥怎么做？除了蔬菜，还需要什么？今天要选哪种蔬菜来做菜粥呢？"

3. 讨论菜粥怎么做。

提问："制作菜粥时，我们要先做什么，再做什么？"

择菜（择掉什么不用？）—进行清洗—切一切（切得要碎）—放到锅里煮一煮（要把水烧开）。

二、基础部分

1. 请幼儿自己动手择菜、洗菜。（了解小白菜的味道、摸起来的感觉）

2. 请幼儿用西餐刀切小白菜。（提示刀具的使用方法和注意事项）

3. 幼儿将自己切好的菜放到锅里，教师放入小米进行熬煮。

三、结束部分

请幼儿在午饭时品尝自己制作的菜粥，体验分享的快乐。

活动延伸：在娃娃家提供可替代的蔬菜，便于幼儿进行菜粥制作。

活动反思：幼儿从感知香芹—清洗—自己动手切—自己放入蔬菜—品尝蔬菜粥这一系列的活动中，比较全面地掌握了制作菜粥的过程。幼儿自己动手的机会很多，从中也能够发现孩子们动手能力的不同。因为有了这次体验，相信幼儿以后会更愿意参与到这样的活动中。

环节四：小白菜窝头

在制作小白菜窝头的活动中，我请来航航奶奶参与教学活动，老人家对于制作窝头比较有经验，家长进课堂的形式也带给孩子一种全新的体验（图18~图 19）。在活动前，我先出示窝头的图片请幼儿说说是什么。

依航："是梨！"

彬祺："馒头！"

幼儿的回答使我了解到"窝头"这种食物对于孩子们还比较陌生。于是我引导幼儿说："这是什么颜色？""黄色。"幼儿们异口同声地回答。"它是把玉米磨成粉，变成玉米面再捏成的食物，叫做窝头。"孩子们通过观察图片和我的引导掌握了窝头的基本特征。

图 18

图 19

幼儿对制作窝头很感兴趣，在学习时能够集中注意力进行观察，在制作时愿意大胆尝试。因为幼儿之前有捏彩泥的经验，所以能够掌握制作窝头的基本方法。

活动名称：小白菜窝头（集体活动）

活动目标：

1. 认识小白菜，知道小白菜的多种吃法。

2. 学习切小白菜，并学会用小白菜制作窝头的方法。

3. 体验与同伴一起分享的快乐。

活动准备：

1. 经验准备：幼儿吃过窝头，会清洗蔬菜。

2. 物质准备：小白菜、玉米面、盐、温开水、幼儿案板、幼儿用刀、盆两个。

食材和工具的卫生：案板、刀、盆在使用之前要清洗、消毒。

食材和工具的安全：使用水果刀。

活动过程：

一、开始部分

1. 认识、了解小白菜的多种吃法。

2. 出示已做好的小白菜窝头图片，请幼儿观察并说一说。

提问："这是什么？里面有些什么？你们有没有吃过？谁给你做的？你吃过的窝头是什么味道的？"

3. 总结：原来小白菜还可以做成窝头吃，出示图片告诉幼儿小白菜其实还有好多种吃法（炒菜、做馅等），让幼儿了解小白菜的多种吃法。

二、基础部分

1. 了解小白菜的制作方法。

2. 了解做小白菜窝头所需的主要材料。

3. 了解制作窝头所用的工具及其作用。

4. 了解制作窝头的步骤。

5. 幼儿操作。

三、结束部分

教师和幼儿把做好的窝头送到食堂，请食堂阿姨帮忙蒸熟。

活动反思：《纲要》指出，深入挖掘家庭的教育资源，做到家园同步，会收到最佳的教育效果。在我们组织的活动中，家长的参与给予我们很多的支持。

阶段反思：本阶段我通过语言活动帮助幼儿养成良好的饮食习惯，用故事情节激发幼儿的学习兴趣，幼儿在故事中能够初步了解食物与健康的关系。

在食品制作活动中，幼儿在真实体验、自主学习、快乐分享活动中喜欢上蔬菜。我利用家长资源，请有经验的家长走进班级教孩子制作窝头。在教师的引导和家长的指导下，幼儿能够有序地进行操作。幼儿在亲身体验中获得了快乐和相关经验。

第四阶段：我和蔬菜做朋友

环节一：蔬菜娃娃

区域活动时间，几个小朋友正在植物角里聊天。

依航："你看，这是我和妈妈做的辣椒人。"

冉冉："我的小老鼠是用红薯做的身体。"

小雨点："这是妈妈帮我做的螃蟹。"

区域分享环节，我依次请幼儿将自己与妈妈做的蔬菜娃娃分享并介绍给大家（图 20～图 21）。孩子们敢于大胆尝试并做介绍，知道蔬菜可以做出各种各样的形状。我继续引导幼儿说说自己的蔬菜娃娃是用什么蔬菜做的，怎样做的。在我的帮助下，幼儿更清楚地了解制作方法和步骤，同时对蔬菜娃娃的制作更感兴趣了。

图 20

图 21

家园共育活动：

活动目标：

1. 认识和了解绿色蔬菜。

2. 观察植物的生长环境及生长过程。

活动策略：

1. 在家中多让孩子帮忙择菜、洗菜，做一些简单的凉拌菜和蔬菜沙拉，激发孩子对蔬菜的兴趣，喜欢吃蔬菜。

2. 与孩子共同进餐，告诉孩子蔬菜的名称和对人体的益处，注意培养孩子荤素搭配的良好饮食习惯。

3. 家园共育，巩固幼儿的卫生常识。

4. 一起制作蔬菜娃娃。

活动反思：家长不是教育的旁观者，而是活动的支持者和参与者。“蔬菜娃娃”的制作活动为家长和幼儿提供了参与和体验的平台，有助于幼儿的进一步发展，同时也使家长意识到与幼儿一起活动的价值。

环节二：蔬菜穿新衣

在艺术活动“蔬菜穿新衣”中，我鼓励幼儿用不同的方法给蔬菜穿新衣，提供各种各样的蔬菜轮廓图，引导幼儿用涂色、粘贴、玩色的方式进行游戏。幼儿在活动过程中可自由选择自己喜欢的方式进行游戏。

琬彤：“我要给蔬菜穿上五颜六色的衣服。”彤彤拿起画笔，认真地为蔬菜涂颜色。

雨涵：“我也是。”

琬彤：“五颜六色的衣服最好看了。”

芸涛：“黄瓜是绿色的，我要给黄瓜穿上绿色衣服。”涛涛拿起了皱纹纸，用团纸粘贴的方式为黄瓜穿上了绿色的衣服。

在活动中，我针对幼儿自己选择的方式进行指导。幼儿尝试自由操作，我鼓励幼儿在涂色涂不好时主动寻找原因，并进行再次尝试。

活动名称：蔬菜穿新衣（集体活动）

活动目标：

1. 能用涂色、粘贴的方法给蔬菜穿上衣服。

2. 体验涂色、粘贴的乐趣，感受参与美术活动的快乐。

活动准备：蔬菜轮廓图、皱纹纸、胶棒、油画棒、彩笔。

活动重、难点：选择自己喜欢的并且是正确的颜色为蔬菜穿衣。

活动过程：

一、开始部分

1. 儿歌导入活动：大白菜，衣服多。上面绿，下面白，一层一层脱下来。

2. 利用图片，引起幼儿的兴趣。

(1) 导语：“蔬菜王国要召开舞会，蔬菜宝宝们都要穿上自己最漂亮、最鲜艳的衣服去参加。”

(2) 一一出示“蔬菜宝宝”：“小朋友们看，蔬菜宝宝穿的是什么颜色的衣服呀？它们漂亮吗？”

二、基础部分

1. 鼓励幼儿给蔬菜宝宝“穿新衣”。

出示没有涂颜色的蔬菜轮廓图片，鼓励幼儿为它们“穿”上漂亮的衣服。

导语：“你瞧这些蔬菜宝宝还没有漂亮的衣服呢？没有漂亮的衣服怎么去参加蔬菜舞会呢？它们现在可着急了，要不我们大家一起来为它们穿上漂亮的衣服吧！”

2. 教师示范方法。

3. 幼儿操作，教师巡回指导。

4. 鼓励幼儿和蔬菜宝宝对话。

导语：“小朋友画的衣服真漂亮，水果宝宝们可高兴了，听，它好像在说谢谢小朋友。小朋友该怎样回答？（不用谢！）你可以和它交朋友，说‘大白菜你好，我喜欢你。大白菜，你真漂亮！’”

三、结束部分

1. 请小朋友以小组为单位相互欣赏蔬菜宝宝。

2. 作品展示（图 22～图 23）。

图 22

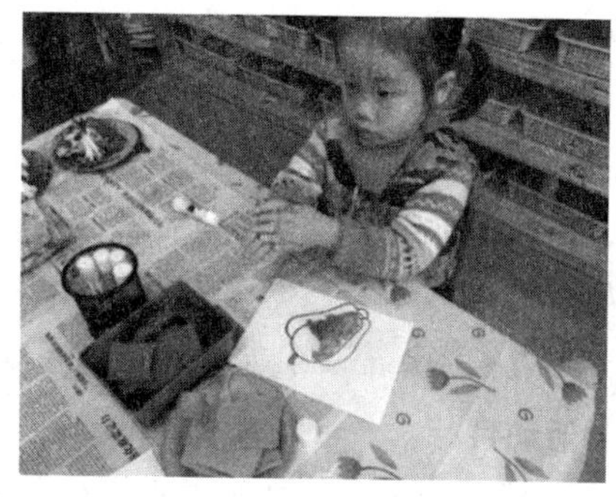

图 23

活动反思：在活动的组织过程中，我结合小班幼儿年龄小、注意力集中时间短的特点设计了这个活动，让他们在玩中提高动手操作的能力。在整个教学环境里，充分形成了“师幼互动”的良好氛围，让幼儿减少羞怯，大胆参与其中。

阶段反思：本阶段是本次主题活动的最后一个阶段，幼儿在前几个阶段能够认识蔬菜的基本特征，了解绿色蔬菜的营养，在活动中逐渐养成了爱吃绿色蔬菜的良好习惯。在活动的结束部分，我带领幼儿和蔬菜玩在一起，用艺术形式表达对蔬菜的喜爱，巩固幼儿与绿色蔬菜的良好关系。在活动的同时利用家长的智慧，鼓励家长与幼儿进行亲子制作“蔬菜娃娃”，这一活动不仅使家长了解班级活动的开展，还能够发展亲子关系，为家园共育打下基础。

六、收获感悟

“绿色蔬菜好宝宝”主题活动已经结束，幼儿都比较喜欢本次主题的内容，尤其是当幼儿将自己与爸爸妈妈一起制作的蔬菜娃娃带来幼儿园时，幼儿积极、主动的表现使得活动变得更有意义和价值。

通过“我认识的绿色蔬菜”，幼儿能说出常见绿色蔬菜的名称，同时大部分幼儿也愿意主动与同伴交流自己吃过的绿色蔬菜；故事《不挑食》让幼儿了解日常生活中常见的蔬菜，目的是帮助幼儿学着不挑食，养成一些良好的进餐和饮食习惯。通过在一日活动中各个环节的引导，孩子们的用餐习惯都有了很大的进步：大部分幼儿都能正确地使用勺子自己吃饭，而且不挑食、不偏食、不洒汤、不撒菜，饭后桌子、衣服和地面也越来越干净。

我们班的许多孩子刚刚入园时都有挑食的毛病，大部分孩子只爱吃排骨、鸡腿等荤菜，盘子里的蔬菜常常需要老师再三鼓励才能吃几口。通过“绿色蔬菜我爱吃”的评比活动，幼儿知道了饮食均衡身体才能健康，只要把盘子里面的菜吃干净就能获得小贴画，贴到自己的“小白菜”上面，这种幼儿之间的竞争大大激发了幼儿吃绿色蔬菜的兴趣。同时，幼儿在“择小白菜”“营养蔬菜粥”“小白菜窝头”的活动中不断地尝试探索，获得了自己动手操作的乐趣。

这次主题活动让孩子们开阔了眼界，增长了知识，体验到了成功的喜悦。在收获的同时也存在一些不足，比如主题活动的时间较短，没有深入挖掘的时间。又如主题的进度都是按照教师的预设按部就班地进行，由幼儿自主引发生成的活动较少；教师有些时候不能深入地引导和探索，不能及时地对活动中的问题进行调整和改进。在今后的主题开展中，我会不断学习，从不断反思的角度开展好班级的主题活动。

主题三：我和萝卜做朋友（小班）

指导老师：张晓红

一、主题由来

众所周知，小班幼儿挑食、偏食、厌食是普遍存在的现象。通常，严重的挑食、偏食、厌食会导致幼儿的营养不良症，进而严重制约幼儿的生长发育。

有一天，晨晨小朋友从家里带来了一只蝈蝈放在班级的自然角让小朋友观赏。小班幼儿具有喜爱小动物的特点。蝈蝈的到来使班内气氛热闹起来。尤其是当听到蝈蝈清脆、响亮的叫声时，幼儿不断地跑到自然角里驻足观看。我发现班里的幼儿对蝈蝈表现出特别的兴趣与关爱之情，于是灵机一动就有了开展健康主题活动的想法。结合幼儿对蝈蝈的兴趣与喜爱，选取最贴近孩子生活经验的切入点，即给蝈蝈喂食来激发幼儿探索蝈蝈喜欢吃什么的问题。幼儿探究出蝈蝈爱吃的食物，进一步激发幼儿产生想品尝蝈蝈爱吃的食物的想法，最终唤起幼儿对饮食的兴趣。

我发动家长利用周末的时间和幼儿一起开展“寻找蝈蝈爱吃的食物”的实践活动。通过家长的信息反馈与我们日常和幼儿一起的实践验证，我们得出蝈蝈爱吃胡萝卜和黄瓜头的结论。幼儿通过自己的探究知道了可爱的蝈蝈喜欢吃胡萝卜，便对胡萝卜产生了浓厚的兴趣，也想亲口尝尝胡萝卜的味道。又到周末，我发动家长带领幼儿一起去购买各种萝卜，并与幼儿一起制作萝卜美食，然后把制作好的美食照片与孩子品尝美食的照片一起发到微信群里分享。由此，“我和萝卜做朋友”的健康主题活动就这样自然而然地生成了。

二、设计思路

在“我和萝卜做朋友”的主题活动中，幼儿通过观察、认知、实践主动接触一些常见的萝卜，从而了解萝卜的名称及外形特征，在交流讨论、实际操作中不断丰富认知经验。

本次主题活动分为四个阶段，每个阶段下面又细分了不同的活动内容。

第一阶段：我认识的萝卜。

小班幼儿非常喜爱小动物，通过开展“寻找蝈蝈爱吃的食物”的实践活动，组织亲子上网收集资料得出蝈蝈爱吃胡萝卜。随后，我们组织亲子逛超市、菜场，让幼儿寻找身边的萝卜，了解萝卜的名称、外形特征及种类。

具体环节：寻找萝卜朋友——我给萝卜分分类——创作萝卜艺术品。

第二阶段：拔萝卜。

通过第一阶段的活动，幼儿初步感知了解了萝卜的名称、特征和种类。因此在第二阶段我们进一步激发幼儿对萝卜的探究兴趣。如通过观察、感知萝卜的种类，有目的地引导幼儿按照萝卜的种类、颜色、大小等具体特征进行分类；将主题与区域活动、环境互动相结合，引导幼儿运用不同的艺术形式表现萝卜的色彩、形态。

具体环节：欣赏故事《拔萝卜》——音乐表演《拔萝卜》——故事《萝卜回来了》。

第三阶段：好吃的萝卜美食。

通过亲子制作活动，体验面食制作的乐趣，探究与体验萝卜变成美食的过程。

具体环节：我吃过的萝卜美食——制作萝卜丝汤——制作萝卜丝饼。

第四阶段：萝卜的朋友。

通过主题活动的开展，幼儿在活动中逐渐形成了爱萝卜，愿意和萝卜做朋友的情感，并能够主动吃萝卜。幼儿从主题活动中受益良多，他们知道萝卜是生长在泥土里的植物，随即产生了探索还有哪些蔬菜是生长在泥土里的问题，在爱吃萝卜的同时也喜欢吃其他生长在泥土里的蔬菜。

具体环节：萝卜的朋友有哪些——日常教育。

三、幼儿可获得的领域经验

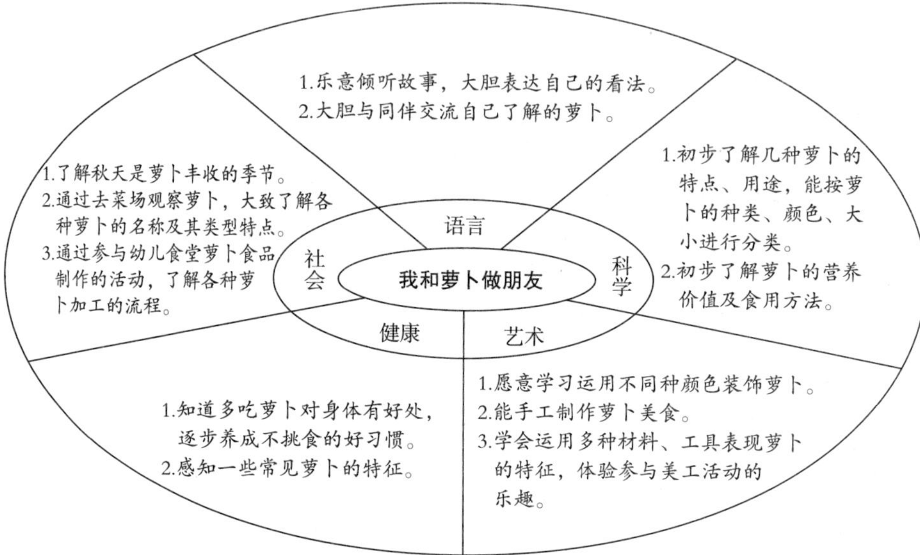

四、主题网络图和主题墙饰

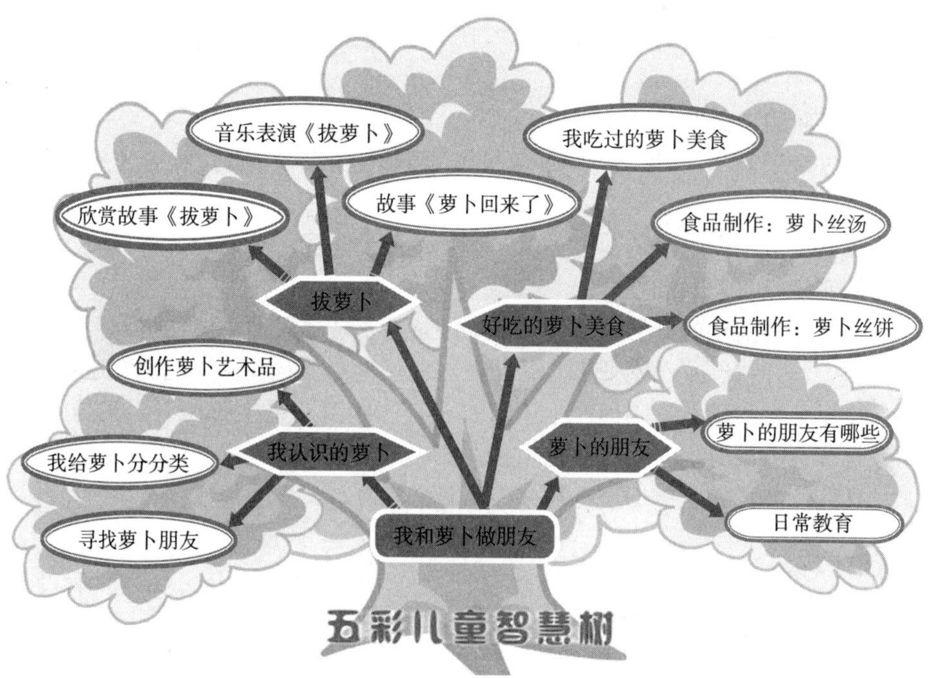

我和萝卜做朋友
我认识的萝卜
好吃的萝卜美食
萝卜的朋友
可爱的萝卜

我认识的萝卜
可爱的萝卜

可爱的萝卜

做朋友
好吃的萝卜美食
萝卜的朋友

萝卜的朋友

图 1

图 2

图 3

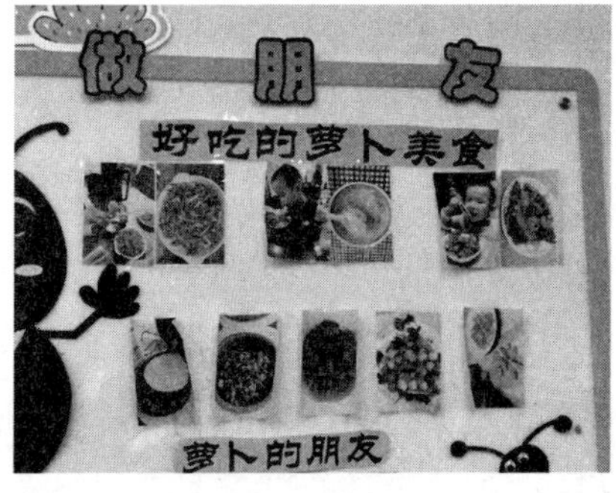

图 4

图 5

五、主题过程实录

第一阶段：我认识的萝卜

环节一：寻找萝卜朋友

结合这个环节内容的开展，我们要求家长们每逢周末尽可能地和幼儿一起去逛菜场、超市等。家长们对我们的班级活动是认可、支持的，他们真切地意识到陪伴是给孩子成长最好的礼物。

图 6

通过去超市寻找萝卜朋友的活动，小朋友们不光学会了如何选购各种萝卜，还进一步加深了对萝卜的认识，知道萝卜很沉、很硬，是不怕压的蔬菜，知道要把像萝卜一样沉的东西放在购物筐的底部（图 6）。总之，在“寻找萝卜朋友”的活动中，家长让幼儿发现了很多的生活细节，培养了孩子们对世界的认知，这比书本知识要活灵活现多了。通过亲子活动，幼儿参与活动的积极性更强了。

环节二：我给萝卜分分类

我们收集了家长和幼儿周末活动的照片，并请幼儿把萝卜带到幼儿园。看着大大小小的萝卜堆成了小山，我问：“你们寻找了这么多可爱的萝卜朋友，老师都看花眼了，你们有没有好办法可以让这些萝卜变得整齐一些，让老师和小朋友很快就能认出这些萝卜呢?”

晨晨：“我们可以按照它们的颜色摆放，这样就整齐了。”

墨墨：“我们也可以把一样的萝卜摆成一排就整齐了。”

泽泽：“我们可以把大的放到一起，小的放到一起。”

活动名称：我给萝卜分分类

活动目标：

1. 感知萝卜的外形特征，知道萝卜的种类多。

2. 能够大胆用语言表述自己的发现。

3. 初步了解各种萝卜的食用方法，喜欢吃萝卜。

活动准备：各种萝卜的实物和图片若干、每桌一盘切好的各色萝卜块。

活动重点：了解萝卜的特征。

活动难点：能大胆用语言表达自己的发现。

活动过程：

一、开始部分

导语："你认识这些萝卜吗？你都知道有什么样的萝卜？"

二、基础部分

1. 出示图片，引导幼儿观察、认识各种各样的萝卜。

导语："看看这儿有什么样的萝卜？"

小结：萝卜有各种各样的。有橙色的胡萝卜，有白萝卜，有绿萝卜，有红萝卜，有紫萝卜；有圆圆的萝卜，有椭圆的萝卜，有长长的萝卜；有大萝卜，有小萝卜。

2. 讨论："你知道萝卜可以怎么吃吗？"

小结：萝卜可以生吃，可以炒着吃，还可以腌制成小菜等。

3. 品尝萝卜。

请幼儿品尝各种萝卜，说一说吃的萝卜是什么颜色的，是什么味道的。（有的是甜的，有的是辣的）

三、结束部分

总结：萝卜有丰富的营养，对我们的身体有好处。

活动延伸：在图书区投放有关萝卜的图书。

活动反思：大多数小班幼儿都比较挑食，不喜欢吃用萝卜做的菜，常常故意吐出来或者剩下，甚至偷偷倒掉，造成很大的浪费。于是我们选择了几种常见的萝卜，结合萝卜的图片引导幼儿主动观察萝卜。幼儿逐渐了解到萝卜是我们的好朋友，也是我们冬季吃的主要蔬菜之一，其品种多样、营养丰富。通过活动的开展，幼儿知道了四种萝卜（红萝卜、绿萝卜、白萝卜、樱桃萝卜）的名称，能够区分它们的外形特征。

环节三：创作萝卜艺术品

在组织亲子逛菜场的活动后，我们积极发动家长带领孩子一起把从超市买来的各种萝卜制作成自己喜爱的萝卜娃娃，从而调动幼儿的积极性和参与性，进一步激发幼儿对萝卜的喜爱之情（图7）。

活动设计：

1. 亲子制作萝卜娃娃。

2. 在植物角展示亲子制作的萝卜娃娃。

活动反思：家长不再是教育的旁观者，而是教育活动的支持者。本次亲子活动不仅让家长充分参与活动，展示了他们心灵手巧的一面，也让家长发现与幼儿一起活动的价值，有助于家园共育的进一步发展。

在美工区活动中，小班幼儿对萝卜的特征缺乏一定的艺术表现能力。于是我们带幼儿观看老师绘画的过程，引导幼儿大胆再现老师的艺术手法和绘画过程。然后，继续鼓励幼儿大胆尝试用不同的美术手法进行表现，提高了幼儿的动手能力和艺术表现能力。在整个过程中，幼儿都能够积极地参与到美术活动中，尝试运用颜料涂画、橡皮泥制作、碎纸粘贴等艺术手法，将萝卜最美的形态展现出来（图 8）。

图 7

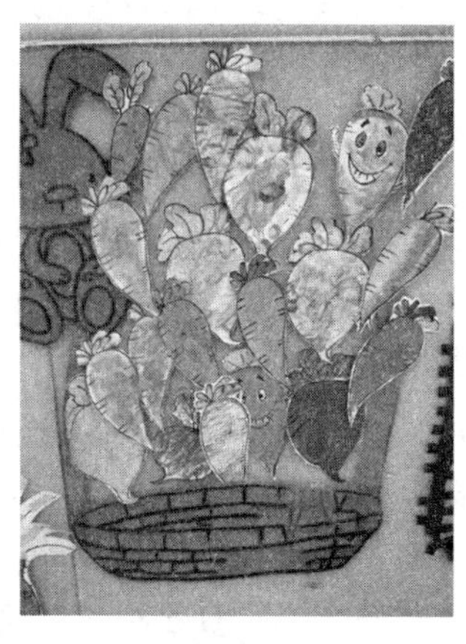

图 8

活动名称：泥工萝卜

活动目标：

1. 练习将橡皮泥搓成长条。

2. 初步产生对泥工活动的兴趣，愿意进行泥工活动。

活动准备：各色橡皮泥及辅助工具若干。

活动重点：指导幼儿用手掌底部进行水滴形制作。

活动难点：搓时要用力均匀，及时关注形状变化。

活动过程：

一、开始部分

出示萝卜及小兔，导出情境“萝卜专卖店”。

提问：“小朋友看看萝卜专卖店里都有哪些萝卜？”引导幼儿说出萝卜的名字及颜色。

二、基础部分

1. 出示萝卜，引导幼儿观察萝卜的不同之处。（大小、粗细、长短、颜色、叶子）

2. 出示橡皮泥，与幼儿讨论制作方法。

讨论：怎么搓尖尖的萝卜？萝卜叶子怎么捏？（用双手手掌底部前后、上下搓出水滴形；用手指搓出小水滴）

3. 教师示范制作，幼儿观察并尝试制作。

（1）教师运用双手手掌底部前后搓出长水滴形、手指搓出小水滴形的方法制作萝卜，幼儿观察。

（2）幼儿独立尝试制作，教师进行个别指导。

（3）小结：先搓出萝卜的身体，再用绿色彩泥搓叶子，然后进行组合，最后用大肚刀刻画萝卜花纹，表现萝卜的特征。

三、结束部分

请幼儿将制作好的萝卜分类放入篮中，送到小兔子的“萝卜专卖店”进行展示。

活动延伸：迁移本次活动经验，引导幼儿尝试制作其他几种常见的水滴形蔬菜。在美工区充实各种美工材料，如油画棒、胶棒、彩纸、橡皮泥、皱纹纸、水彩笔等，供幼儿自主再现萝卜的特征。

活动反思：幼儿通过动手制作进一步表达了对萝卜的喜爱。在老师的帮助下，每位幼儿都有自己的作品。这次活动展现了幼儿的艺术表现能力，帮助他们自信和大胆地进行萝卜的艺术表现。

阶段反思：通过第一阶段活动的开展，幼儿对萝卜有了最基本的了解，知道了萝卜的名称和不同种类，能够对萝卜进行简单的分类。最后的萝卜艺术品创作中，幼儿能够自主地表现萝卜的特征，将自己心中最美萝卜的样子通过绘画和捏泥的方式展现出来。幼儿逐渐喜欢萝卜，愿意继续了解萝卜，为接下来的活动奠定了基础。

第二阶段：拔萝卜

环节一：欣赏故事《拔萝卜》

从小班幼儿最喜欢的故事《拔萝卜》开始，将幼儿的关注点很自然地转到观察萝卜的特征上。通过适宜的问题引导幼儿学习由外到内地有序观察，充分调动了幼儿的感官，鼓励幼儿说出自己的发现并与同伴进行交流。接着，请家长制作幼儿喜爱的角色头饰和服饰，激发幼儿表演故事的兴趣，让幼儿通过故事表演进一步加深对故事的理解，体验表演的乐趣。

活动名称：故事《拔萝卜》

活动目标：

1. 能认真倾听故事，理解故事内容。

2. 会使用不同的声音、语调表演故事中的不同角色。

3. 懂得人多力量大的道理。

活动准备：动画课件《拔萝卜》、大萝卜、老公公、老婆婆、小姑娘、小花狗、小花猫和小老鼠的头饰（见《教学材料》）、幼儿画册《语言》上8～11页。

活动过程：

1. 导语："有一个老公公种了一颗萝卜，萝卜长得很大很大，大得老公公都拔不动了。谁会去帮助老公公拔萝卜呢？最后有没有拔下来呢？请听故事《拔萝卜》。"

2. 分段看课件，了解故事内容。

（1）导语："小朋友们，老公公在夏天的时候种了一颗大萝卜，我们看看发生了什么事？"

（2）播放课件第一、二自然段。

提问："老公公每天都对萝卜说什么？老公公一个人把萝卜拔下来了吗？老婆婆来帮老公公拔萝卜了，拔下来了吗？他们又把谁喊来帮忙了呢？"

（3）播放课件第三、四自然段。

提问："老公公、老婆婆、小姑娘和小花狗把萝卜拔下来了吗？小花狗又会喊来谁呢？"（引导幼儿学说老婆婆和小姑娘的对话以及小姑娘和小花狗的对话）

（4）关闭课件声音，播放第五、六自然段。

请幼儿试着说说小花狗和小花猫以及小花猫和小老鼠的对话。

（5）开启课件声音，幼儿跟随教师一起讲述本段故事，讲述中提醒幼儿使用不同的声音、语调来模拟故事中的不同角色。

（6）关闭课件声音，播放第七自然段。

导语："老公公、老婆婆、小姑娘、小花狗、小花猫和小老鼠都来拔萝卜了，会把萝卜拔出来吗？"

教师引导幼儿进行猜测，激发幼儿继续看课件的欲望。然后播放课件至结束。

（7）提问："萝卜拔出来了吗？"

教师带领幼儿一起模仿课件中角色的样子欢呼："萝卜拔出来了！"

3. 看课件，幼儿完整欣赏故事。

环节二：音乐表演《拔萝卜》

带领幼儿熟悉《拔萝卜》的故事后，教师结合主题活动，请幼儿自选角色，亲子制作故事中角色的头饰，引导幼儿在表演区内或各种活动中大胆地进行集体表演。幼儿对戴着自制头饰表演故事的活动很感兴趣。幼儿在表演活动中情绪高涨，能够很自然地掌握故事中的对话并模仿故事中的人物，准确地表现出人物的特征。尤其在新年的故事表演中，幼儿表现得更为突出，不仅能把喜欢的角色表现出来，而且还能对全文进行复述，用语言表述故事的能力大大提高（图 9）。

图 9

活动名称：音乐表演《拔萝卜》

活动目标：

1. 掌握角色名称并创编角色动作。
2. 学习在表演中关心同伴，感受与同伴合作的快乐。

活动准备：故事录音、故事书、故事角色的服装和头饰等。

活动过程：

1. 复习歌曲《拔萝卜》。
2. 熟悉角色并创编动作。

（1）创编老公公拔萝卜的动作，在老师的帮助下确定一种动作，集体练习。

（2）创编老婆婆跑来和老公公一起拔萝卜的动作，集体练习。

（3）按角色依次创编老爷爷、老婆婆、小姑娘、小花猫、小花狗、小老鼠的不同动作。

3. 表演《拔萝卜》。

（1）完整欣赏音乐《拔萝卜》，让幼儿熟悉乐曲旋律。

（2）尝试表演歌曲，体会与同伴合作游戏的快乐。

（3）请一组幼儿在集体面前表演。

环节三：故事《萝卜回来了》

活动名称：故事《萝卜回来了》

活动目标：

1. 初步理解故事内容，乐意表达自己的想法。

2. 感受小动物之间相互关心、相互爱护的情感。

活动准备：课件《萝卜回来了》。

活动过程：

一、开始部分

出示雪景图片，了解下雪。

导语："看，下雪了，在雪中会发生什么故事呢，我们一起来看一看。"

二、基础部分

1. 理解故事第一部分：小兔送萝卜。

小兔去找萝卜，学习句子"雪这么大，天这么冷，小猴一定很饿，我找到了东西，和它一起吃。"

2. 小兔找到萝卜，模仿"挖"的动作。

3. 讲述故事：小兔抱着萝卜跑到小猴家，屋子里一个人也没有，小兔就把萝卜放在桌子上回家了。

4. 理解故事第二部分：小猴送萝卜。

（1）提问："小猴去哪了？"

巩固句式"雪这么大，天这么冷，小熊一定很饿，我找到了东西，和它一起吃。"

（2）导语："小猴找了半天，什么也没有找到，就空手回到了家里。它看见了什么呀？（桌子上有根大萝卜）那它会怎么做呢？"

（3）讲述故事：小猴抱着萝卜跑到小熊家，可是门关得紧紧的，小熊也不在家。小猴就把萝卜放在窗台上，回家了。

5. 理解故事第三部分：小熊送萝卜。

（1）小熊去找萝卜，继续巩固句式"雪这么大，天这么冷，小兔一定很饿，我找到了东西，和它一起吃。"

（2）导语："可是找了半天，小熊什么也没有找到，就空手回到了家里。它看见了什么呀？（窗台上有根大萝卜）小熊高兴极了，它又会怎么做呢？"

（3）讲述故事：小熊抱着萝卜跑到小兔家，这时候，小兔已经睡着了。小熊不愿意吵醒它，就把萝卜轻轻放在桌子上，回家了。

6. 理解故事第四部分：小兔醒来。

（1）提问："小熊把萝卜送给谁了？（小兔）小兔在干吗？（睡觉）小熊不愿意吵醒它，就把萝卜轻轻地放在桌子上，回家了。"

（2）导语："小兔醒来，它看到了什么？它会说什么呢？（放录音）它说这句话的时候心里在想什么？"

（3）模仿小兔醒来的情景，模仿小兔子的话："咦，萝卜回来啦！"

7. 再次欣赏故事《萝卜回来了》，理解朋友之间互相关爱之情。

（1）以三角形的图示帮助幼儿理解故事中送萝卜的过程。

（2）把送萝卜的过程编成歌曲。

歌曲内容：小兔子呀，送萝卜呀，送小猴，送小猴，小猴送给小熊，小熊送给小兔，萝卜回来啦，萝卜回来啦！

三、结束部分

1. 小结：你们喜欢故事里的小动物吗？为什么？我也很喜欢它们，因为它们愿意把最好的东西送给别人，真是一群相亲相爱的好朋友！

2. 联系实际，给好朋友送礼物。

导语："你们有好朋友吗？你的好朋友是谁？嗯，我们班的宝宝也是一群相亲相爱的好朋友！"

活动延伸：在图书区充实有关《萝卜回来了》的图书，激发幼儿在图书区自主阅读故事书。

活动反思：通过这个活动，幼儿不仅能把喜欢的角色表现出来，而且用语言表述故事的能力大大提高。

阶段反思：第二阶段的活动主要是为幼儿讲述与萝卜相关的故事，通过听故事、复述故事和故事表演，培养幼儿倾听的习惯，鼓励幼儿大胆地在集体面前表现自己。幼儿对萝卜的认知也更加立体和深刻。

第三阶段：好吃的萝卜美食

我根据本班幼儿的年龄特点，从实际出发，利用乡土资源以及幼儿已有的食品制作经验来设计本阶段的活动。在教师的引导下，幼儿能大胆地探索以及充分地表现自己动手制作萝卜美食的能力。

环节一：我吃过的萝卜美食

周末，我们请爸爸妈妈带小朋友在家制作萝卜美食，并在微信群发照片分享。周一，我组织幼儿针对周日的亲子制作活动开展了谈话活动。谈到亲子一起制作美食，孩子们有说不完的话，纷纷说自己在家都做了哪些美食。

盈盈："我爸给我做的胡萝卜球沙拉，因为它又圆又甜，还很漂亮，所以我特爱吃。"

申申："我妈做的胡萝卜炖牛肉，妈妈喜欢吃，爸爸喜欢吃，所以我也喜欢吃。（图 10）"

含含："我奶奶给我做的萝卜丝汤，我特别爱喝。我就喜欢吃我奶奶做的饭。（图 11）"

我在幼儿讨论的基础上进行小结："爸爸、妈妈给我们做的萝卜美食真好吃，老师听了也想吃了。这些萝卜美食让我们的身体变得棒棒的。我们不光要吃家长做的萝卜美食，幼儿园的萝卜食物也非常好吃，我们也要吃，这样我们才会健康成长。”

图 10

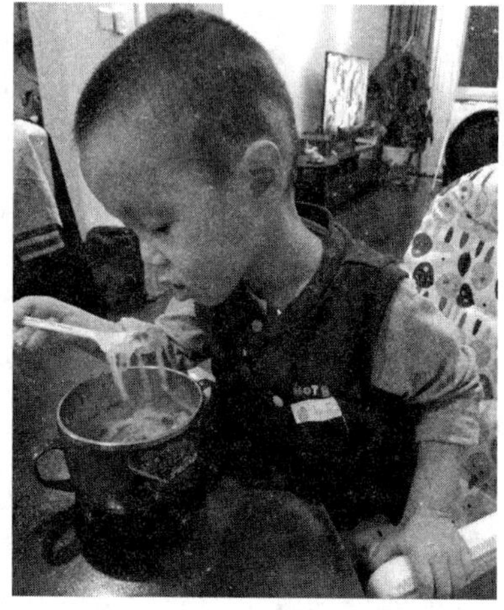

图 11

活动反思：这个活动内容贴近幼儿的生活，我根据幼儿已有的生活经验和孩子们一起讨论这个有趣的话题，并以提问的方式不断启发幼儿思考。当幼儿投入后，我便放手让幼儿讲述参与家庭制作萝卜美食的感受，孩子们沉浸在快乐中。

环节二：食品制作——萝卜丝汤

利用食品制作时间，教师带幼儿制作以萝卜为主要食材的食物。我们根据幼儿的兴趣点，在征求他们意见后，在班内再现家庭制作的过程。由于家庭亲子制作有做萝卜丝汤的，幼儿对制作萝卜丝汤很是期待。在食品制作的过程中，孩子们表现非常积极，自己动手洗萝卜、切萝卜丝，观看老师制作萝卜丝汤的全过程(图 12)。幼儿在活动中体验到制作的乐趣和品尝食物的幸福与快乐。

图 12

 **活动名称**：食品制作——萝卜丝汤

活动目标：

1. 知道萝卜有多种吃法，尝试用萝卜做汤。

2. 初步学会将萝卜切成丝的方法。

3. 体验与同伴一起分享的快乐。

活动准备：萝卜食品图片、制作教学视频、一次性桌布、两个萝卜、小盆、切板、小刀、幼儿围裙若干。

活动重点：掌握切萝卜丝的方法。

活动难点：能一下一下切丝。

活动过程：

一、开始部分

1. 教师出示已做好的萝卜食品，请幼儿观察并说一说。

提问："这是什么食物？里面有些什么？你们有没有吃过？谁给你做的？你所吃的萝卜丝汤是什么味道的？什么颜色的？"

2. 总结：原来萝卜还可以做成萝卜丝汤，萝卜其实还有好多种吃法（炒菜、做成馅）。

二、基础部分

1. 了解萝卜丝汤的制作方法。

导语："今天我们班来了客人，我们小朋友都成为小主人，小主人要做美味的萝卜丝汤来招待我们的客人，你们愿意吗？"

（1）了解做萝卜丝汤所需的主要材料。

（2）了解做萝卜丝汤所用的工具及作用。

（3）了解切萝卜丝的方法。（教师带领幼儿用肢体动作来表现）

2. 幼儿操作。

（1）进操作台，引导幼儿观察准备好的萝卜（没煮过的和煮熟的），让幼儿感受其色彩、形状和软硬的不同。

（2）幼儿操作，教师重点指导幼儿操作时的"清洗"与"切丝"，鼓励幼儿根据自己的能力尝试用刀切两种不同材质的萝卜（没煮过的和煮熟的），让每位幼儿都能得到不同程度的提高。

3. 观察老师制作萝卜丝。

提问："老师制作时都用了什么食材？"（水、萝卜丝、葱姜丝、盐、味精、香油、香菜）

三、结束部分

引导幼儿闻一闻、尝一尝。

活动反思：在食品制作的过程中，幼儿自己动手洗萝卜、切萝卜丝，观看老师制作萝卜丝汤的全过程。幼儿体验到制作的乐趣，丰富了生活经验。通过品尝食物提升幸福感，为幼儿养成良好的饮食习惯奠定了基础。

环节三：食品制作——萝卜丝饼

活动名称：食品制作——萝卜丝饼

活动目标：

1. 知道胡萝卜有多种吃法。
2. 学习制作胡萝卜饼。
3. 体验与同伴一起分享的快乐。

活动准备：一次性桌布、两个胡萝卜、面粉、图片、幼儿围裙若干。

活动过程：

一、开始部分

1. 出示已做好的萝卜饼，请幼儿观察并说一说。

提问："这是什么？里面有些什么？你们有没有吃过？谁给你做的？你所吃的萝卜饼里有哪些萝卜，是什么颜色的？"

2. 总结：原来胡萝卜还可以做成萝卜饼来吃，萝卜其实还有好多种吃法（炒菜、做馅）。

二、基础部分

1. 了解萝卜饼的制作方法。

导语："今天我们班来了客人，小朋友都成为小主人，小主人要做美味的萝卜饼来招待我们的客人，你们愿意吗？"

（1）了解做胡萝卜饼所需的主要材料。

（2）了解做胡萝卜饼所用的工具及作用。

（3）了解做胡萝卜饼的步骤。（教师带领幼儿用肢体动作来表现）

2. 幼儿操作。

（1）进操作台，引导幼儿观察准备好的胡萝卜（没煮过的和煮熟的），让幼儿感受其色彩、形状和软硬的不同。

（2）幼儿操作，教师重点指导幼儿操作时的"压泥"与"拌面泥"，鼓励幼儿根据自己的能力尝试用不同的方法来制作，让每位幼儿都能得到不同程度的提高。

三、结束部分

欣赏与分享，品尝美食。

活动延伸：在娃娃家提供各种颜色的皱纹纸、圆形饺子皮、橡皮泥、泥工板、娃娃等供幼儿动手制作。

阶段反思：本阶段的活动主要是调动幼儿的积极性，鼓励幼儿亲自动手制作萝卜美食，让幼儿在动手操作中与萝卜亲密接触，吃到自己做的美食，幼儿对萝卜的喜欢程度又加深了一步。在整个制作过程中，幼儿能够积极动手参与制作，探索制作萝卜丝汤和胡萝卜饼。在制作萝卜饼时，幼儿知道胡萝卜泥要先和入面中才能做成饼的混合食材。最后在老师的指导下用手把面团圆再压成圆饼形状。幼儿通过品尝和观看老师的制作了解到胡萝卜饼的操作流程。在教师的帮助下，每位幼儿都制作出了萝卜美食，体验到成功的快乐。

第四阶段：萝卜的朋友

环节一：萝卜的朋友有哪些

萝卜都有哪些朋友？让幼儿主动去发现和萝卜一样生长在土里的蔬菜。小班幼儿对新奇的事情感兴趣，这个话题也能激发幼儿的探究欲望。教师用提问的方式引导幼儿主动探索除了萝卜的果实是长在泥土里的，还有什么蔬菜的果实也长在土里？这些蔬菜对我们的身体有什么益处？幼儿在家长与老师的共同帮助下，终于找到了也很熟悉的萝卜朋友：土豆和地瓜。

活动名称：萝卜的朋友

活动目标：

1. 知道哪些蔬菜的根是可以吃的。

2. 能用语言描述蔬菜的特征。

活动准备：礼物包、地瓜、土豆、萝卜、胡萝卜、用各种食物的根制作的小动物。

活动过程：

一、开始部分

以小动物送邮包的形式导入，让幼儿感受萝卜的外部特征。

导语："今天小一班收到了一份礼物，是什么礼物呢？请小朋友摸一摸，告诉老师你摸到的东西是什么样的？你觉得可能是什么东西？"

二、基础部分

1. 通过观察，用语言描述萝卜的外部特征。

2. 观看萝卜根的生长图片。

导语："小朋友，你们知道萝卜长在哪里吗？（它们都长在泥土里）除了萝卜，还有谁是住在泥土里的？"

总结：萝卜是可以吃的根。

3. 幼儿通过尝试，初步认识一些可以吃的根（土豆、地瓜）。

提问："除了萝卜是可以吃的根，还有哪些蔬菜的根也是可以吃的？"

三、结束部分

出示用各种根制作的小动物供幼儿欣赏。

活动反思：本次活动是根据幼儿的兴趣生成的活动。小班幼儿对事物的探究兴趣稍纵即逝，我通过细致的观察，及时捕捉幼儿的想法，巧妙地运用时机，耐心引导幼儿发现萝卜的朋友，使他们更深入地思考"除了萝卜是果实长在土里的蔬菜，还有没有果实长在土里的蔬菜？"由于幼儿不能独立解决这个问题，我们动员家长参与问题的探究，最终幼儿认识了萝卜的朋友地瓜和土豆。

环节二：日常教育

教师在餐前为幼儿介绍各种萝卜食物的营养及其对小朋友生长发育的重要性，教育幼儿不挑食。介绍各种蔬菜搭配的益处，使幼儿明白多吃萝卜青菜对身体成长的好处。

在进餐前，教师以良好的情绪感染幼儿。如有意识地吸吸鼻子说："哇，今天的菜真香!"幼儿进步了，我们会及时给予表扬和奖励。对于体质较差、吃饭较慢的幼儿，我们会让他洗手先吃。对吃得过多、饭量较大的幼儿，在校医的指导下，有意识地控制他们的食量，鼓励他们多吃青菜，多喝汤，少吃肉类和面食，提醒他们吃饭时要细嚼慢咽。

通过主题活动的开展，幼儿能正确地使用餐具独立进餐，知道掉落的餐具和食品都不可以再入口，知道进餐时不大声讲话，不东张西望，将饭菜吃干净，能餐后收拾桌面，并轻轻送回餐具。

阶段反思：通过健康主题教育活动，教师能及时地提示幼儿，唤醒幼儿已有的生活经验并给他们创设良好的教育环境。班里大部分幼儿都能独立地吃完自己碗中的饭菜，但有个别幼儿的进餐习惯仍令人担忧，我们会结合健康教育活动帮助这些幼儿逐渐养成良好的进餐习惯。

六、收获感悟

"我和萝卜做朋友"的主题内容贴近我班幼儿生活，便于幼儿理解掌握。尤其是小班幼儿处在3～4岁这个阶段，他们喜欢模仿，对新鲜事物感兴趣，乐于在成人的陪伴下做事情。在主题开展过程始终，教师都是在带动幼儿主动参与、鼓励幼儿大胆动手的实践活动中让孩子获得认知经验，养成良好的饮食习惯。

我们在活动中充分调动家长的积极性，鼓励家长带动幼儿参与活动。幼儿从中收获了主动大胆、乐学好问的良好品质。通过家长与幼儿的互动拉近了家长与幼儿之间的距离。在爸爸妈妈的关爱下，孩子们也学会要关心自己的家人，产生了感恩之情。

通过一日活动中各个环节的引导，孩子们的用餐习惯都有了很大的进步：大部分孩子都能很好地使用勺子自己吃饭，而且不挑食、不偏食、不洒汤、不撒菜，有良好的饮食卫生习惯。

请家长与幼儿共同查找并收集各种萝卜的资料，鼓励幼儿与同伴进行分享。在这个过程中不仅加深了幼儿对萝卜食物的了解，也发展了他们的语言表达能力、观察能力以及社会交往能力。

总之，我班开展的这个健康主题活动让孩子们开阔了眼界，增长了知识，体验到了成功的愉悦，使思维真正“活”了起来。同时，提高了幼儿获取信息的能力，丰富了幼儿原有的认知经验。

主题四：黄色城堡营养全（中班）

指导老师：杜荣

一、主题由来

通过观察，我发现部分幼儿在园进餐时对蔬菜的种类比较挑剔，例如在吃胡萝卜、土豆丝等蔬菜时，有几名幼儿一直到收餐，这些菜都没有吃下去。针对孩子们吃饭难的问题，我们尝试过食物营养知识的渗透引导，但是效果不佳；我们联系过家长，让家长们变着花样给孩子做，但是也没有得到改善。我还发现不仅仅是这些蔬菜，早点吃的鸡蛋，中午吃的橘子，孩子们吃起来都比较费劲。通过观察和统计，这些食物均为黄色的食物。就在我们找不到更好的方法时，我决定开展关于健康饮食的主题活动，借助食品制作课程，让幼儿了解黄色食物的营养与自身成长的关系，亲身体验食物制作的乐趣，从自己制作美食开始慢慢接受黄色食物，最终喜欢吃黄色的食物。记得在一次食品制作的活动中，幼儿制作鸡蛋饼，这一次我们和平时制作的鸡蛋饼不一样，我们要做一个蔬菜鸡蛋饼，孩子们一起讨论，有的说："我要做一个萝卜丝鸡蛋饼。"有的说："我要做一个土豆丝鸡蛋饼。"于是我让孩子们从市场找到了黄色的食物，自己洗一洗、切一切。孩子们把鸡蛋和面粉搅拌好后，放上了他们自己准备的食材来制作鸡蛋饼。我们就此开展了一次食物评比活动，孩子们分享美食的时候，有的小朋友说这些鸡蛋饼真好吃，就连平时挑食的孩子也举手说："我还想吃。"当我问孩子们："这里就有你们平时不喜欢吃的胡萝卜和土豆，也有小朋友不爱吃的鸡蛋，为什么你们这次这么爱吃呀?"孩子们说："我们自己做的食物是最好吃的。"也有的说："这样我才爱吃，要是煮鸡蛋我就不爱吃。"晨晨小朋友在进餐时，会把菜里、汤里的鸡蛋挑出来，在家时也是如此。但是在这次制作鸡蛋饼的活动后，他在家主动要求妈妈做鸡蛋饼吃，妈妈很激动地与老师进行了分享。

我以园本健康主题教研活动为载体，发现孩子对黄色的食物比较挑剔。这些黄色食物对孩子的身体健康有什么作用呢？如何让更多的小朋友喜欢吃黄色的食物呢？我班准备对黄色的食物进行大调查，最终生成主题活动“黄色城堡营养全”。

二、设计思路

以寻找黄色城堡中的食物为切入点，鼓励幼儿与家长一起做调查。比如到菜市场、路边摊等场所寻找黄色的食物，向卖食物的人咨询黄色食物的营养，并请家长留下影像。回来后根据自己活动时的照片与他人交流黄色城堡中的食物，并将混合在一起的黄色食物按照类别进行分类。教师进一步鼓励幼儿去感知食物的生长环境及食物对人身体的直接影响，从而了解黄色食物的营养价值，充分地感受吃黄色食物的重要性。幼儿在活动中能够结合自己的兴趣开展种植活动，关注与照顾植物的成长，发现、对比植物成长中的变化，最终理解种植的辛苦与食物的得来不易。最后教师带领幼儿探索食物制作的方法，感知食物的味道并进行品尝，从而引导幼儿爱吃黄色的食物。我们逐渐生成相关领域活动、科学探究活动、食品制作活动等。

本次主题活动分为三个阶段，每个阶段又细分了不同的活动内容。

第一阶段：我的黄色城堡。

通过活动“我的黄色城堡”，亲子走进市场收集黄色的事物，了解黄色食物的生长环境和特点。幼儿感知黄色城堡里的黄色食物，能够对食物进行分类，知道食物的生长环境和营养价值，知道吃黄色的食物给我们身体带来的好处。

具体环节：黄色城堡住着谁——黄色食物调查表——黄色食物营养全。

第二阶段：我的探宝行动。

借助家长资源开展活动“我家的餐桌”，引导幼儿发现我们都吃过什么黄色食物，鼓励幼儿与家长一起制作食物，促进家园合作。引导幼儿观察黄色食物的特点，观察黄色水果的切面与整体的关系；品尝黄色水果，知道食物的多种制作方法；收集黄色食物的种子，开展相关的种植活动，了解食物的成长过程及变化。

具体环节：我家的餐桌——黄色食品的制作——果汁变变变——黄色水果的秘密——种植黄色食物。

第三阶段：我最爱吃的黄色珍宝。

开展投票活动，选出制作的黄色食物，探究制作的方法，最终生成面食制作活动。通过主题活动促使幼儿获得相关经验，养成良好的饮食习惯。

具体环节：制作黄色食物的模型——我最想吃（投票活动）——食品制作（蝴蝶卷）。

三、幼儿可获得的领域经验

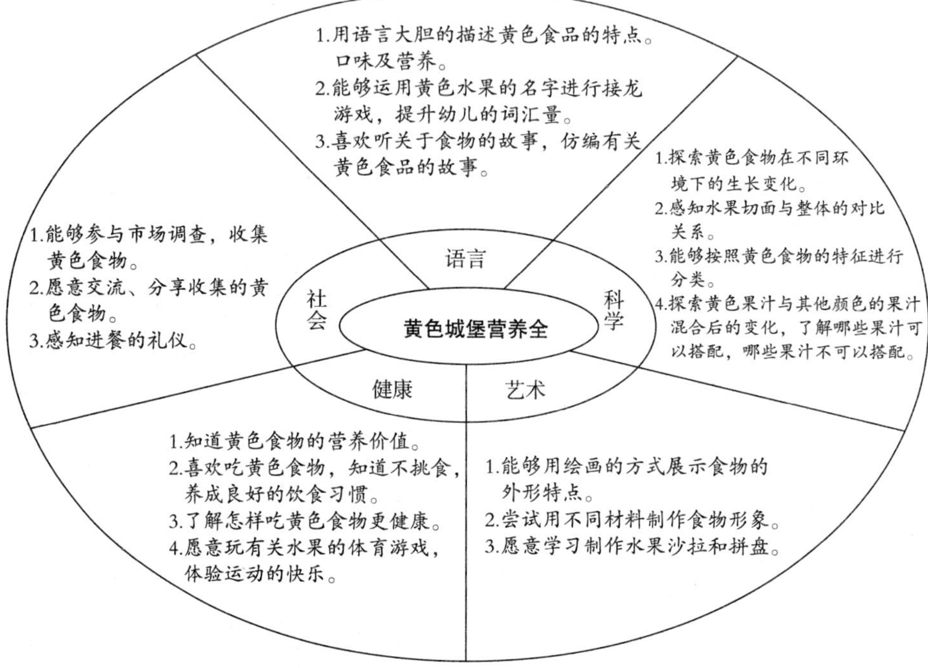

四、主题网络图和主题墙饰

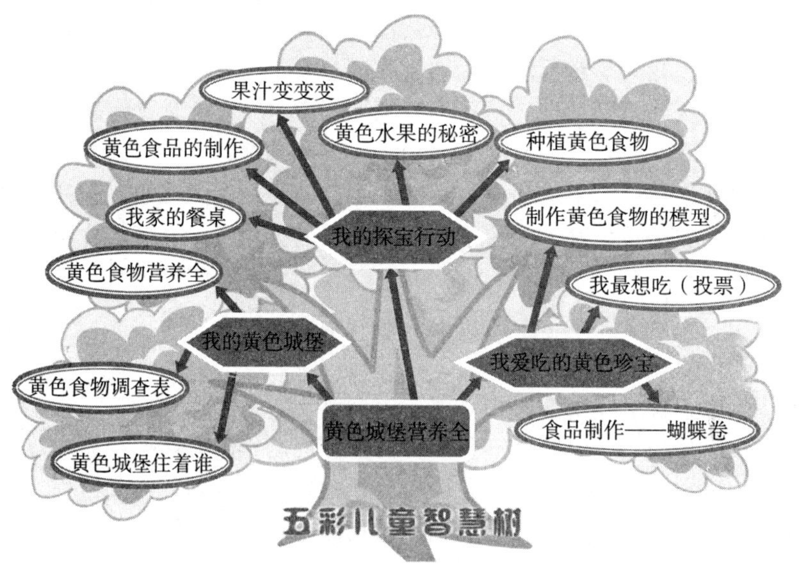

图 1

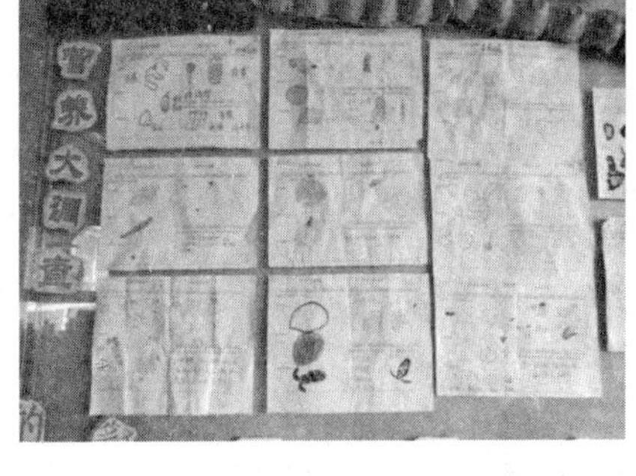

图 2

图 3

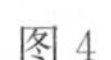
图 4

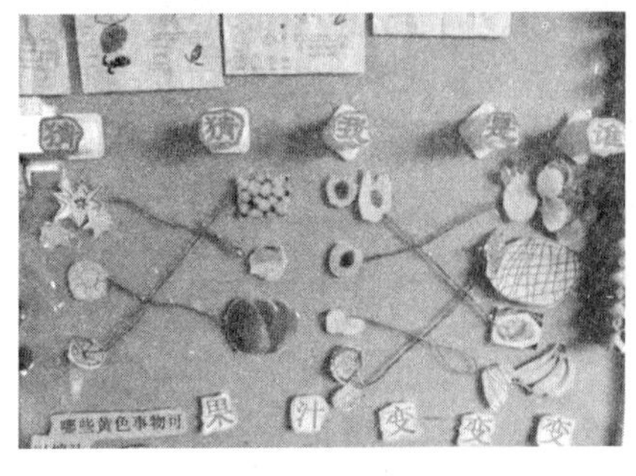

图 5

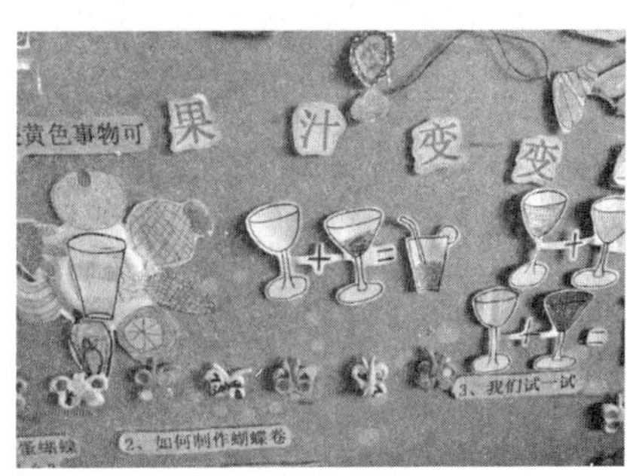

图 6

图 7

图 8

五、主题过程实录

第一阶段：我的黄色城堡

环节一：黄色城堡住着谁

在活动前，教师调动幼儿的生活经验，了解黄色城堡里的内容和黄色食物相关。在亲子活动中，家长带着幼儿走进超市、菜市场寻找黄色的食物。幼儿对“市场淘宝”活动很感兴趣，学习分辨市场上的黄色食物，如梨、彩椒、小米、不知火柑（图 9～图 12），等等。

图 9

图 10

图 11

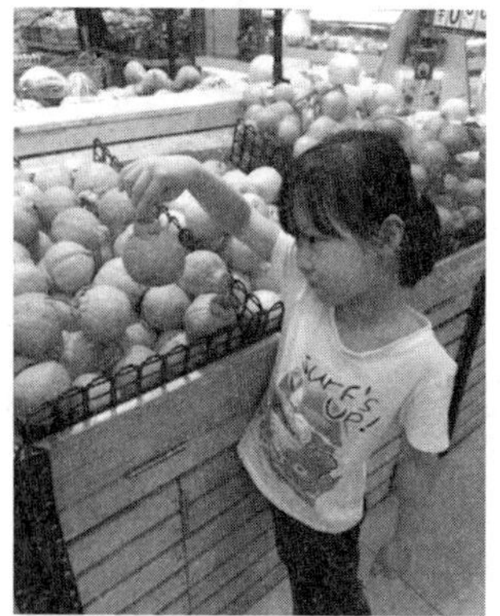

图 12

活动名称：黄色城堡住着谁（综合活动）

活动目标：

1. 知道黄色城堡里食物的成长环境及特点，了解黄色食物的种类。
2. 能用绘画的方式表现自己找到的黄色食物。

活动准备：笔、纸、PPT课件、食物的切面和整体。

活动过程：

一、开始部分

1. 谈话：说一说我的市场大调查。（播放走进市场调查的照片）

每名幼儿都分享寻找到的黄色食物，说一说食物的名字、形状、颜色和味道。

2. 请幼儿说一说找到的黄色食物属于什么类。（水果、蔬菜）

二、基础部分

1. 播放PPT课件。

我的黄色食物城堡	我的市场大调查	
请小朋友们想一想，在生活中你都见过哪些黄色的食物？（可以分类画下来） 水果类： 蔬菜类： 主食或其他：	到市场去淘宝啦！看看你能收集到什么黄色的食物？（绘画＋文字）	选择其中一种食物做营养价值的调查。（幼儿可以想办法用绘画的形式表达，或者家长用文字介绍，幼儿能够分享即可）

导语："看一看这些食物是黄色城堡的食物吗？为什么？"

2. 提问："猜一猜图中的黄色食物生长在什么地方？"验证幼儿的猜想，出示食物的生长环境，丰富幼儿的生活经验。

3. 画一画自己喜欢黄色食物。

三、结束部分

1. 将幼儿画的食物进行分类摆放。
2. 将幼儿找到的黄色食物进行墙饰创设。

环节二：黄色食物调查表

这些黄色的食物对我们的成长有哪些好处呢？教师发放调查表，鼓励幼儿将找到的黄色食物进行分类，调查其中的营养价值，并用绘画的形式表现出来，或者能分享了解的营养价值。孩子们在分享的过程中说出了黄色食物的一些营养成分和营养价值，如富含维生素、矿物质、胡萝卜素、抗氧化物质，能够防辐射、增强免疫力等。孩子们在家和家长们上网查找资料，将这些专业名词进行了表述。但是对于中班的幼儿来说，他们不理解这些专业名词到底是什么意思，也不知道对自己的成长和身体到底有哪些实际的好处。

环节三：黄色食物营养全

吃黄色的食物到底和我们的身体有什么关系呢？有的幼儿说吃了黄色的水果可以化痰、防止咳嗽，于是孩子们画了一个大大的嘴巴，露出了红红的嗓子，表示健康。

有的说黄色的食物对肠道好，于是他们在图书区找到了关于人体的书，照着画下了肠道和胃的样子。

有的说吃黄色的蔬菜和水果，我们可以快点长高。

有的说吃维生素多的水果可以保护眼睛。

有的说水果可以防止变老，吃了对皮肤好。

……

孩子们你一言我一语地表述着他们绘画的结果，感受到了吃黄色食物的重要性，在生活中也更加关注黄色食物。

活动名称：黄色食物营养全

活动目标：

1. 能够分享黄色食物的营养价值。
2. 了解黄色城堡里住的都是谁，愿意收集黄色食物。

活动准备：黄色食物的图片。

活动过程：

一、开始部分

导语："小朋友们，你们猜一猜我的黄色城堡里面是什么？我们一起来看一下吧！"

二、基础部分

1. 请幼儿说一说黄色食物的营养价值。

提问："你们生活中都吃过这些食物吗？它们是什么味道的？你们知道他们有什么营养吗？"（提前做营养调查）

2. 引导幼儿说出黄色食物对人体具有的好处。
3. 出示PPT，总结黄色食物的营养价值。

三、结束部分

导语："将你刚刚说的黄色食物对人体的好处画下来吧，画完后与你的伙伴一起说一说。"

第二阶段：我的探宝行动

环节一：我家的餐桌

了解黄色食物的营养价值后，这些食物应该怎样吃呢？借助家长资源，我们生成了亲子活动“我家的餐桌”，家长们也很主动地参与到主题活动中，在周末的时候与幼儿一起制作黄色的食物，丰富我家的餐桌（图 13～图 14）。

图 13

图 14

教师调动家长资源，鼓励幼儿和家长一起探索黄色的蔬菜和水果能够制作成的美食，参与到制作的过程当中，最后一起品尝美味的食物。通过亲子活动，幼儿体验探索和制作食物的过程，提升洗、切等动手能力，了解黄色食物的搭配及将黄色食品的营养送入口中。

活动名称：我家的餐桌

活动目标：

1. 愿意分享自己家餐桌上的黄色食物。
2. 能够利用区域内的材料制作我家餐桌上的黄色食物。

活动重点：分享我家餐桌上的黄色食物。

活动难点：制作过程中表现出我家餐桌上食物的轮廓。

活动准备：超轻黏土、区域内各种材料、我家的餐桌照片。

活动过程：

一、开始部分

1. 出示幼儿亲子活动照片，引出话题“我家的餐桌”。

2. 请幼儿分享自己家餐桌上的黄色食物。

3. 分享制作经验，说一说吃了餐桌上的食物对自己身体的好处。

二、基础部分

1. 导语："区域中哪些材料可以用来制作我家餐桌上的食物？可以制作的食物名称是什么？"

2. 幼儿根据自己说的食物名称去美工区寻找制作材料，找到材料后说一说要怎么做。

3. 在制作过程中，教师给予相应指导。

4. 鼓励没有参与亲子制作的幼儿尝试用区域材料制作餐桌上的黄色食物，如鸡蛋饼、水果沙拉、白薯拔丝、玉米等。

三、结束部分

1. 幼儿分享自己制作的食物作品。

2. 教师进行展示（图 15）。

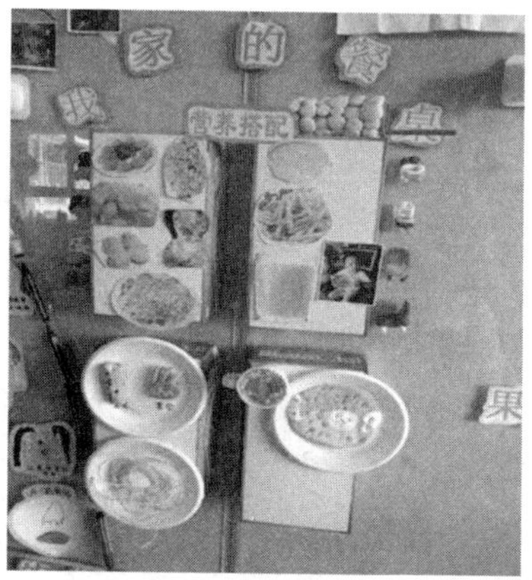

图 15

环节二：黄色食品的制作

幼儿分享、交流在家中的制作体验及活动照片："我家的餐桌上还有黄色的饮料，还有很多菜也是黄色的。"……

教师根据幼儿分享的食品，收集黄色食物的图片，鼓励幼儿用区域材料尝试制作，如用超轻黏土、纸线、手指卷、筷子等材料模仿食品的外形进行制作（图 16～图 19）。我为幼儿提供比较形象的食物图片，并在活动中进行个别指导。幼儿能够将食物的特征做出来，如老玉米、鸡蛋饼、鸡蛋面、鸡蛋卷、鸡蛋汤等。

图 16

图 17

图 18

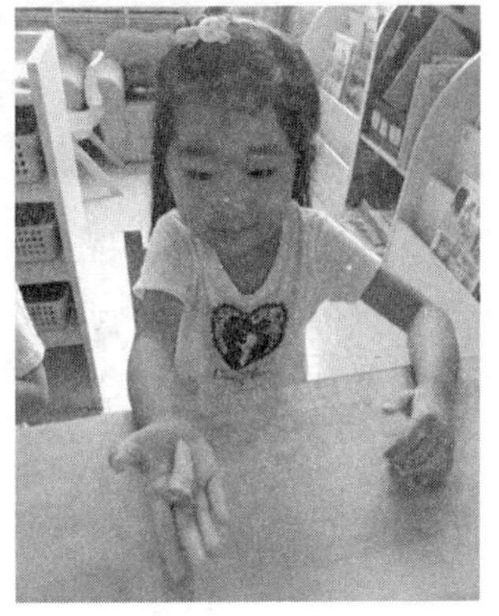

图 19

活动名称：制作黄色食物（美工区）

活动目标：

1. 能够大胆地运用区域内的废旧材料进行黄色食物模型的制作。
2. 对制作活动感兴趣，能够解决制作困难，提高动手能力。

活动策略：

1. 提供美食图片和废旧材料。
2. 帮助个别幼儿解决制作中的困难，提供制作经验。

环节三：果汁变变变

“老师，我想制作黄色的饮料，应该怎么做？”

我将幼儿的问题抛给全班幼儿：“想一想，我们区域中的哪些材料可以制作出黄色饮料的颜色？”嘉妮说：“我觉得将美工区的黄色颜料放在杯子里，接上点水就像。”我们尝试了这个方法。我接着问：“那在生活中都有哪些黄色食物可以榨汁呢？（图 20）”幼儿说：“我喝过柠檬汁、香蕉汁、菠萝汁、玉米汁、橙汁……”

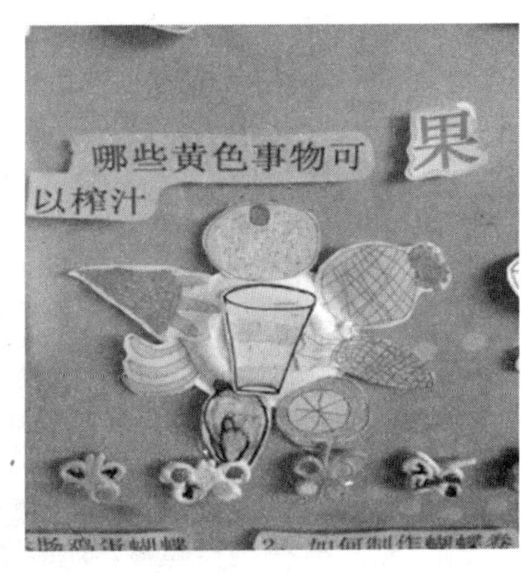

图 20

孩子们能够用颜料表现将黄色的果汁，我问孩子们还喝过什么颜色的果汁，孩子们说：“西瓜汁是红色的，猕猴桃汁是绿色的。”我又问：“如果把这些果汁配在一起，颜色会不会有变化？”孩子们对颜色配对产生了好奇，猜想了几种变化，那么实际是不是和大家说的一样呢？于是我们生成了“颜色变变变”的活动，孩子们以小组的形式，经历猜想——操作——记录——验证——分享的过程，感知了黄色与其他颜色配对的变化。

活动名称：果汁变变变

活动目标：

1. 了解能够榨汁的黄色食物，感知果汁的营养与搭配。

2. 感受黄色果汁与其他颜色的果汁搭配后的颜色变化与营养价值。

活动准备：黄色与其他不同颜色的颜料、可以榨汁的黄色食物图片（玉米、菠萝、柠檬等）。

活动过程：

一、开始部分

提问：“你们喝过果汁吗？喝过什么口味的果汁？你喝过哪些黄色的果汁？”

二、基础部分

1. 出示图片，请幼儿说说还有哪些食物可以榨汁。

2. 分享黄色食物榨汁对人体的好处。

3. 将小朋友带来的黄色食物榨汁。

4. 出示绿色食物的果汁，请幼儿想一想黄色的果汁和绿色的果汁放在一起会变成什么样。

5. 幼儿猜想后，教师与幼儿一起尝试制作，让幼儿观察黄色饮料与别的颜色的饮料配在一起的变化。

6. 请幼儿探索黄色与别的颜色融合在一起会有哪些变化。

导语：“我们没有那么多果汁，我们班的哪种材料可以制作成和果汁一样的颜色呢？”（美工区的颜料水）

鼓励幼儿尝试用颜料水代替果汁进行颜色配一配活动（图21～图22）。

图21

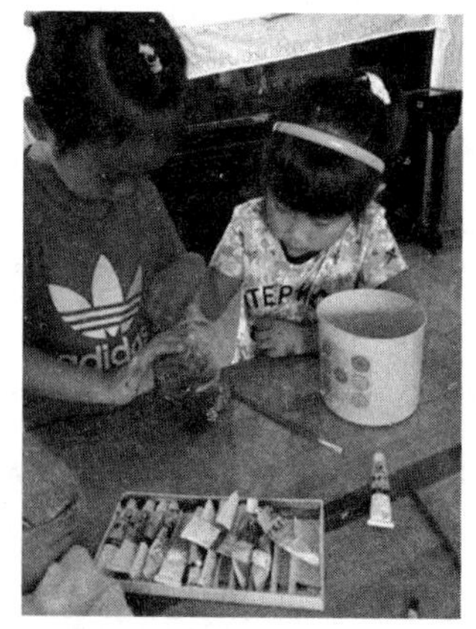

图22

7. 鼓励幼儿初步学会自己做记录。

三、结束部分

1. 分享自己的试验结果。

2. 总结：哪些果汁可以搭配，哪些果汁不可以搭配。

3. 延伸活动：画一画可以榨汁的水果。

环节四：黄色水果的秘密

黄色水果还有很多小秘密，我们知道它们榨出来的汁可以配色，可是你知道吗，它们的果实也有很大的不同。出示水果的横截面图片，让幼儿猜一猜是哪种水果。

幼儿好奇心强，乐于观察，他们能够专注地投入到猜想中。对于香蕉、柠檬、桃子、菠萝这些横截面比较明显的水果，他们一猜就知道是什么水果，但是对于杨桃、杏、黄苹果、黄梨的内部结构就很难分辨。通过对比，我们知道黄桃和杏的不同是里面的核不一样，杏核印在果肉上是光滑的，桃核印在果肉上是坑坑洼洼的，有的果肉里是籽儿。杨桃的横切面是星星状，有五角形也有六角形的。通对比，幼儿知道了果实中的小秘密，他们用笔画出了食物内部的特点，在集体活动“猜猜我是谁”中通过绘画的作品互相猜是哪种黄色水果。

我们还制作了小书（图 23～图 26）。

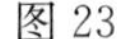
图 23

图 24

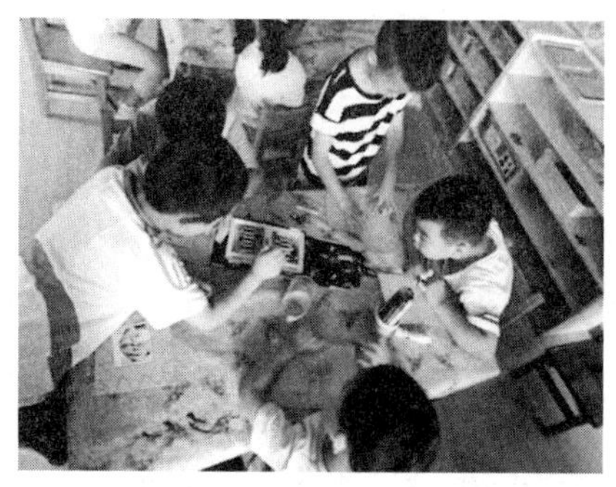

图 25

图 26

活动名称：黄色水果的秘密

活动目标：

1. 了解黄色水果的横截面与整体的关系。

2. 感受黄色水果的味道及生长环境。

活动准备：黄色的水果及其图片。

活动过程：

一、开始部分

1. 提问："你们吃过什么黄色的水果？它的味道是什么样的？"

2. 出示图片，请幼儿说出水果的名字。

二、基础部分

1. 提问："看一看这样的黄色水果有什么特点？它们生长在哪里？"（如菠萝是长在地里的）

2. 出示水果的横截面，请幼儿说一说这是什么水果，感知菠萝整体和切开后的横截面的关系。

3. 游戏：找朋友。

请幼儿根据出示的横截面找到完整的水果。（引导幼儿认真观察黄色水果的内部结构）

4. 你来画，我来猜。（幼儿绘画水果的横截面，请小朋友们猜一猜是什么水果）

三、结束部分

1. 分享自己带来的黄色水果。

2. 教师帮忙切开，幼儿观察与品尝。

3. 延伸活动：制作小书。

环节五：种植黄色食物

通过上一个活动，幼儿了解了黄色食物的内部结构，能够分辨食物局部与整体的关系。了解食物的特性及生长环境后，幼儿萌发了种植黄色食物的愿望。哪种黄色的种子可以种植呢？孩子们经过讨论，想尝试种植黄豆。于是孩子们带来了家里的小黄豆，我问孩子们："黄豆种在哪里呢？"有的幼儿说："我觉得种在水里，因为我看见过。"还有的幼儿说："可以种在土里。"在不同的环境下，黄豆能否种植成功呢？孩子们开始尝试两种种植方法（图 27）。他们每天去观察种植的情况，并将自己的发现用绘画的形式记录在小本子上（图 28～图 29）。他们发现大部分在水里、土里的种子都死掉了，只有几个发芽了（图 30）。孩子们提出问题："为什么有的黄豆种出来了？有的却死掉了？"经过讨论，孩子们得出几种结论："可能是水太多了，把黄豆泡臭了；可能是土太深了，没有长出来；可能是水浇得少了，它们渴死了；可能是没有照到阳光。"孩子们把自己想到的原因也用绘画的形式画在了小本子上。他们决定吸取之前的经验教训，继续尝试在家去种植。

图 27

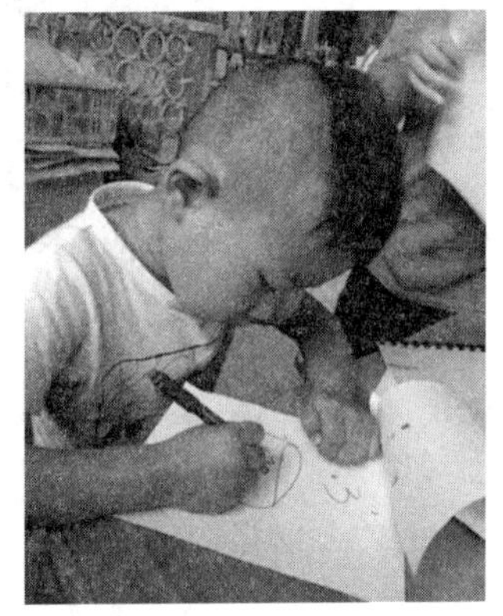

图 28

图 29

图 30

第三阶段：我爱吃的黄色珍宝

环节一：制作黄色食物的模型

经过对黄色食物一个多月的调查与了解，幼儿在生活中特别关注黄色食物，在家会要求家长为自己准备材料制作黄色食物，在区域中也去选择材料制作黄色食物的模型。为了支持幼儿浓厚的兴趣和对活动的热情，我们鼓励幼儿用面制作黄色食物。幼儿们通过讨论，决定做“玉米蝴蝶卷”“南瓜饼”“鸡蛋饼”“鸡蛋卷”等食物，并且用超轻泥土将自己的想法进行了表现（图 31）。

图 31

环节二：食品制作——蝴蝶卷

活动当天，幼儿以举手投票的方式决定制作食品“玉米肠鸡蛋蝴蝶卷”。

制作蝴蝶卷都需要准备什么呢？幼儿经过讨论，以分组的形式画出他们认为需要的食材，幼儿问：“蝴蝶卷的形状怎么做出来？”于是我鼓励幼儿回家后与家长一起调查蝴蝶卷的制作方法，第二天进行分享。幼儿回家调查了制作的方法，有的说直接用面捏出蝴蝶卷的形状，有的说先把面搓成两个长条，然后卷起来，最后放在一起捏出形状。家长也发来了孩子在家探索的照片（图 32～图 33）。在活动中，幼儿探索与调查制作的方法，讨论制作前的准备工作，学习制作的技巧，先用泥工进行尝试，最后用面食进行了食品制作。感受制作的乐趣，享受美食制作的过程，让幼儿更加自信。蝴蝶卷还没有出炉，孩子们就迫不及待地问：“什么时候蒸熟，太想吃啦！”

图 32

图 33

［子活动一］

活动名称：想吃的黄色食物（投票）

活动目标：

1. 通过讨论和投票，能够确定想要制作的黄色食物。
2. 根据生活经验说一说我们需要准备的制作材料。

活动准备：笔、纸、投票条。

活动过程：

一、开始部分

1. 谈话：说一说最近在家都吃过哪些黄色的食物。
2. 观看幼儿在家制作黄色食物的照片。

二、基础部分

1. 讨论：小朋友想在幼儿园里制作什么食物?
2. 请幼儿把自己想制作的食物用超轻黏土制作出来（分组讨论与制作）。
3. 分享自己制作的模型，全体小朋友对四组模型进行投票。

投票要求：投给你觉得适合、简单，而且你知道制作时需要准备的材料的模型，不能投给自己觉得很复杂的模型。

三、结束部分

1. 确定制作的内容。
2. 讨论出需要准备的材料。
3. 说一说如何用面进行制作，可以添加哪些黄色食物。

[子活动二]

活动名称：玉米肠鸡蛋蝴蝶卷

活动目标：

1. 尝试制作面点，探索制作的步骤，能运用搓、卷、捏等技能制作蝴蝶卷。

2. 感受食品制作的兴趣，体验制作过程。

活动准备：小围裙、面板、刀、面粉、面盆、水、鸡蛋、油、发酵粉、玉米肠。

活动过程：

一、开始部分

1. 观看蝴蝶图谱，感知蝴蝶的形状、条纹及其对称性。

2. 引出蝴蝶卷。

导语："这些蝴蝶中，有一只非常特别，看一看是什么蝴蝶？"（用面制作出来的）

3. 出示蝴蝶卷。

导语："所以我们今天要制作的是蝴蝶卷。请根据你的调查，说一说都可以怎么制作？"（图 34）

图 34

二、基础部分

1. 教师出示制作步骤图，请幼儿看一看教师的制作方法有什么不一样的地方，并为制作步骤图排序。

2. 总结制作过程。

3. 认识制作材料，并分给幼儿每人一个案板、刀、面团。

4. 跟随步骤图一起搓面、卷面，捏出造型，并用玉米肠进行装饰（图 35～图 36）。

图 35

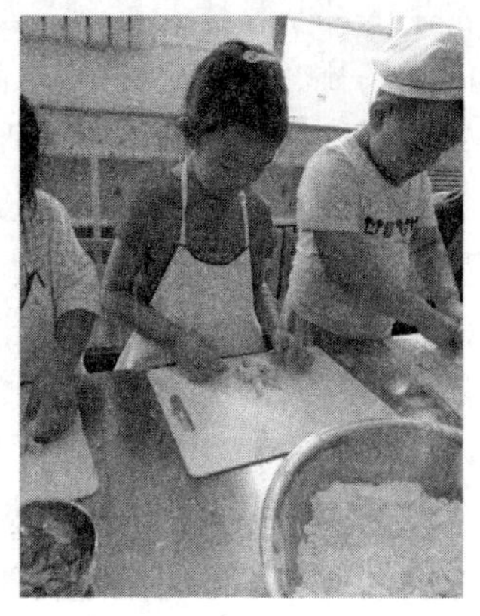

图 36

三、结束部分

1. 展示劳动成果。根据黄色的食材为蝴蝶卷起一个新的名字——玉米香肠鸡蛋蝴蝶卷。

2. 蒸蝴蝶卷。

3. 欢乐聚餐，分享品尝（图 37）。

图 37

六、收获感悟

通过“黄色城堡营养全”的主题活动，孩子们越来越关注生活中黄色的食物，不但了解了食物自身的营养价值，也知道了多吃黄色蔬菜与水果对身体成长带来的好处。在主题开展过程中，幼儿感知食物的搭配，在幼儿园和家庭中喜欢吃黄色的事物，对自己制作的食品有成就感，进而喜欢吃黄色的食物，养成不挑食的好习惯。我们将五大领域教育活动有机结合，相互渗透，探索了果汁配色、水果内部与整体的关系，发现了食物的小秘密与成长环境，如瓜类是长在地上的，杨桃、柠檬、黄桃、香蕉等是长在树上的……我们还种植了黄豆，虽然失败了，但是幼儿知道了照顾植物的方法，找到了种植失败的原因，愿意继续尝试；孩子们动手能力也提高了，能够制作出很多的黄色食物并与同伴进行分享。在食品制作的过程中，我们探讨制作的过程与食材，大胆收集材料进行制作，我们成功了！在开展主题的过程中我们生成了一些孩子们感兴趣的活动，幼儿可获得的五大领域经验在主题中得到了落实，完成了活动目标。但是活动中也有些不足之处，例如，没有更深入地调查怎么吃黄色食品更健康；主题环境创设上体现幼儿探索、发现问题、解决问题的过程不够突出。我们会针对存在的这些不足之处进行改进，将幼儿的活动搞得更加深入。

主题五：好吃的粗粮（中班）

指导老师：李冬梅

一、主题由来

“老师，我拉不出大便。”“老师，我有点上火了，总是爱咳嗽，而且还有痰。”最近，班里面很多的小朋友这样对我说。究竟是什么原因让孩子的身体出现了这些症状呢，我们就此展开了一次讨论，最终发现是孩子们的饮食结构出现了问题。现在大多数家庭生活水平高，饮食方面选取的是精细食物，而且很多孩子只爱吃肉类食物，不爱吃粗粮，从而导致孩子养成了严重偏食或挑食的不良习惯。孩子的成长需要健康，吃得精细，很容易营养过剩，还会造成消化不良、便秘等疾病，所以在孩子的食谱搭配上，应该有粗粮的一席之位。为了改善幼儿饮食营养不均衡的现象，让幼儿知道饮食要粗细粮搭配，我们开展了“好吃的粗粮”主题活动。本次主题活动可以帮助幼儿认识、了解粗粮，并在自主探究粗粮的过程中，知道粗粮含有丰富的营养，有益于我们的身体健康，进而喜欢吃粗粮。

二、设计思路

本次主题活动分为三个阶段，每个阶段又细分了不同的活动内容。

第一阶段：寻找生活中的粗粮。

在活动开始前，教师充分利用家长资源，请家长带领孩子在家和超市中找一找我们身边的粗粮。教师请幼儿将寻找到的粗粮带到班上，并开展了集体活动——什么是粗粮。让幼儿在活动中知道粗粮的概念，即大米和小麦之外的谷类、薯类及杂豆都是粗粮。接着将幼儿找到的这些粗粮进行分类（谷物类、块茎类、杂豆类），通过找、看、摸让幼儿感知每种粗粮的特征。

具体环节：什么是粗粮——粗粮的分类。

第二阶段：我爱吃粗粮。

首先通过调查让幼儿发现我们几乎餐餐都会吃粗粮，让幼儿理解吃粗粮对我们身体的好处。因为在第一阶段“寻找生活中的粗粮”中，孩子们发现了玉米的不同形态，有的是玉米糁，有的是玉米面，于是就有孩子问：“这是同一种食物吗?”于是教师就此问题生成了“玉米大变身”的活动。在活动中幼儿知道了食物的营养价值和它的制作方法有关。

粗粮对我们的身体到底有什么好处呢?带着这个问题我们开始对粗粮营养价值的探究，在探究的过程中幼儿逐渐地知道了每种粗粮都有不同的营养价值，对我们的生长发育起着至关重要的作用。

在进餐环节时，有的幼儿喜欢边说边玩边吃饭，有的幼儿吃饭慢，存在挑食、偏食现象，还有的幼儿餐后总是忘记收拾餐桌。幼儿园马上要组织幼儿吃自助餐了，我们借助这个契机和幼儿一起讨论了该如何进餐，进餐时应该注意的问题。通过这个活动幼儿知道了要文明进餐，更重要的是要养成良好的进餐习惯。

具体环节：我家餐桌上的粗粮美食——玉米大变身——粗粮的营养价值——养成良好的进餐习惯。

第三阶段：健康饮食我知道。

虽然有的食物本身有很高的营养价值，但是烹调方式不正确也会变成不健康的食物，如爆米花，薯条等。在活动中我们利用图片让幼儿说一说哪些是健康的烹调方式，从而让幼儿知道蒸、煮、水煎等烹调方式对我们的身体最健康。在“动手制作粗粮美食”的活动中，我们制作了美味的窝窝头。孩子们在制作的过程中，积极尝试、不断探索，最终体验到了成功的喜悦。

具体环节：健康的烹饪方式——动手制作粗粮美食（美味窝窝头）。

三、幼儿可获得的领域经验

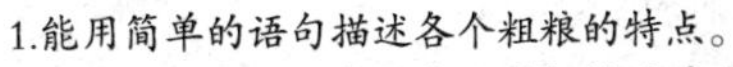

好吃的粗粮

语言

1.能用简单的语句描述各个粗粮的特点。
2.能用语言大胆地表述自己对粗粮的看法。

科学

1.了解食物在人体内的变化过程。
2.能通过简单的调查和信息收集，对生活中常见的粗粮美食进行统计和分类。
3.探究不合理饮食的危害与表现形式。

艺术

1.能够用艺术的方式表达自己对粗粮的所见所想。
2.能够用粗粮进行主题设计，把我们的艺术创作和粗粮进行结合。

健康

1.认识五谷杂粮，了解它们富含的营养。
2.知道粗粮能够帮助人类肠道消化、通便，降血压、血脂。
3.了解合理饮食的重要性和健康成长的小常识，能在生活中健康饮食。
4.具有基本的饮食卫生习惯，喜欢吃美味的粗粮。
5.喜欢寻找并将粗粮制作成美食。

社会

1.喜欢探究关于粗粮的问题。
2.愿意和同伴分享自己家中发生的与饮食相关的故事。
3.知道进餐时应该注意的礼仪。
4.能够在提醒下节约粮食。

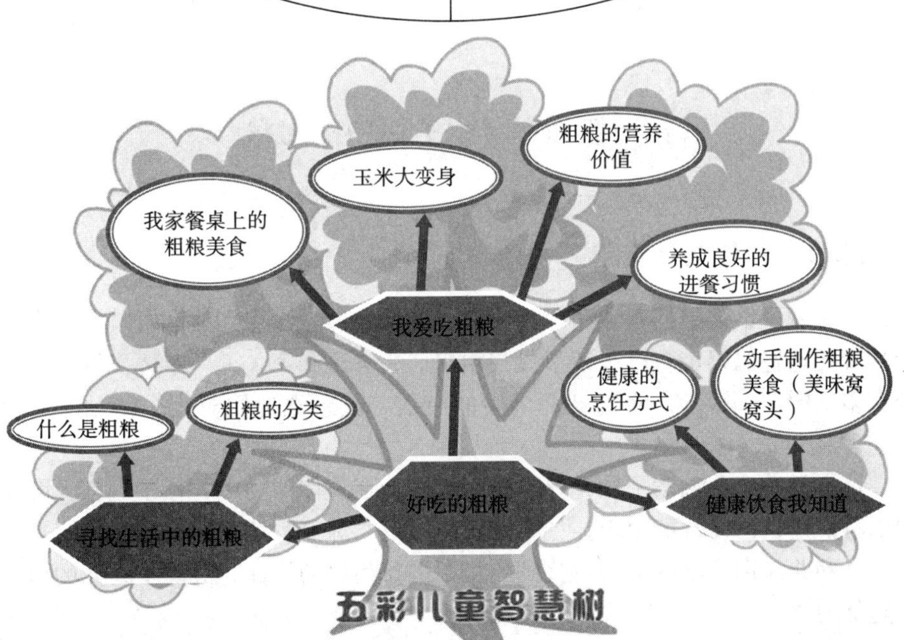

四、主题网络图和主题墙饰

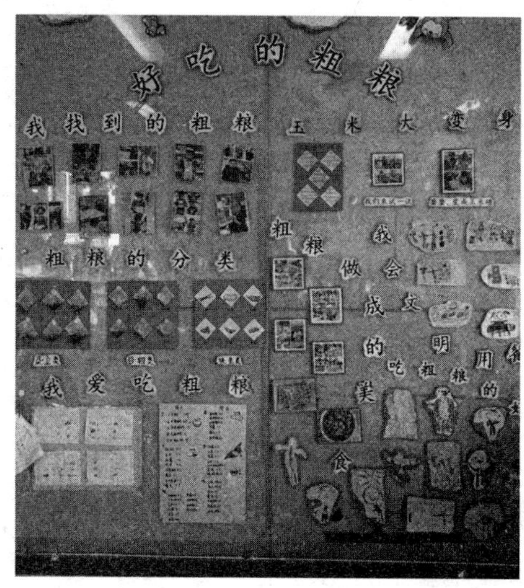

图 1

五、主题过程实录

第一阶段：寻找生活中的粗粮

环节一：什么是粗粮

我在班里给孩子们布置“寻找粗粮”的任务后，没想到放学时就有几个孩子吵着要爸爸妈妈带自己去超市寻找粗粮，并且还和家长说一定要比别人找的种类多（图 2～图 4）。看着幼儿满脸的自信，我感觉他们对这个活动非常感兴趣。

这个活动充分调动了幼儿参与的积极性。在集体活动中，孩子们都大胆地用语言讲述自己发现的粗粮。如我发现了红豆、绿豆、黄豆还有黑米等。在活动中，幼儿能用自己的语言对找到的粗粮进行简单的描述，锻炼了幼儿的语言表达能力。

在这一活动中，幼儿知道了粗粮的概念，能说出生活中常见的粗粮。

图 2

图 3

图 4

环节二：粗粮的分类

图 5

我们将幼儿找到的粗粮分别装在小袋子里，挂在主题墙上，很多幼儿一有时间就来到主题墙这边摸一摸，有的幼儿还会和同伴聊一聊。

今天我看见笑笑和其他几个幼儿来到主题墙边，笑笑对着小龙说："这是玉米碴，这是红豆，这是黑豆，这是小米。咦，我怎么觉得老师放的不对呢？"我问："是吗？哪里不对啊？"她回答说："我在超市里寻找它们的时候，它们非常整齐地摆放在那里，不是这样摆的。""不是这样摆？"我重复着她的话。她接着说："应该是这样的，豆子和豆子放在一起，然后其他的应该放在一起。”“哦，原来是这样啊！”

在这个过程中幼儿知道了粗粮可以分为三大类：杂豆类、谷物类和块茎类（图 5）。

[子活动一]

活动名称：粗粮的分类（益智区）

活动目标：

1. 认识生活中常见的粗粮，知道它们的名称。

2. 喜欢玩分类游戏，能对粗粮进行分类。

活动准备：不同种类的粗粮照片（玉米，红豆、红薯等）。

活动过程：

1. 导语：“今天超市的收银员阿姨对我说，超市新进了一些食物，但是摆放的太乱了，她想请小朋友帮忙将这些食物整理一下，你们愿意吗？（愿意）我们一起来看一看都有哪些食物。”

2. 请幼儿说一说食物的名称。（玉米、红豆、花生等）

3. 导语：“我们应该怎么给这些食物分类呢？”请幼儿大胆地进行讨论，发表自己的看法。

4. 小结：可以将这些粗粮进行分类摆放，如红豆、绿豆等豆子类的放在一起叫杂豆类，红薯、紫薯、芋头等放在一起叫块茎类，小米、红米等放在一起叫谷物类。所以粗粮可以分为三类：杂豆类、谷物类和块茎类。

5. 幼儿亲自动手将粗粮进行分类。

[子活动二]

活动名称：报菜名（生活活动）

活动目标：

1. 在家长的帮助下，能知道当日幼儿园三餐的食谱。

2. 能在集体面前清楚、完整地播报食谱。

活动策略：

1. 请值日生做好每天播报食谱的准备。

将本班每天的食谱发送到家长群里，请家长帮助幼儿熟悉第二天的食谱。在幼儿园三餐前，请当天的值日生为大家介绍要吃的食物。

2. 请幼儿说一说今天吃的粗粮有哪些。

在教师的引导下，幼儿说出今天在幼儿园吃的粗粮食物有哪些，并能简单地说出这些粗粮的营养价值。

阶段反思： 在“寻找生活中的粗粮”这一阶段中，孩子们对此活动非常感兴趣。他们在找找、看看、摸摸的过程中知道了粗粮可以分为三大类，并能在教师的引导下，通过观察发现每天的食物中都含有粗粮。在寻找粗粮的过程中有的孩子发现了一个问题：玉米糁和玉米是同种食物吗？带着这个问题我们开始了第二阶段的探究。

第二阶段：我爱吃粗粮

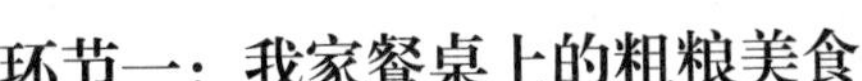

环节一：我家餐桌上的粗粮美食

下发自制的《我家周末餐桌上的粗粮食品》调查问卷，收回后整理、统计周末餐桌上的粗粮食品。

孩子们用绘画的方式在调查表上画出了自己家餐桌上周末吃的粗粮食品（图 6）。当我请孩子们介绍自己的调查结果时，孩子们都举起小手，争先恐后地发言。

诺诺：“我们家早餐喝的是小米粥，午餐有玉米、豆饭。”

汉铎：“我早餐喝的是豆浆，还吃了豆腐、紫米饭。”

一一：“我家早餐是麦片，还有玉米。我最喜欢吃玉米，我妈妈却喜欢喝玉米糁粥。”

有个孩子问我：“老师，你喜欢吃什么粗粮啊？我们都说了，您还没说呢。”我说：“我最喜欢吃的粗粮是燕麦。我喜欢吃燕麦片，喜欢喝红豆粥，同样也喜欢吃玉米。”

图 6

[子活动一]

活动名称：好吃的粗粮——玉米

活动目标：

1. 知道粗粮的定义，了解粗粮——玉米。

2. 爱吃玉米，知道怎么做玉米最健康、美味。

活动准备：玉米、不同烹饪玉米方法的图片。

活动过程：

1. 了解什么是粗粮。

(1) 幼儿先讨论一下什么是粗粮。

(2) 幼儿发言，教师为幼儿总结粗粮的定义。(粗粮是相对我们平时吃的大米、白面等细粮而言的，主要包括谷类中的玉米、紫米、高粱、燕麦、荞麦、麦麸以及各种干豆类，如黄豆、青豆、赤豆、绿豆等)

2. 请幼儿观察图片，说一说玉米的哪些吃法健康，哪些吃法不健康。(烤玉米、蒸玉米、煮玉米、玉米粥、玉米汤等) 说一说怎么做玉米最好吃。

3. 观察我们三餐中的玉米。

[子活动二]

活动名称：好吃的粗粮——绿豆

活动目标：

1. 了解食用粗粮的好处，探究绿豆做成的美食。

2. 说一说粗粮美食的味道。

活动准备：PPT 课件(绿豆图片、绿豆做成的美食图片)。

活动过程：

1. 向幼儿介绍绿豆，说一说是不是粗粮。

(1) 先让幼儿回忆什么是粗粮，上次活动介绍的是什么粗粮。

(2) 播放 PPT 课件，问一问幼儿在生活中见没见过绿豆，在哪里见过。

2. 向幼儿介绍一下吃绿豆的好处，问一问幼儿在哪儿吃过用绿豆做成的美食。

3. 出示绿豆做成的美食，和幼儿一起讨论。

[子活动三]

活动名称：好吃的粗粮——燕麦

活动目标：

1. 了解粗粮燕麦，谈谈在生活中见过的燕麦。

2. 探究燕麦可以怎样做成美食。

3. 知道燕麦的营养价值及作用。

活动准备：PPT 课件、燕麦图片。

活动过程：

1. 游戏导入：粗粮猜一猜。教师播放 PPT 展示图片，让幼儿猜一猜哪些是燕麦，在六张图片中可以混入绿豆和玉米的图片。

2. 请幼儿说一说在哪里见过燕麦。幼儿结合对粗粮的了解，谈一谈吃燕麦的好处和营养价值。

3. 介绍图中的燕麦美食，和幼儿讨论食物的味道，分析食物是否健康。

4. 和大家一起探究与粗粮有关的美食。

［子活动四］

活动名称：豆类朋友来聚会

活动目标：

1. 了解几种常见豆子的营养。

2. 愿意并喜欢吃各种豆制品。

活动准备：装有不同豆子（黄豆、红豆、绿豆、黑豆）的不透明罐子 4 个、4 种豆子的标记图及指偶、透明器皿 4 个、幼儿用书、豆浆、豆腐干、豆沙包、绿豆糕、红豆粥等食物。

活动过程：

一、开始部分

玩游戏“听一听，猜一猜”，认识四种豆子。

1. 出示装有不同豆子的罐子，分别摇晃一下后问幼儿：“这里有几个罐子？请小朋友听一听、猜一猜，罐子里都装了什么。”

2. 揭开谜底，将罐子内的豆子分别倒入四个透明的器皿内，和幼儿一起认识四种豆子。

二、基础部分

1. 通过故事，了解黄豆的营养。

（1）引导幼儿欣赏故事《小狗吃豆豆》。

（2）导语：“小狗为什么要去吃黄豆？喜鹊老师是怎么说的？”

（3）导语：“小狗吃了黄豆以后长胖了吗？为什么？黄豆做成的食物有哪些呢？”

（4）小结：黄豆的营养价值特别高，多吃黄豆有利于大脑发育。

2. 演示豆子指偶，引导幼儿了解其他几种豆子的营养。

(1) 出示四种豆子的标记，请幼儿将标记粘贴在装有豆子的透明器皿上。

(2) 导语："除了黄豆有较高的营养价值外，其他几种豆子也有很高的营养价值，有谁知道这些豆子有什么营养呢？"

(3) 幼儿相互讨论并发言。

(4) 演示四种豆子的指偶，以豆子的口吻介绍它自己富含的营养。

(5) 导语："你们吃过用这些豆子做的食品吗？是什么呢？"

(6) 小结：豆子对我们的生长发育有特别重要的作用。黑豆含有丰富的大豆蛋白，有利于大脑发育；红豆有补血作用；绿豆有清凉解毒的作用。

3. 师幼共同看幼儿用书，认识豆制品。

环节二：玉米大变身

玉米糁是用玉米做的吗？它是怎么由玉米变成玉米糁的呢？

图 7

通过讨论，孩子们想知道玉米面是不是由玉米变成的，因此我们对这个问题开展了实践探究活动。由于问题是孩子们在寻找粗粮的过程中自己提出来的，所以在开展本次探究活动时，幼儿的主动参与性非常强。在玉米变身前，我们讨论、猜想，最后亲身实践：猜想是被泡过的玉米粒先磨成玉米糁还是干玉米粒先磨出玉米糁。在实践的过程中，孩子们知道了要用泡过的玉米粒才能更轻松地磨出玉米糁，每个孩子都尝试了磨玉米，有的幼儿还说"好沉呀，我要使出全身的劲儿才能推动这个磨盘。"通过这个活动，孩子们知道了玉米糁、玉米面都是用玉米磨出来的（图 7～图 9）。

图 8

图 9

活动名称：玉米变变变（集体活动）

活动目标：

1. 能用多种感官感知玉米粒和爆米花的特征，并能用语言进行简单的描述。

2. 在玉米粒的变化中，体验探索和发现的乐趣。

活动准备：玉米、微波炉、盘子和小碗若干、PPT 课件、玉米变身前后的特征记录纸。

活动过程：

一、开始部分

1. 导入主题：猜猜它是谁？（播放 PPT，展示玉米图片）

2. 观察玉米粒，让幼儿看一看、闻一闻、摸一摸、咬一咬、说一说。

导语："今天老师要请你们和玉米粒交个朋友。"

（1）看一看。导语："你们看，玉米粒是什么颜色的？（黄色的）它有点像什么？（像小牙齿）"

（2）摸一摸。请小朋友拿起一粒玉米粒摸一摸，说一说有什么感觉。（硬硬的、滑滑的）

（3）闻一闻。放在小鼻子前面闻一闻，说一说有什么味道。（有点香）

（4）咬一咬。说一说用牙齿咬一咬是什么感觉。（硬硬的，咬不动）

二、基础部分

1. 进行爆米花烹饪活动。

导语："玉米粒朋友告诉我，它要给大家表演个节目，节目的名字叫'超级变变变'。（掀开盖在微波炉上的幕布）这是玉米粒请来的变身小帮手！谁知道它的名字？（微波炉）"

（1）操作。（出示袋子）玉米粒朋友说："我们要一起钻进这个特别的袋子里，然后再封住口子，最后放进微波炉，关紧门，高温加热3分钟。”

（2）导语：“玉米粒在变身的时候会发出一种好听的声音，待会儿请小朋友仔细听！”（做侧耳倾听状，引导幼儿静下来仔细听）

（3）引导幼儿描述爆米花的声音。

导语：“叮！好了，谁来说说你刚才听到了什么声音？（噼噼啪啪的声音）好像是什么声音？（爆炸的声音）”

（4）取出爆米花，猜猜玉米粒变身后的样子。

导语：“刚才扁扁的小袋子现在变成什么样了？（鼓鼓的、胖胖的）谁来摸摸这个口袋？（请一个幼儿）有什么感觉？（热热的）原来微波炉让玉米粒变热了。”

2. 比较玉米粒变身前、后的变化。

（1）观察比较玉米粒颜色、外形的变化。（在PPT课件中同时展示原来的玉米粒和现在的爆米花）

导语：“原来的玉米粒是什么颜色的？（黄色的）那我们来看看，玉米粒现在变成什么颜色了？（白白的）”

注：现在只取2粒爆米花，其他的爆米花请配班老师和保育员老师给小朋友们分在小碗里，每人两粒。

导语：“原来它像什么呀？（小牙齿）那现在它变成什么样子了？（大大的、胖胖的）它有点像什么？（一朵大大的、白色的花）”

初步小结：玉米粒在微波炉里转了几圈，从黄色变成了白色，而且变大了，变美了。

（2）闻一闻：“凑近你的小碗，我们来闻一闻爆米花是什么味道的？（香香的）”

（3）尝一尝：“刚才我们咬过玉米粒，它是硬硬的，现在我们拿一粒爆米花尝一尝，还是硬硬的吗？（软软的）”

3. 揭示玉米粒遇热膨胀的原理。

导语：“真神奇，你们知道小玉米粒为什么会变成这样吗？原来玉米粒被高温加热后就会发出“噼噼啪啪”的爆炸声，而且会变……（引导幼儿说出‘大’）”

三、结束部分

1. 游戏“爆米花”。（边爆爆米花边做游戏，引导幼儿更好地融入情境）

导语：“在爆爆米花的时候，我们也来学学玉米粒变身吧！待会儿听到老师说‘叮’的时候就是爆好了，我们就变成一粒爆米‘花’，不动也不能发出声音！小朋友们准备好。”（两手五指交叉蹲下）

2. 总结：爆米花虽然好吃，但是小朋友不能多吃，因为它是膨化食品。

环节三：粗粮的营养价值

引导幼儿说一说食用粗粮对我们的好处。幼儿能根据自己的经验说出“常吃粗粮可以均衡营养，我们就不会便秘，我们可以更漂亮”。

幼儿能说出的只是他们的一些已有常识或者是平时老师和家长们说的，为了让幼儿深入理解食用粗粮的好处，我给幼儿布置了一个小任务——回家和爸爸妈妈一起查一查粗粮对我们身体的好处，然后第二天我们一起来说。

活动名称：粗粮有营养（集体活动）

活动目标：

1. 初步了解生活中常见的粗粮食品，知道吃粗粮有益健康。

2. 养成不偏食、不挑食的好习惯。

活动准备：各种粗粮馒头、玉米饼、燕麦粥、红薯条、绿豆汤等。

活动过程：

一、开始部分

导语：“说一说你都吃过哪些粗粮食品？”请幼儿谈一谈粗粮的味道和吃粗粮的感受等。

二、基础部分

1. 提问：“我们平时都吃哪些粮食？米饭和面包是用什么做的？”

小结：我们平时吃得比较多的是米饭、面条、面包等，这些是用大米或白面做的。大米和白面都叫细粮。

2. 提问：“我们早饭吃的什么？味道怎么样？它是用什么做的？”

小结：刚才我们吃的红薯条和玉米饼是用红薯或玉米做成的。红薯和玉米叫粗粮。粗粮也是一种粮食，品种非常多。

3. 提问：“我们为什么要吃粗粮，只吃大米和白面不可以吗？”

小结：粗粮富含的很多营养是大米和白面中没有的，而且粗粮中有大量的纤维素和丰富的维生素，能锻炼我们的牙齿，还能通大便，所以我们应该吃一些粗粮。

4. 提问：“每餐都吃粗粮行不行？粗粮吃多了会有什么感觉？”

小结：吃太多粗粮会不容易消化，所以也不能多吃，应粗粮、细粮搭配着吃。

三、结束部分

游戏“找家”。

玩法：幼儿人手一张粗粮的卡片，根据卡片上的图案，听老师的口令进行判断，并站到相应的圈中。如老师说：“高粱是粗粮。”幼儿认为对就站到粗粮家中，认为不对就站到细粮家中。

环节四：养成良好的进餐习惯

马上就要组织幼儿吃自助餐了，在吃自助餐前，教师带领幼儿一起讨论了如何正确取餐并养成良好进餐的好习惯。

孩子们在取餐和进餐时的问题比较多，主要表现在以下方面：自助餐的种类很多，孩子们不知挑选什么，所以有的幼儿只夹了菜，有的幼儿只拿了几块儿鸡块，在进餐时，有的幼儿喜欢边说边玩边吃饭，注意力不集中，吃得慢、厌食、偏食、挑食、偷偷倒饭菜的现象经常发生，个别幼儿进餐时坐姿不正确，还有的幼儿在餐后不收拾餐桌等。

我们讨论的解决办法有：在取餐前要排队，在取餐时应每种食物都要取一些，做到少取，吃完再取，取完餐将夹子放回到餐盘中。在进餐时我以鼓励帮助为主，教育幼儿不挑食、不偏食。介绍各种食物搭配的益处，多吃青菜，多吃粗粮对身体成长的好处。还要能正确地使用餐具独立进餐，知道掉落的餐具和食品都不可以再入口。知道进餐时不大声讲话，不东张西望，将饭菜吃干净。餐后能主动收拾桌面，并轻声送回餐具（图 10～图 11）。

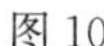

图 10

图 11

活动名称：我会文明用餐

活动目标：

1. 能排队取餐，取餐后能将餐具放回原位。
2. 取餐时能做到吃多少取多少，做到不浪费。
3. 在进餐的过程中，知道不发出声音，细嚼慢咽，养成文明进餐的习惯。

活动准备：餐桌、餐具、自助餐、幼儿活动操作材料“健康·正确进餐”。

活动过程：

一、开始部分

引导幼儿观看情景表演“我会正确进餐”。

1. 导语：“今天老师带来一段情景表演，请小朋友认真看看表演里发生了什么事。”

2. 教师表演。

3. 提问：“现在请小朋友说说刚才的表演里发生了什么事？”

4. 导语：“表演里的老师坐在餐桌前一手拿勺一手扶碗，专心吃饭。饭、菜、鱼、肉、蛋样样都吃，不挑食。饭后还自己清理桌面，有序收放餐具。”

二、基础部分

（一）组织幼儿讨论

1. 提问：“老师这样进餐好吗？为什么？”

2. 导语：“对了，因为不挑食、自己吃饭，还自己清理桌面、收拾餐具是文明的进餐方法。那你是怎么进餐的？”

3. 小结：每个人都会喜欢像老师一样专心吃饭、不挑食，而且吃完饭后会自己清理桌面、有序收放餐具的小朋友。这是一个好习惯，所以我们也要养成正确的进餐习惯。

（二）引导幼儿完成操作册材料“正确进餐”

1. 引导幼儿看一看、说一说图片内容。

导语：“老师给每位小朋友准备了操作册，现在请你们拿出操作册，看看图片上有什么？他们在做什么？”

2. 请幼儿判断对错并涂色。

导语：“你们想一想他们这样做对不对，在对的下面涂上颜色。”

3. 结合操作册，鼓励幼儿学习正确的进餐方法。

导语：“看一看这幅图，这样做对我们的身体有好处吗？我们应该怎么做？”“对了，我们应该一手拿勺一手扶碗，专心吃饭。饭、菜、鱼、肉、蛋样样都吃，不挑食。饭后还要自己清理桌面，有序收放餐具。”

三、结束部分

总结：我们要养成良好的饮食和进餐行为习惯，摄取丰富的营养，这样我们才能健康成长，变得越来越聪明。

阶段反思：通过第二阶段活动的开展，幼儿知道了食用粗粮对我们身体的好处，如常吃粗粮我们不会便秘，可以均衡营养，还可以使我们更漂亮。懂得了进餐时的文明礼仪，如进餐时不讲话，不能边吃饭边做其他的事，不能挑食，吃完自己的一份食物后再离开餐桌。正确使用餐具，爱护卫生，进餐时保持自己、桌面、地面的清洁，进餐后会收拾自己的餐具并及时漱口和擦嘴等。

第三阶段：健康饮食我知道

环节一：健康的烹饪方式

虽然有的食物是有益身体健康的，但是由于烹饪方式的不同，也就改变了食物本身的营养价值。所以我们通过一个 PPT 让幼儿知道烹饪方式的不同会改善食物本身的营养价值。

PPT 图片给幼儿直观的视觉感受，幼儿的注意力相对集中，因此在观看和回答问题时表现得非常积极。我问："玉米可以变成玉米糁也可以变成玉米面，还可以变成什么?""爆米花。""爆米花吃多了对我们的身体好吗?"有的幼儿说："不好，我和妈妈看电影时总是让她给我买，可是妈妈每次都说，这个对身体不好，里面含铅而且还有添加剂。"幼儿知道了食物由于烹饪方式的不同，也会改变本身的营养价值。

[子活动一]

活动名称：健康的烹饪方式（生活活动）

活动目标：

1. 知道烹饪方式有蒸、煮、油炸等。
2. 知道蒸煮是健康的吃法，要少吃油炸食品。

活动策略：

1. 和幼儿共同讨论烹饪方式有哪些。
2. 出示生活中常见的食品，请幼儿说一说这些食品是用哪种烹饪方式做的。油炸（油锅）：油糕、锅盔。

煮制（煮锅）：拉面、揪片儿、刀削面。

蒸制（蒸锅）：馒头、面塑、莜面栲栳栳。

提问："你喜欢吃什么？为什么？最健康的是哪种吃法呢?"

3. 让幼儿知道健康的烹饪方式是蒸煮，少吃油炸食品。

[子活动二]

活动名称：饮食健康我知道

活动目标：

1. 知道简单的饮食卫生常识。

2. 养成均衡膳食的好习惯。

活动准备：

1. 经验准备：幼儿已了解一些常见食物的营养。

2. 物质准备：幼儿食谱。

活动过程：

一、开始部分

提问："小朋友们，吃东西有很多学问，你们知道食物有什么营养吗？"

二、基础部分

1. 讲述故事《爱吃肉的毛毛》，帮助幼儿理解故事内容。

(1) 提问："毛毛爱吃什么？不爱吃什么？结果怎么样？毛毛应该怎么做才不会经常生病？什么叫均衡饮食？为什么要均衡饮食？"

(2) 出示幼儿图画食谱，介绍食物营养。

出示本周午餐食谱，介绍食物中的各种营养，让幼儿知道我们为什么要均衡饮食。

2. 幼儿结合自身情况，讨论自己的饮食习惯。

(1) 偏食、厌食、挑食。

(2) 吃饭的不良习惯：吃饭说话、含饭、咀嚼不当。

三、结束部分

小结：小朋友们，我们要均衡饮食，蔬菜、肉类、豆类都要吃，而且搭配着吃，我们的身体才能全面吸收营养，才能更加健康、强壮。

活动延伸：在日常生活中对个别幼儿不良的卫生习惯及挑食、偏食的行为加以纠正。

附：故事《爱吃肉的毛毛》

毛毛五岁了，长得胖乎乎的，大家都叫他"小胖墩"。毛毛长得胖，但是特别爱生病，而且一点儿力气都没有，有时走几步路就走不动了，不得不坐下来休息。又一次，毛毛到红红家做客。红红妈妈炒了很多好吃的蔬菜，红红吃得特别香，可是毛毛一口也不吃。毛毛只吃肉，一大盘红烧肉一会儿就被他吃了半盘。吃完红烧肉，他又吃了很多肉。红红妈妈给他夹了很多蔬菜，他一口也不吃。红红妈妈告诉毛毛应该多吃蔬菜，可是毛毛使劲摇着头。毛毛妈妈说："毛毛就是不爱吃蔬菜，谁拿他也没有办法。毛毛特别爱吃肉，每次吃饭如果没有肉，他就一口也不吃。"红红妈妈说："红红的身体特别健康，很少生病，就是因为她不挑食，什么都吃。"

环节二：动手制作粗粮美食——美味窝窝头

我们寻找到生活中很多的粗粮，那么我们今天就自己来动手制作美味的粗粮食品——窝头。

在整个制作过程中幼儿积极探索，尝试用手将面团捏成窝头的形状，在窝头的底部钻洞。开始我们先请幼儿观察窝头的形状，请幼儿说一说该怎样做窝头，然后请他们自己尝试探索，教师对一些能力弱的幼儿给予指导。

幼儿拿到面团后先将面团放在手心里，然后放在案板上捏软，在案板上一点一点地用手往上转着面团，接着试着用手捏出三角形的窝头，直接用手指在窝头下面顶出一个洞来，最后还添加了一些干果和葡萄干。

图 12

图 13

图 14

图 15

活动名称：美味窝窝头　　幼儿人数：16

活动目标：

1. 通过自己的探索、实践，基本掌握制作窝窝头的正确方法。
2. 敢于思考用什么方法能够把窝窝头变得好吃美味。

活动准备：

1. 经验准备：知道什么是窝窝头，知道窝窝头的基本做法。
2. 物质准备：玉米面 200 克、白面 400 克、芝麻 30 克、大枣 50 个、红糖30克、葡萄干20克、盆2个、盘子20个、案板16个、蒸锅。

食材和工具的卫生：提前清洗、消毒。

食材和工具的安全：注意使用餐具安全。

制作过程：

1. 教师示范。

和面：要将面粉和玉米面和在一起，然后加入水，开始和面。将和好的面放置一会儿，然后和幼儿共同讨论窝窝头的捏法。

教师示范捏窝窝头：先将面揉成球状，然后放在手心中转动，将大拇指放在面的下面转出一个小洞洞。

2. 幼儿动手制作：幼儿探索用不同的方法进行制作。能力弱的幼儿可以将面团放在案板上用双手团，然后在团好的面团下面钻个小洞。

3. 集体品尝、分享。

4. 收拾、整理教室。

活动反思：幼儿在看到窝窝头后，知道窝窝头是用玉米面制作而成的，但是如何把窝窝头做得好吃是一门学问，孩子们说可以放糖，还可以把制作柿子饼的原料放在窝窝头里。那么问题来了，到底是和面时放还是做出来再放呢？孩子们对这个问题进行了讨论，有的幼儿认为做好窝窝头后再在窝窝头上放芝麻和葡萄干，有的幼儿认为在和面时放进去。经过大家的讨论，我们一致认为在和面时把材料放进去。这次的活动不仅锻炼了幼儿创新制作粗粮美食的想法，更重要的是我们发现了讨论对幼儿活动的重要性。

阶段反思：在第三阶段活动开展的过程中，幼儿知道了只有不挑食、不偏食、营养均衡，身体才能长得棒棒的。在动手制作美食窝窝头的活动中，幼儿表现得很积极，主动探索窝头的捏法，还能利用教师提供的食材进行新式窝头的再创作。

六、收获感悟

“好吃的粗粮”主题活动旨在让幼儿了解生活中常见的粗粮食物，并能了解粗粮食物的营养价值。

活动开展前我请幼儿在家长的带领下寻找生活中的粗粮，让幼儿对粗粮有一个大致的了解。活动中，幼儿知道了什么是粗粮和粗粮的分类。幼儿对粗粮分类的活动尤为感兴趣，有时间就到主题墙上看一看、摸一摸，还能和同伴大胆表达自己对粗粮的认识以及吃粗粮的感受。在“调查我家餐桌上的粗粮美食”时，幼儿和家长能积极参与调查，并能图文并茂地将所吃食物的种类记录下来，集体活动时我们一一统计出孩子们周末所吃的粗粮种类并知道了最受孩子们欢迎的粗粮食物：小米粥、红豆粥、玉米、紫薯还有红豆饭。特别在制作粗粮食物时，幼儿表现得非常积极，都能动手制作并将劳动成果分享给相邻班级的幼儿。在这个主题活动中幼儿知道了粗粮的分类，食用粗粮对人体的好处，从而爱上各种粗粮小吃。而在开展主题的过程中我们也更关注幼儿自发生成的问题，鼓励幼儿自己探索发现，引导他们发现问题并通过自身努力使疑问得到解决，把主动权全部还给幼儿。比如：在幼儿寻找粗粮的过程中，有的幼儿发现了玉米，有的幼儿发现了玉米糁。然后有的幼儿就问我，这两种东西是同一种食物吗？我没有将答案直接告诉幼儿，而是将问题又抛回给孩子，我们共同探索。虽然主题活动的内容是一样的，但是不同的教学方式，幼儿所表现出来的主动性是无法比拟的。由于这些疑惑是幼儿从自身的兴趣出发而生成的问题，他们才会遵循着自己感兴趣的问题进行探索实践，去寻找、去发现。他们变得会提问，有话要说、有话想说、有话愿说，他们不管是结结巴巴还是文不对题，都是争先恐后地表达自己的想法，孩子们在这样的活动中，语言表达能力有了突飞猛进的提高，信息量增大，知识面不断扩展，解决问题能力增强。在每解决一个问题的同时又会产生新的问题，这些问题促使幼儿进一步去探索。教师在幼儿进行探索活动时，不急于让幼儿得到问题的答案，而是通过适当的点拨、引导，及时分析了解幼儿问题的类别，为幼儿提供适当的帮助和支持，让幼儿通过自己的努力使疑问得到解答。

这次主题活动让孩子们开阔了眼界，增长了知识，体验到了成功的愉悦，使思维真正“活”了起来，同时提高了幼儿获取信息的能力，调整丰富了幼儿原有的认知结构，拓展了思路。当然在收获的同时我们也存在一些不足，比如主题的进度都是按照教师的预设按部就班地进行，由幼儿自主引发生成的活动很少，有些时候不能深入地引导和探索，不能及时地对活动中的问题进行调整和改进，在今后的主题开展中，我会不断学习，从不断反思的角度开展好班级的主题活动。

主题六：妈妈的私房菜（中班）

指导老师：闫安

一、主题由来

在上一次食品制作活动结束后，丹丹说妈妈也给她摊过鸡蛋饼，于是一场热闹的讨论会开始了：有的说妈妈在家做过披萨，有的说妈妈在家做过寿司，有的说自己妈妈做的饭是全世界最好吃的……虽然小朋友们讨论得很激烈，但是现在我班幼儿偏食的现象却越来越常见了，尤其是体现在绿叶菜上。众所周知，蔬菜是幼儿经常接触的一种食物，它们种类繁多，几乎每个孩子都能说出几种来，如常见的番茄、土豆、黄瓜、白菜、辣椒等。虽然幼儿知道的不少，但对蔬菜的可食用部分及其营养不是很了解，因此有必要通过观察、讨论、猜谜、制作等一系列活动让幼儿了解蔬菜的特性，知道蔬菜的营养价值，加深对蔬菜的喜爱，激发幼儿爱吃蔬菜的情感，从而形成良好的饮食习惯。《纲要》指出，幼儿园教学活动内容的选择要求“既符合幼儿的现实需要又有利于幼儿的长远发展；贴近幼儿的生活，选择感兴趣的事物或问题，有助于拓展幼儿的经验和视野”。因此为了让幼儿了解食物对我们的重要性以及偏食、挑食对我们身体的危害，我抓住幼儿的兴趣点——妈妈给我做的饭菜，生成了主题“妈妈的私房菜”。

二、设计思路

以话题“妈妈给我吃的食物”激发幼儿的兴趣，导入活动。通过调查表分类整理出幼儿爱吃的食物，使幼儿了解自己在饮食上还存在挑食、偏食的问题，然后一起讨论解决策略，并以“认识食物金字塔”告诉幼儿每种食物的营养比例。之后请小朋友们为自己设计一个健康食谱，改善自己挑食、偏食的不良习惯。用不同的活动，如“我家的餐桌”“绿色食物有哪些”等，让幼儿观察自己家餐桌上的食物营养搭配是否合理，并进行改进。最后以“妈妈的私房菜”作为活动总结，请家长参与到食品制作活动中，让幼儿和家长感受亲子制作的幸福和分享的快乐。

本次主题活动分为五个阶段，每个阶段又细分了不同的活动内容。

第一阶段：妈妈给我吃的食物。

通过活动让幼儿了解每个年龄段的宝宝吃的食物都是不一样的，感知自己正在一点点慢慢长大。通过渗透食物金字塔，引导幼儿初步了解营养膳食的相关知识，为接下来的活动做铺垫。

具体环节：妈妈给我吃的食物——了解食物金字塔。

第二阶段：我喜欢的美食健康吗。

有初步的探索欲望，想要了解营养膳食的秘密。初步尝试统计、分类活动。

具体环节：我爱吃的食物有哪些——我喜欢的美食健康吗。

第三阶段：我家的餐桌。

幼儿已经初步了解食物金字塔的内容和作用，通过调查自家的餐桌来强化幼儿合理膳食的概念。因为是幼儿在生活中经常接触的内容，所以在活动开展时幼儿更容易理解和接受。通过观察和调整自家餐桌的美食，引导幼儿设计自己的食谱。

具体环节：我家的餐桌有什么——一园青菜成了精——私人订制食谱。

第四阶段：绿色食物有哪些。

通过前三个阶段活动的开展，幼儿已经了解多吃绿色食物有好处。但是绿色食物都有哪些呢？只有绿颜色的食物才是绿色食物吗？我们带着这个疑问进行了“绿色食物大调查”的活动。家长的参与推动了整个主题的发展，使幼儿能够主动探索，明白常见绿色食物的营养，深化相关经验。

具体环节：绿色食物有哪些——为什么要吃绿色食物。

第五阶段：妈妈的私房菜。

本阶段是主题的最后一个部分，幼儿已经了解了合理膳食的重要性，也明白了绿色食物对人体的益处，所以我将活动落实在食物上，开展家园共育，请家长进入课堂和老师一起为小朋友带来了一节生动有趣的食品制作活动，引导幼儿真正理解绿色食物不仅本领大，而且还很美味，使幼儿彻底爱上绿色食物，对绿色食物不再挑剔、抗拒。

具体环节：黄瓜盅是什么——食品制作（黄瓜盅）。

三、幼儿可获得的领域经验

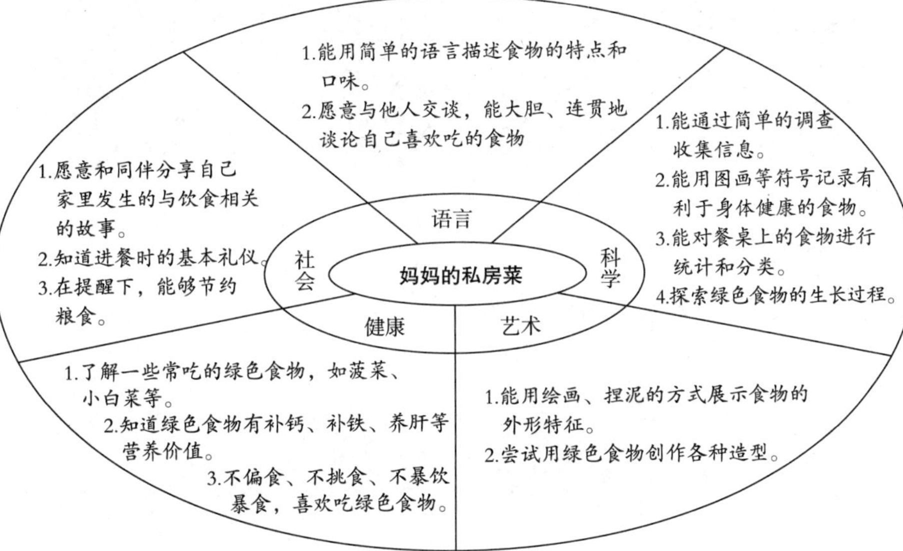

四、主题网络图和主题墙饰

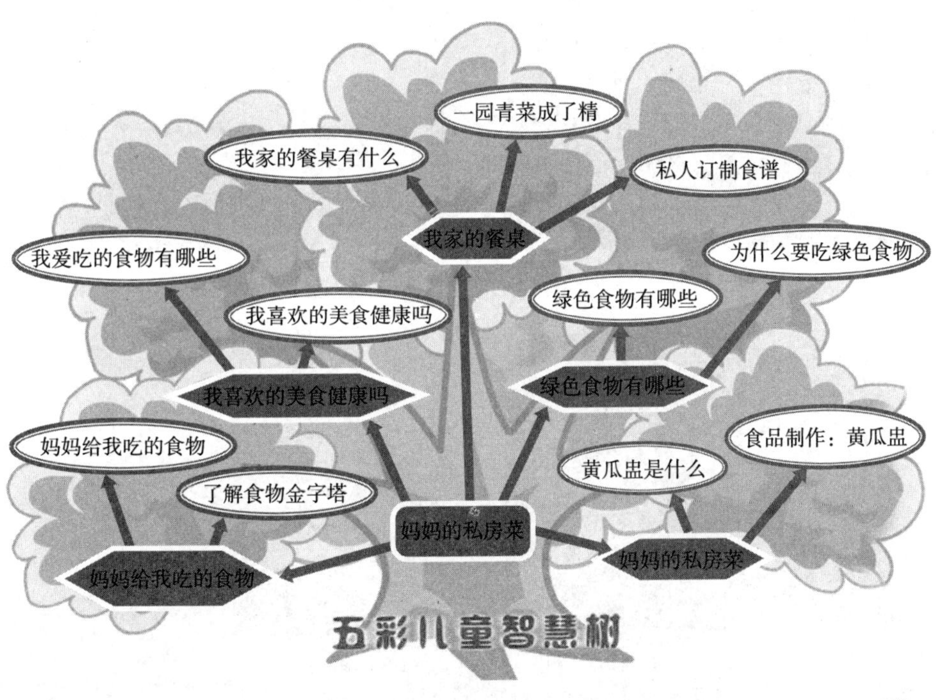

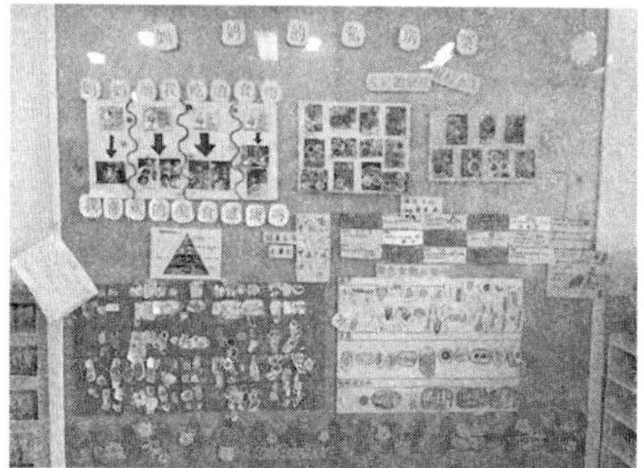

图 1

图 2

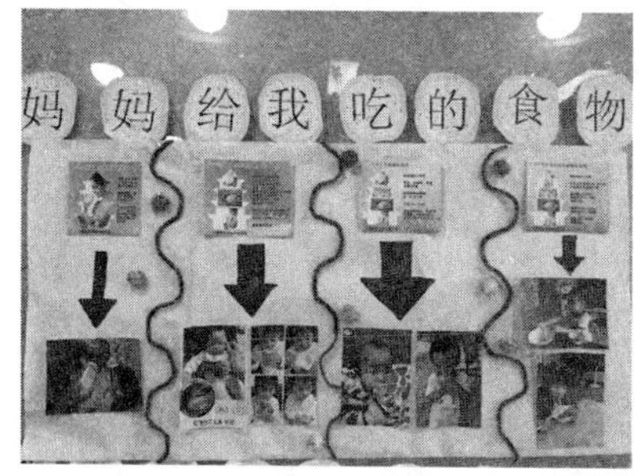

图 3

图 4

图 5

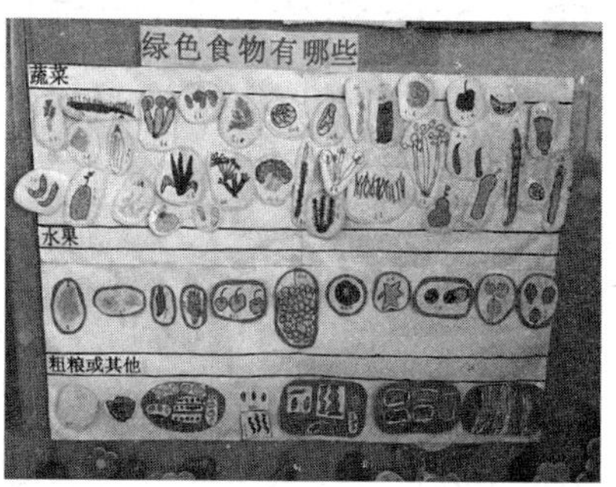

图 6

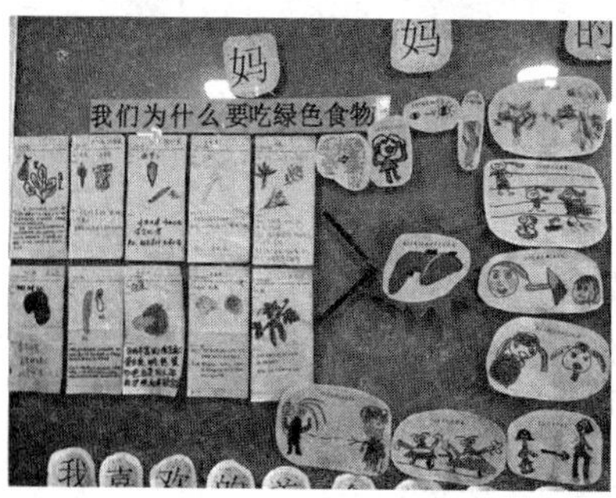

图 7

图 8

五、主题过程实录

第一阶段：妈妈给我吃的食物

环节一：妈妈给我吃的食物

本环节的活动由主题“我的好妈妈”延伸而来。当孩子们说起自己妈妈的时候，个个都显得很骄傲。幼儿1：“我的妈妈最疼我了。”幼儿2：“我的妈妈每天都做饭给我吃。”幼儿3：“我家也是，我家也是，我妈妈会做好多好吃的菜呢，每天做的都不一样。”幼儿4：“你知道吗，我是喝奶长大的，现在才吃饭，因为我家小妹妹现在就在喝奶呢，妈妈说了，她还太小，不能吃大人的饭，我比她大，长大了就可以吃了。”由此，孩子们对从小到大吃的食物产生了兴趣。

我及时抓住教育契机，从孩子的兴趣点出发，探究小朋友们从小到大吃的东西有什么不同，妈妈为什么要这样做。发动家长资源开展家庭调查，小朋友从小到大吃的食物有哪些，并提供图片供幼儿观察。

通过活动，幼儿知道了人在不同的年龄阶段吃的东西是不同的，初步了解食物金字塔的构成。

活动名称：妈妈给我吃的食物（集体活动）

活动目标：

1. 通过食物照片知道自己渐渐长大。

2. 初步了解不同年龄段吃的食物是不一样的。

活动准备：向家长征集幼儿小时候吃东西的照片、婴幼儿膳食指南、食物金字塔。

活动过程：

一、开始部分

出示幼儿的照片，引导幼儿观察，看看发现了什么。

二、基础部分

1. 导语：“说一说，你吃的食物有什么变化？为什么会有变化？”

2. 请家里有弟弟妹妹的小朋友进行分享。

3. 向幼儿介绍婴幼儿膳食指南，引导幼儿了解婴幼儿在不同年龄段吃的食物是不一样的。

4. 出示食物金字塔，加深幼儿印象。

三、结束部分

1. 请幼儿说一说通过膳食指南和食物金字塔学到了什么。

2. 教师小结。

环节二：了解食物金字塔

幼儿知道哪些食物对人体有好处，但是对如何合理选择和搭配不同食物，让每天的饮食营养更为均衡还不太了解，因此我们为幼儿介绍食物金字塔，让幼儿对每天的饮食营养有所了解，知道如何搭配饮食才更健康。

活动名称：食物金字塔（集体活动）

活动目标：

1. 了解“食物金字塔”中的饮食营养结构。

2. 能根据自己对食物的了解进行分类，并与同伴交流分享。

3. 通过活动，懂得营养搭配合理身体才会健康。

活动重点：了解“食物金字塔”中的饮食营养结构。

活动难点：能根据自己对食物的了解进行分类，并与同伴交流、分享。

活动准备：故事《鬼鬼盯着你》《食物金字塔》、空白“食物金字塔”的操作图及食物图片若干、音乐、营养小博士视频。

活动过程：

一、开始部分

通过故事《鬼鬼盯着你》引入活动，懂得不挑食才会让自己更健康、强壮。

（一）出示图片1～5 。

1. 提问：“如果你有一只‘鬼鬼’，你想让它帮你吃什么？”

2. 提问：“你觉得太郎会长大吗？鬼鬼呢？”

（二）出示图片6，讨论：“鬼鬼为什么长得这么快？”

（三）出示图片7，提问：“鬼鬼现在长成了什么样子？有哪些变化？鬼鬼变强壮以后会怎样对待太郎？”

（四）出示最后的图片，讨论：“为什么小朋友们能帮助太郎？”

（五）讨论：“太郎怎样才能变得更强壮？”

二、基础部分

（一）出示“食物金字塔”。

1. 导语：“我们的身体对营养的需要就像一座金字塔。共分为几层？最底部什么样？最上面呢？”

2. 小结：金字塔自下而上慢慢变小，我们各类营养的需求也随着变少。最底部是粮食类，就像我们盖房子需要打地基一样，需要多吃，这样才能更有力气。

3. 提问：(1)“你觉得我们应该吃的最多的食物是什么？你们常吃的食物里有哪些是粮食？”

(2)“蔬菜水果我们应该吃多少呢？”

(3)“哪些食物我们应该适量吃？你们觉得怎样才是适量？”

(4)“哪些食物我们应该最少吃？”

(5)“哪些食物含油比较多？你们知道为什么我们要少吃这些食物吗？”

（二）幼儿分组拼摆“金字塔”，鼓励幼儿与同伴介绍自己的想法。提醒幼儿协商、合作完成操作。

（三）小博士为我们讲解各种食物的营养，知道各类食物都含有不同营养。

1. 提问：“你知道每类食物都有哪些营养吗？”

小博士：每类食物都有不同的营养，米饭等粮食可以让我们有力气；蔬菜、水果能让人面色红润；奶类、豆类和鱼、肉、蛋类让我们身体强壮，变得结实；油脂类补充人体需要的热量。不同食物提供不同的能量，营养全面我们的身体才能更健康。

2. 提问：“谁来把我们发现到的小妙招告诉太郎，使他快快变得强壮起来？”(出示课件，太郎在我们的帮助下身体快快长大。鼓励幼儿向太郎表示祝贺、表扬等)

三、结束部分

通过讨论，懂得合理搭配营养身体才会健康。

1 导语：“太郎根据大家告诉他的小知识制订了一日食谱，他请我们帮他把把关，看他制订的合理吗？”

2. 我们每一天都要科学饮食，合理安排饮食计划，不挑食、不偏食，身体就会更健康。

阶段反思：本阶段的教育目标是让孩子初步了解到不同年龄段的小朋友吃的食物是不一样的。我们通过向家长征集幼儿小时候吃食物的照片达到了这一教育目的。因为照片是孩子自己的，所以我班幼儿更容易接受，理解起来也相对容易一些，之后我向孩子们渗透了婴幼儿膳食指南和食物金字塔，使幼儿更加清楚地了解了刚刚出生的小宝宝喝的是妈妈的乳汁，随着小宝宝慢慢长大，身体逐渐发育长出了牙齿，吃的食物也就随之有了变化。通过这一活动，幼儿也更加深刻地了解到自己真的长大了。

通过“食物金字塔”的活动，孩子们知道了蔬菜是人体必不可少的食物，知道了蔬菜的营养价值，加深了对蔬菜的喜爱。活动激发了幼儿爱吃蔬菜的情感，并促使其养成良好的饮食习惯。

第二阶段：我喜欢的美食健康吗

环节一：我爱吃的食物有哪些

通过上一阶段的活动，幼儿初步认识了食物金字塔，并对它产生了极大的兴趣，随之而来的是各种各样的问题。幼儿1：“食物金字塔为什么规定最下面的那层要多吃？我就想把我喜欢吃的放在最下面！”幼儿2：“这个食物金字塔真的能帮助我们保持健康吗？”幼儿3：“老师，食物金字塔到底都是怎么分类的呢？”

一个个问题迎面而来，于是我们开展了活动“我爱吃的食物有哪些”。我自制了调查表《我爱吃的食物有哪些》，请家长和幼儿一起完成。表格划分的主要维度有：主食、菜类、水果、零食。通过调查，孩子们最爱吃的是零食类、肉类和水果类，最不喜欢吃的是蔬菜类。幼儿初步对自己喜好的食物进行分类，并尝试用图画等符号进行记录。

活动名称：亲子调查表

调查表——我爱吃的食物有哪些（亲子调查表）

姓名：

主食（米饭、馒头、花卷、粗粮类、油炸类食物）	
菜类（绿叶菜、肉、蛋、海鲜等）	
水果（各类水果）	
零食（膨化食品、麦当劳、肯德基、饼干、蛋糕等）	

环节二：我喜欢的美食健康吗

上一环节的活动彻底激起了全班幼儿对美食主题的好奇心。每天说得最多的就是我还爱吃什么，我某天和谁就吃来着。我自制了《我喜欢的美食健康吗》统计表，并和孩子们一起将他们自己喜欢的美食呈现在统计表上，通过对比食物金字塔，孩子们发现自己饮食是否健康，他们还了解到了哪类食物应该多吃，哪类食物应该少吃。孩子们还画了“健康食物大排队”。

通过活动的开展，孩子们不爱吃绿叶菜的情况大为好转，并了解了食物金字塔的作用，吃零食的现象也少了很多，知道了健康饮食的重要性。

活动名称：我喜欢的美食健康吗（集体活动）

活动目标：

1. 注意饮食卫生，养成良好的饮食习惯。

2. 提高在炎热夏日自我保护的意识。

活动过程：

一、开始部分

提问：“你最喜欢吃什么？是不是你想吃什么爸爸妈妈都会同意？为什么？”

二、基础部分

1. 提问：“哪些食物对身体有好处？哪些食物对身体没有好处？”

2. 提问：“在吃东西时应注意哪些问题？为什么？应该怎么做？”

3. 发起“小小卫生宣传员”活动，引导幼儿不但自己要注意饮食卫生，还要向别人宣传。

三、结束部分

1. 师幼共同复习食物金字塔，加深幼儿对健康饮食的印象。

2. 引导幼儿尝试绘制“健康食物大排队”表格。

阶段反思：营养学研究发现，维持人类生命健康至少需要 42 种以上的营养素，其中包括各种蛋白质、脂肪、淀粉、维生素、矿物质和水等。而这些营养素必须通过摄入各种不同的食物来实现，由于各类食物所含营养成分不同，因此我们的日常饮食要注意科学、合理的搭配，以求达到人体对营养的需求平衡。通过活动“我喜欢的美食健康吗”，孩子们知道了在他们喜欢吃的食品中有很多都是垃圾食品，垃圾食品吃了以后会对我们人体造成一定的伤害。所以，小朋友们要少吃或不吃这样的食物才会健康成长。本阶段的活动目标主要是引导幼儿发现自己日常饮食的情况，对照食物金字塔，观察自己喜欢的食物是否健康。我以活动为主线，由浅入深地达到上述目标。首先让孩子们谈谈自己的饮食情况，然后出示生活中常见的几种配餐方式，让孩子们观察后，谈谈自己的想法，并以调查表的方式帮助幼儿分类总结出自己的饮食习惯，大家共同交流各自的想法，并提出自己的建议，由此孩子们初步认识到自己平时饮食中一些不合理的现象。接着，引导幼儿了解营养、合理的饮食标准，让孩子更深入地体会到只有养成良好的饮食习惯，才能更健康的成长。

第三阶段：我家的餐桌

环节一：我家的餐桌有什么

经过商议，有的小朋友突然想到自己家里好像并不是按照食物金字塔来准备每餐饭菜的。于是我们开展了“我家的餐桌有什么”这一活动。我充分利用家长资源，让家长将自家的晚餐拍照片发给老师，老师将照片打印出来后，幼儿进行观察并总结。

通过观察，孩子们发现绿色纸上的绿色蔬菜比较多，橘色纸上的肉类较多（图 9）。幼儿能对餐桌上的食物进行统计和分类，愿意和同伴分享自己家中与饮食相关的故事。

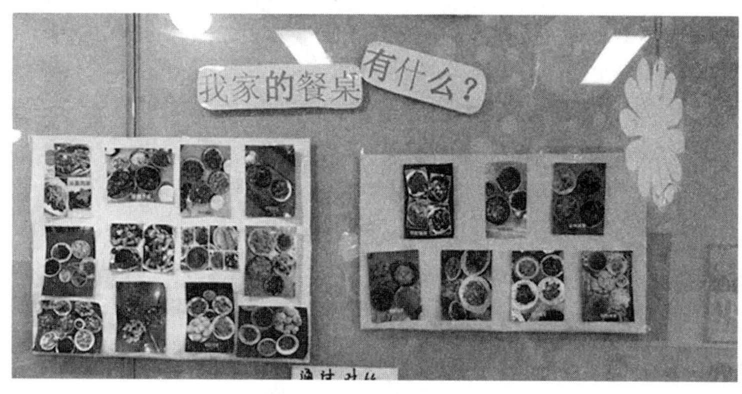

图 9

活动名称：我家的餐桌有什么（集体活动）

活动目标：

1. 知道一日三餐的重要性，乐意学习如何吃好三餐。
2. 懂得吃好一日三餐的方法，养成良好的饮食习惯。
3. 了解健康食物和不健康食物。

活动准备：肥胖儿童和瘦弱儿童的图片、向家长征集一餐饭菜的照片。

活动过程：

一、开始部分

提问：“我们一天要吃几顿饭？每顿饭都吃什么？你最喜欢吃的是哪一顿饭呢？为什么？”

二、基础部分

1. 引导幼儿明白合理搭配饮食的重要性。

2. 幼儿观察自己家餐桌上的饭菜，谈一谈想法（图10～图11）。

图10

图11

3. 总结：我们要想有一个健康的身体，就一定要一日三餐按时吃饭，而且不能挑食。在家的时候，请家长在做饭时合理搭配饭菜，这样身体就不会缺少营养，也不会营养过盛造成肥胖了。

三、结束部分

1. 游戏：我会配餐。

幼儿人手一套食品小卡片，请小朋友尝试自己配餐，并说一说这样配餐的理由。

2. 小结。

环节二：一园青菜成了精

孩子们积极踊跃地参与到活动中。观察过两张纸上的饭菜后，教师组织幼儿分享自己的想法，并用笔记录下该幼儿的话，之后进行总结。孩子们知道了吃饭要荤素搭配、干稀搭配才更健康，每周还要吃一些粗粮，这对我们的身体健康有好处。渐渐地，我班幼儿在饮食上发生了微妙的变化，他们慢慢变得不偏食、不挑食了，而且对绿色叶菜不再抵触了。

活动名称：一园青菜成了精（集体活动）

活动目标：

1. 结合画面，通过观察、理解、想象与表达，体会童谣蕴含的嬉戏意味。

2. 理解童谣内容，感受童谣丰富的想象及诙谐、幽默的语言特点。

活动准备：PPT课件、背景音乐。

活动过程：

一、开始部分

观察导入，激发兴趣。

提问：(1)“这是什么地方？菜园子里都种了些什么？”

(2)“这个菜园子是谁的？没有人照顾这些蔬菜，菜园子里会发生什么事情？”

二、基础部分

课件辅助，欣赏童谣。

1. 倾听。

提问：“你觉得刚才这段话好听吗？和我们平时说的话有什么不同？童谣里讲了什么故事？”

2. 感受对阵。

导语：“接下来会发生什么事情呢？胡萝卜军在哪边？莲藕军在哪边？两军分别有哪些蔬菜兵？如果让你选择，你想加入什么军？做什么士兵？你想怎么对付敌人？和你身边的小伙伴说一说。”

3. 提问：“现在的菜园子和以前的菜园子有什么不同呢？”

小结：原来，秋天到了，菜园里的菜都成熟了。

三、结束部分

配乐说唱，重温童谣。

1. 取名字。

提问：“你们喜欢这个童谣讲述的故事吗？要是让小朋友给这个童谣取个名字，你会取什么名字呢？”

2. 唱童谣。

导语：“这个像故事一样好听的童谣叫‘一园青菜成了精’，我还可以把它完整地唱出来呢。”

3. 说感觉。

提问：“听了这首童谣，你感觉怎么样？你最喜欢童谣里的哪一部分？”

环节三：私人订制食谱

在进行“我家的餐桌有什么”的探究活动时，我也充分利用孩子的生活实际来引导他们进行探究。开始我让孩子说说家里今天吃了什么，然后交流汇报，有的说他家的饮食科学，有的说他家的饮食合理……这时让小朋友们进行评价，并提出自己的建议，孩子们初步认识到自己家中饮食的诸多不合理，从而对合理搭配自己的饮食有了新的认识和看法。这时，让孩子们依据营养学家提供的食物金字塔对自己的一日三餐进行合理、科学地搭配，孩子们表现出了极高的兴致，纷纷动手设计。在展示的时候，孩子们迫不及待地向大家分享自己的设计成果，都想当一名营养学家。

［子活动一］

活动名称：私人订制食谱（集体活动）

活动目标：

1. 了解合理的营养结构。

2. 能为自己设计营养食谱。

活动准备：纸、笔人手一份。

活动过程：

一、开始部分

导语："小朋友们都有自己喜欢吃的食物，要是让你随便吃，你能吃多少?"

幼儿自由发言，教师适当引导，如"你喜欢吃冰激凌，你能吃下多少?"

二、基础部分

1. 提问："小朋友想吃很多很多的东西，这样合适吗? 哪些东西应该多吃，哪些东西应该少吃?"

2. 教师出示挂图。

导语："每天应该吃得东西就像一座宝塔，下面的东西应该多吃，上面的东西应该少吃。吃得最多的应该是什么?（米饭、馒头、面包和面条，还有玉米、土豆和红薯，这些粮食做的食品可以让我们有力气）接着可以再多吃些什么?（蔬菜、水果也要多吃一些）比蔬菜水果要少吃一些的是什么?（牛奶、鸡肉、鸡蛋、鱼肉都要吃一些，可是不能吃得太多。）吃得最少的应该是什么?（巧克力这样的甜食和油炸的东西都应该少吃）"

三、结束部分

我的营养食谱。

1. 导语："看了营养宝塔，我们知道哪些食物应该多吃，哪些食物应该少吃，不能一个劲地吃喜欢吃的东西而不吃其他东西。我们为自己设计一份健康食谱好吗?"

2. 将纸折成三折，使它看起来像菜单。把早餐食谱（如水果、牛奶、馒头）画在第一面，把午餐、晚餐的食谱依次画在第二面和第三面上。

3. 折拢食谱，美化、装饰封面。

4. 选取几个比较典型的食谱，引导幼儿讨论他们设计的是否合理，是否有利于健康。经大家检验合格后，教师在食谱封面加盖健康印章。

5. 导语："我们把自己设计的食谱放到我们的健康加油站，欢迎大家经常光顾，使自己永远健康。"

［子活动二］

活动名称：私人订制调查表（图 12～图 13）

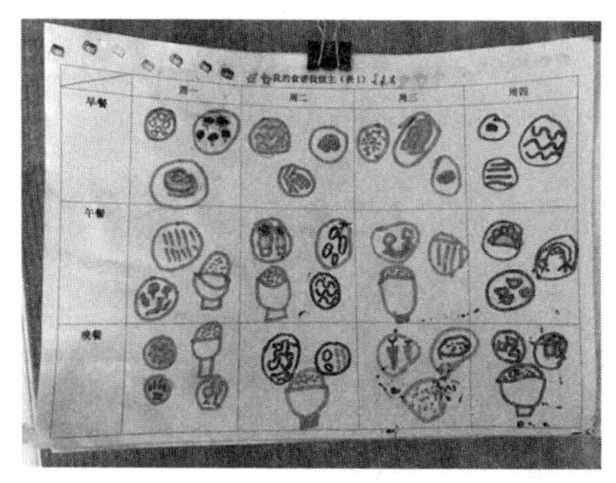

图 12

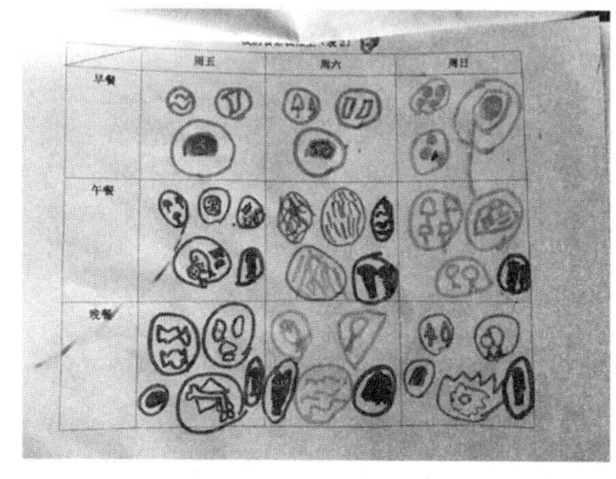

图 13

阶段反思：在本阶段教学活动进行之前，我先带幼儿复习之前的知识，通过提问、游戏等方式，引导幼儿回顾人体需要的营养物质有哪些，这个提问是为本阶段的“私人定制食谱”进行铺垫。接下来，我引导幼儿初步了解在合理的饮食方案中，各种食物应该占多少份额，通过私人订制自己的食谱，幼儿设计了自己合理的一日三餐，对合理健康饮食有了更深入的了解。

第四阶段：绿色食物有哪些

环节一：绿色食物有哪些

通过上一阶段活动的开展，孩子们对绿色食物的种类产生了兴趣，每天吃饭前都会先说一说盘子里的哪种食物才是绿色食物，应该多吃，于是孩子们真的吃了很多绿色蔬菜。有一次，午点吃的是库尔勒香梨，孩子们惊喜地发现这个梨也是绿颜色的，我抓住教育契机，和孩子们讨论绿颜色的食物有哪些，生成了本阶段的活动。

我自制《绿色食物大调查》表格，利用家长资源，请家长在周末时带孩子们去菜市场进行观察，看看有哪些食物是绿颜色的，特点是什么，营养有哪些，并在表格上记录下来，来园后和小朋友们进行分享。通过活动，孩子们知道绿颜色的食物不仅仅只有绿叶菜，还有水果类和粗粮类，了解了一些常吃的绿色食物。

活动名称：亲子调查表

绿色食物大调查

姓名：

1. 绿色食物有哪些 （和父母一起到菜市场进行观察绿色食物有哪些，画下来并标注名称）	2. 营养大调查 （选择1～2种绿色食物，标注名称并画下来，写出它的营养点） 名称： 样子： 营养点：

调查结束，孩子们来园后迫不及待地向老师和小朋友们分享自己的调查结果（图14）。我开展集体教育活动，请每名幼儿分享自己的调查结果，之后汇总在自制大表格《绿色食物有哪些》上，进行统计和总结。

图14

环节二：为什么要吃绿色食物

经过上一环节活动的开展，孩子们自发地讨论为什么要吃绿色的食物，我利用上一环节《绿色食物大调查》表格中“营养大调查”的部分，带领孩子们复习了绿色食物的营养点（图15）。

幼儿对绿颜色食物非常感兴趣，家长看到了孩子们的转变也非常开心，于是更加积极地配合到活动中。教师将调查表发给每位孩子，孩子们和家长一起完成并带回分享。在活动中，孩子们变得更乐于探究，每次谈论起绿颜色食物都非常兴奋。

通过分享，孩子们知道了绿颜色食物最大的好处就是补钙、补铁、养肝，

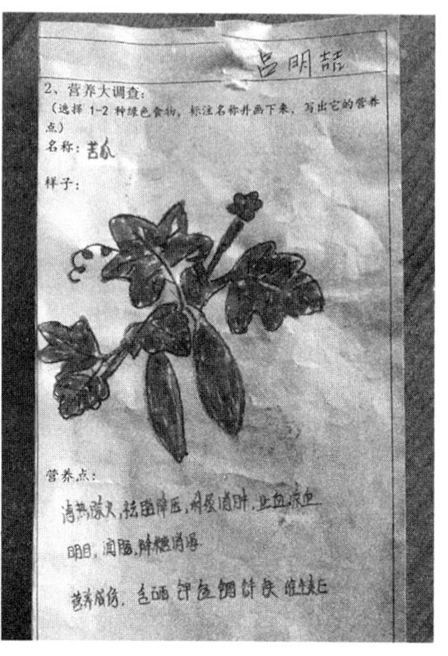

图 15

他们还有美容养颜、延缓衰老等作用，孩子们将自己的调查结果用画笔记录了下来。

活动名称：绿色食物本领大（集体活动）

活动目标：

1. 了解一些绿色食物。

2. 知道绿色食物对人体的好处。

活动重、难点：

1. 认识一些绿色食物并说出它们的名称。

2. 了解绿色食物的食用价值。

活动准备：油菜、小白菜、青椒、西蓝花等绿色蔬菜，绿色的布娃娃。

活动过程：

一、开始部分

出示绿色娃娃，以孩子的口吻让小朋友们迅速进入童话情境，邀请小朋友们到“绿色王国”去做客。

二、基础部分

1. 引导幼儿观察出示的物品，说出它们的共同特点是绿色。

2. 谈话：引导幼儿说一说自己知道的绿色食物。例如油菜、小白菜、青椒、西蓝花等。

3. 品尝绿颜色的食物。幼儿自由品尝教师提供的绿色食物，并引导幼儿说出它们的不同味道。

4. 引导幼儿了解这些绿色食物对人体的益处。

三、结束部分

幼儿自由讨论绿色食物的作用。

阶段反思：通过本阶段的活动，孩子们了解了绿色食物不仅仅是绿颜色的，还可能是其他颜色的，感受到了饮食文化的多样性，这一点激起了幼儿的好奇心，他们已经知道应该多吃绿色食物，但是并不明白为什么一定要吃，所以遇到绿色食物时，他们还是不愿接受，这不利于幼儿的身体健康发展。于是我们结合家园共育，开展了分析和调查，探究绿色食物的营养点是什么，它能为人们带来怎样的好处。当幼儿明白这一点后，他们开始尝试接受绿色食物，进而我开展了一系列关于绿色食物的活动。通过活动，幼儿真正愿意接受绿色食物了，也真正懂得了绿色食物对人体的重要性。

第五阶段：妈妈的私房菜

环节一：黄瓜盅是什么

食品制作活动又要开始了，孩子们自发地跟我说："老师咱们用绿色的食物制作食品吧！"孩子们的转变让我感到非常欣喜，他们从挑食、不爱吃绿叶菜到现在对绿色蔬菜兴趣极大，这是我万万没有意料到的。于是我答应孩子们用绿颜色的食物开展这次的食品制作活动。

我查阅了相关资料，和孩子们商量后决定用黄瓜来做一道美食。教师介绍了这道菜的菜名，并让幼儿猜想：黄瓜盅是什么样子的，并将自己认为的黄瓜盅的样子画了下来。最后，教师揭晓答案，小朋友们非常惊喜地发现，黄瓜盅里面是有馅的。活动中幼儿主动探索，对主题活动兴趣很高，能够积极主动地参与进来。

活动名称：黄瓜盅是什么（集体活动）

活动目标：

1. 探索黄瓜盅的特点及所需的制作物品。
2. 尝试画一画黄瓜盅的样子。

活动准备：彩笔、纸、黄瓜盅图片。

活动过程：

一、开始部分

1. 谈话引出主题。
2. 猜想：黄瓜盅到底是什么样子？

二、基础部分

1. 引导幼儿将想象的黄瓜盅画出来。
2. 作品展示。
3. 出示黄瓜盅图片，共同讨论制作方法。

三、结束部分

1. 教师向幼儿讲解制作黄瓜盅所需的材料。
2. 看视频，了解黄瓜盅的制作过程。
3. 小结。

环节二：食品制作——黄瓜盅

幼儿对食品制作活动非常感兴趣。教师为幼儿准备好各种食材和工具，让幼儿通过看视频的方式了解黄瓜盅的制作过程。孩子和家长一起兴致勃勃地探索制作过程，成功制作出美食——黄瓜盅。幼儿在活动中能够相互合作、相互帮助。我们在活动结束后及时进行了活动反思。

活动名称：食品制作——黄瓜盅

活动目标：

1. 学习削皮、填陷、将黄瓜心挖出的方法。

2. 积极参加食品制作活动，敢于尝试制作的过程，体验制作的乐趣。

3. 能够在活动结束后洗刷餐具及收拾桌面卫生，有良好的生活常规。

活动过程：

一、开始部分

1. 向幼儿介绍活动内容，让幼儿了解制作主题。

2. 向幼儿介绍工具和材料。

3. 提出注意事项：黄瓜要清洗干净；削黄瓜皮时要注意安全，试一试哪种削皮方法最好用；挖黄瓜心时，注意不要把黄瓜弄破；填馅的时候不要着急，多次少取。

二、基础部分

1. 幼儿尝试制作，教师观察幼儿制作情况。

2. 幼儿需要帮助时，教师及时给予帮助和支持（图 16～图 17）。

图 16

图 17

三、结束部分

1. 活动总结，成果分享。

2. 师幼一起收拾、整理教室。

阶段反思：本阶段是主题的最后一个部分，我将活动落实在实物上，结合家园共育，请家长走进幼儿园，进入课堂，和孩子们一起操作、一起尝试。通过开始猜想黄瓜盅的样子、味道，到见到实物，验证自己的猜想，再到幼儿真正动手操作，每个细节都体现以幼儿为主体的理念。通过实际操作和亲身体验，幼儿知道了绿色食物不仅有营养，而且还很美味。

六、收获感悟

此主题来源于生活，由于题材贴近幼儿生活，幼儿对绿色蔬菜都比较了解，所以他们有话可说、愿说。因此，在活动中我力求从以下三个方面开展主题。

第一，从促进幼儿认知、能力、情感三方面发展来确定本次活动的教育目标。克服过去常识教育单纯以传授知识为目的的做法，目标定位较全面，而且教育目标明确、具体，是一种可测量的行为。

第二，活动过程层次清晰、简洁明了。操作法、游戏法、讨论法、观察法等交替使用，符合幼儿认知特点。在内容安排上，我注意从日常生活经验入手，引导幼儿先认识绿色食物的外形特征和营养点，如“说说平时吃蔬菜的哪一部分”，再引导幼儿去感知新的经验、获得新的知识：蔬菜有的吃根，有的吃茎叶，有的吃果实。这种做法符合“最近发展区”的教育原则。

第三，在主题活动中重视情感教育。主题以贴近幼儿生活的内容着手，使幼儿较快地投入到活动中来，之后发动家长资源，邀请家长走进班级，走进日常的教育活动，这样家园联手，共同为幼儿创造易接受的、愿参加的活动氛围。一个个有趣的调查活动和一个个动手实操的内容，最大限度地激发了幼儿的探索心与和好奇心，使主题活动顺利进行。

这次主题活动让孩子们开阔了眼界，增长了知识，体验到了成功的愉悦，使思维真正“活”了起来，同时提高了幼儿获取信息的能力，调整、丰富了幼儿原有的认知结构，拓展了思路。主题的开展也存在一些不足，比如主题的进度按照教师的预设进行得多，由幼儿自主引发生成的活动少，有些时候教师不能深入地引导和探索，不能及时地对活动中的问题进行调整和改进。在今后主题开展过程中，我会不断学习，从不断反思的角度开展好班级的主题活动。

主题七：奇妙的红色食物（中班）

指导老师：李冬梅

一、主题由来

区域活动时，幼儿在美工区用纸黏土制作食物的时候，因为颜色不够用，导致捏出的食物和食物本身的颜色是不一样的，孩子们对此产生了分歧。

针对这一教育契机我们引出了"食物的颜色"这一话题，讨论后幼儿知道了食物有白色的、红色的、黄色的、黑色的、绿色的等。有的幼儿会问："老师，是不是绿色的食物最有营养，因为每当我们吃饭的时候老师总会对我们说'多吃绿叶蔬菜，这个对你们的身体好'，那还有其他颜色的食物呢，它们对我们的身体就没有好处了吗?"有的幼儿接着就会问："老师，它们的颜色不一样，是不是对我们的身体成长也有不同的好处?"通过和孩子们讨论，我们最终决定对红色食物进行详细探究。

在探究过程中，教师随时关注、聆听、发现和追随孩子们的兴趣，捕捉他们在观察、品尝、分辨食物过程中发现的问题，借助这些教育契机提升幼儿关于食物的经验，积极为幼儿创设自主化的环境，让他们充满兴趣、积极主动地进行红色食物的主题探究。

二、设计思路

本次主题活动分为三个阶段，每个阶段又细分了不同的活动内容。

第一阶段：好吃的红色食物。

在活动区制作常吃的食物，并对这些食物进行分类。在与孩子们的讨论中决定对红色食物进行进一步的详细探究。为了鼓励幼儿吃健康的食物，我们让幼儿了解幼儿园的一日食谱，通过食物金字塔让幼儿了解正确的饮食结构。

具体环节：调查家人喜欢吃的食物——食物的分类——吃健康的食物。

第二阶段：红色食物有营养。

带领幼儿了解红色食物的概念、作用和营养价值。为了方便幼儿的探究，我们对红色食物进行了分类（蔬菜类、水果类、谷物类）。幼儿对红色食物进行分类后，我们开始探究红色食物的营养价值，通过家园合作，最终得出红色食物具有补气补血、预防感冒、保护心脏等作用。

具体环节：探究红色食物——红色食物的分类——红色食物的营养价值。

第三阶段：红色食物变变变。

家园合作，我们请家长参与我们的活动，亲子制作以红色食物为主要食材的食品。孩子们在动手制作中对更多的红色食物感兴趣，更愿意吃红色食物了。在活动中我们重点关注幼儿主动学习和主动探索的过程，他们在发现问题、积极探索、解决问题并最终获得成功的过程中得到了锻炼。

具体环节：红色食物巧搭配——食品制作（玫瑰卷）。

三、幼儿可获得的领域经验

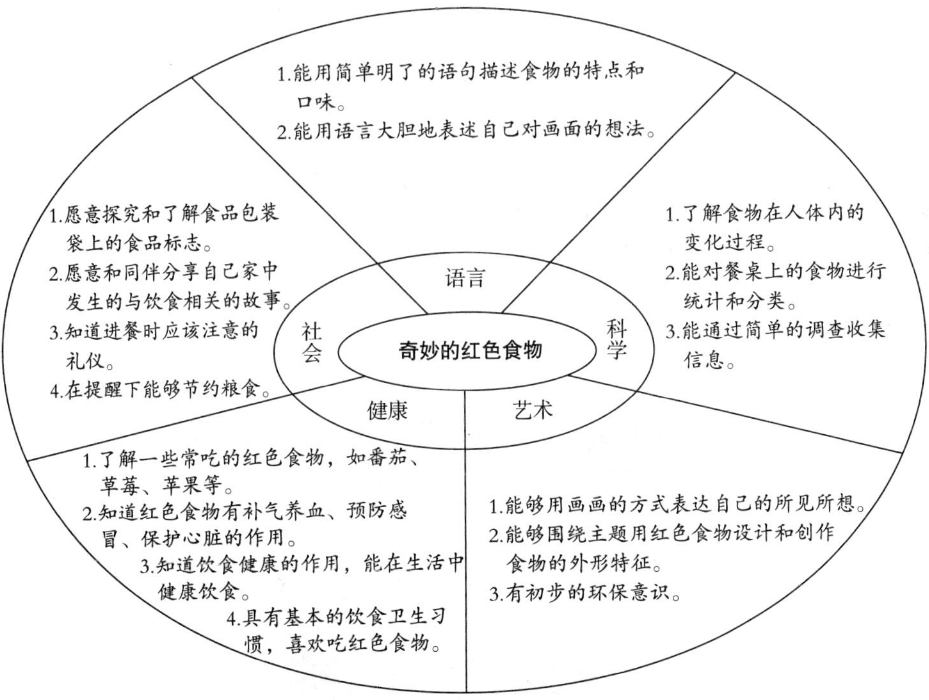

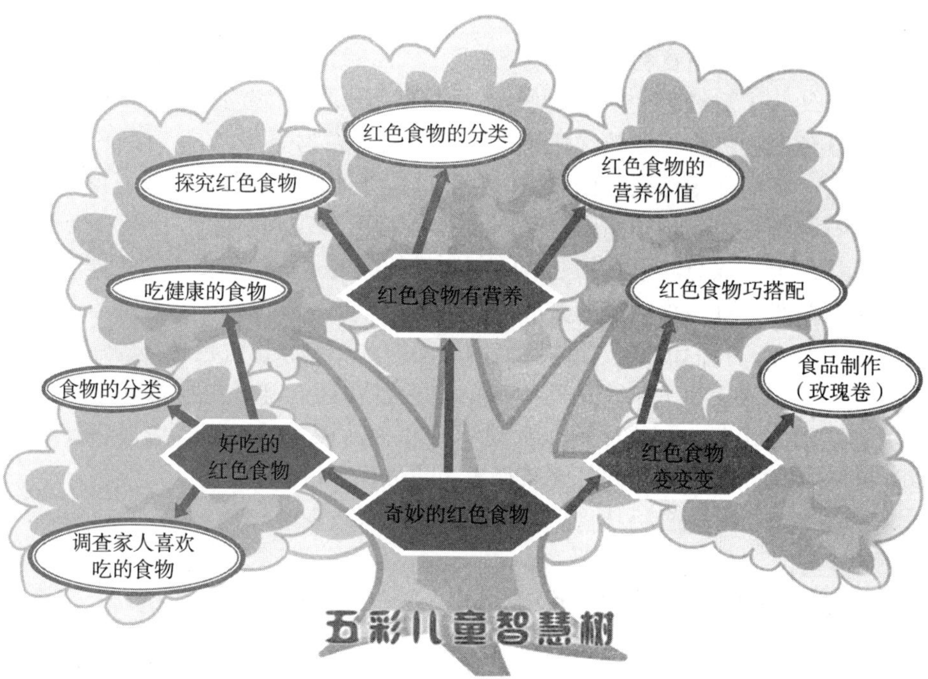

四、主题网络图和主题墙饰

图 1

五、主题过程实录

第一阶段：好吃的红色食物

环节一：调查家人喜欢吃的食物

听说要当小记者，孩子们非常感兴趣：“老师，我们当小记者干什么呀？”我说：“你们都知道你们的爸爸妈妈喜欢吃什么吗？”有的幼儿能说出一两个，但是有的幼儿摇头。为了让幼儿更了解家人、关心家人，我们制定了调查表。我鼓励幼儿采访一下自己的家人都喜欢吃什么，然后将采访的结果画在调查表里。当我把调查表发到孩子们手上的时候，他们表现得很兴奋。

在当小记者的过程中，幼儿体会到采访的乐趣，知道了家人喜欢吃的食物，通过统计知道了人们常吃的食物。

活动名称：家人喜欢吃的食物

活动目标：

1. 能够说出自己喜欢吃的食物。

2. 能大胆采访自己的家长，了解家长喜欢吃的食物。

活动准备：红色食品的图片。

活动过程：

1. 导语：“你们最喜欢吃的食物是什么？你们知道自己的爸爸妈妈喜欢吃什么食物吗？”

2. 给幼儿布置任务：回家当小记者，采访家长最喜欢吃的食物，然后将调查的结果画在调查表上。

3. 将调查的结果进行分享（图 2）。

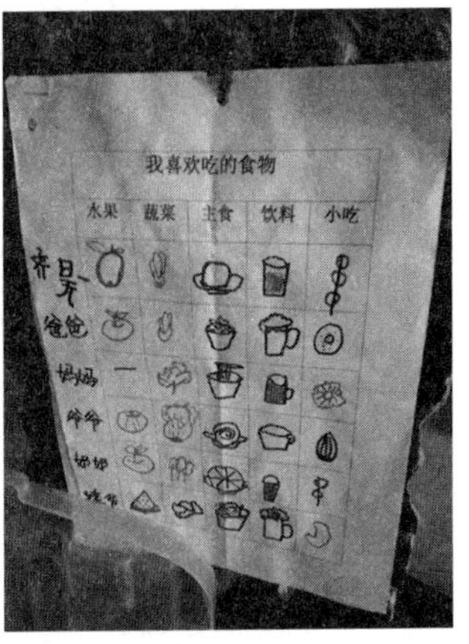

图 2

环节二：食物的分类

通过当小记者，孩子们对食物产生了兴趣，在美工区和甜点屋进行了各种食物的制作。看着孩子们将制作完成的五颜六色的食物堆放在一起，我问：“你们制作了这么多食物，这样放在一起觉不觉得有些乱？有什么好办法可以使它们更整齐一些。”

丁丁："我们可以按照他们的颜色摆放，这样就整齐了。"

墨墨："我们也可以像超市那样摆。有的小朋友捏的是水果，有的小朋友捏的是蔬菜，我们可以这样摆。"

在这个过程中，幼儿掌握了基本的分类方法，可以按照颜色或种类分类（图3～图4）。

图3

图4

环节三：吃健康的食物

通过谈话调查幼儿平时最喜欢吃的食物。谈到吃，孩子们有说不完的话题。

大壮："我最喜欢吃苹果，因为它很甜。"

项链："我喜欢吃草莓，因为妈妈喜欢吃，所以我也喜欢吃。"

安国浩："我喜欢吃薯条，每次妈妈带我去肯德基我都要吃薯条。"

一听到肯德基的名字，很多孩子也都说喜欢吃。

熙熙："我喜欢吃薯条，还喜欢喝可乐。"

听着孩子们讨论着自己喜欢的美食，我们又展开了讨论，看一看哪些是健康食品，哪些是垃圾食品。

（1）健康食品：水果类、牛奶、蔬菜类。

（2）垃圾食品：油炸食品、果冻、蛋糕、烧烤、饼干、可乐等。

在幼儿讨论的基础上进行小结：在我们喜欢吃的食品中有很多都是垃圾食品，垃圾食品吃了以后会对我们的身体造成一定的伤害。所以，小朋友们要少吃或不吃这样的食物。

活动名称：食物金字塔

活动目标：

1. 知道要均衡摄取食物营养，养成不挑食的好习惯。

2. 认识人体所需的四类食物及其作用，知道均衡的营养对身体健康的重要性。

3. 愿意相互交流，提高交往能力和语言表达能力。

活动重、难点：知道四类食物及其作用，知道均衡搭配食物，做到不挑食。

活动准备：幼儿操作材料。

活动过程：

1. 交流各自的调查表。互相说说自己最喜欢吃和最不喜欢吃的食物。

2. 对食谱中的搭配是否均衡进行调查。

导语："小朋友，你通过刚才的讨论发现了什么？（有的小朋友有挑食的现象）这样好不好呢？为什么？"

3. 出示幼儿园的一周食谱，让幼儿知道均衡的营养对身体健康的重要性。

提问："幼儿园一周食谱是怎样搭配的？为什么要这样搭配呢？"

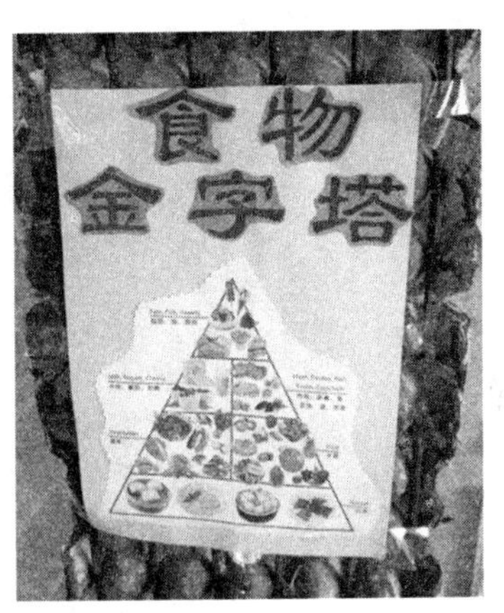

图 5

4. 出示四大类食物营养分析图，启发理解（图 5）。

导语："这就是我们人体需要的四类营养。五谷类的食物含有热量，可以使我们的身体有力气；肉类食物中含有脂肪、蛋白质，可以补充身体的能量；蛋奶类食物中含有大量的钙，可以使我们的骨骼强壮；蔬果类食物中含有维生素，有助于我们的消化。我们的身体需要多种营养和能量，才能健康茁壮成长。人体对四类食物的需求就像一个金字塔，越往上需求越少。"

5. 操作活动：将具有代表性的食物贴在四类营养对应的画框中。

除了垃圾食品以外还有什么食品也不能吃？很多时候，我们买的食品放得太久就过期不能吃了，否则会产生身体不适，还可能发生生命危险。食品包装袋上面的保质日期会告诉我们哪些食品是安全的，哪些食品是不安全的。为了让幼儿了解食品包装上的一些知识，我们设计了"吃健康的食物"的活动。幼儿知道并了解了食品包装上的生产日期以及安全标志，知道了在购买前一定要看清保质期。

活动名称：吃健康的食物（集体活动）

活动目标：

1. 知道识别食品包装上的生产日期以及安全标志，并能区分哪些食品是安全的，哪些食品存在安全隐患。

2. 增强食品安全意识，提高食品安全自我保护能力，有良好的饮食卫生习惯。

活动过程：

一、开始部分

1. 谈话：平时你最喜欢喜欢吃什么东西?

2. 小结：你们喜欢吃的东西真是各式各样，但是有的食品吃了是有益健康的，而有的食品吃了则是对我们的身体有害的。

二、基础部分

1. 播放课件，引导幼儿将食品分成两大类。

导语："食物的种类有很多，你们愿不愿意来给食物分分类呢?"

(1) 健康食品：水果类、牛奶、蔬菜类。

(2) 垃圾食品：油炸食品、方便面、果冻、蛋糕、烧烤、饼干、可乐等。

2. 了解垃圾食品对人体的害处。

(1) 播放课件，请幼儿了解垃圾食品的制作过程并讨论，教师在幼儿讨论的基础上进行小结。

(2) 提问："你还知道哪些垃圾食品?"(油炸食品、罐头类食品、腌制食品、加工的肉类食品、肥肉和动物内脏类食物、饼干类、奶油制品、方便面、烧烤类食品、话梅和蜜饯类食物)

教师通过课件逐一展示幼儿说到的垃圾食品，帮助幼儿了解更多的垃圾食品。

3. 区分食品安全标志。

(1) 提问："除了垃圾食品，还有什么食品也不能吃?"

(2) 请幼儿观看课件(小朋友喝过期牛奶出现肚子痛的画面)。

提问："他怎么了? 为什么会这样?"

(3) 认识生产日期和安全标志。

出示图片，请幼儿观察并分辨食品袋上的生产日期、保质期及安全标志。

三、结束部分

小结：我们购买食品的时候一定要看清楚包装袋上面的食品保质时间，过期的食品是不能吃的，否则会产生身体不适，还可能发生生命危险。

阶段反思：第一阶段的活动结束后，孩子们知道了食物的分类，并且知道了要均衡饮食才能对身体有好处。通过集体活动，孩子们知道了吃垃圾食品对身体的危害。

第二阶段：红色食物有营养

环节一：探究红色食物

首先通过谈话活动引导幼儿说一说自己知道的红色食物。幼儿能根据自己的生活经验说出一些红颜色的食品，例如：西红柿、红苹果、草莓、红小豆等。他们能说出的红色食物比较少，所以我们给幼儿布置了一个小任务，请他们回家和爸爸妈妈一起查一查还有哪些我们没说过的红色食物，然后第二天我们来分享调查结果（图 6）。

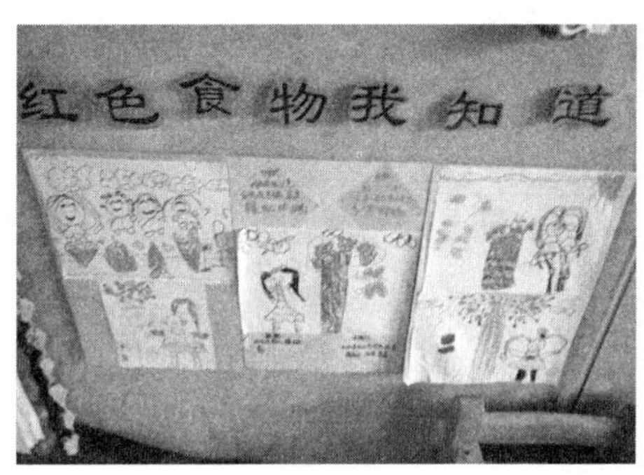

图 6

[子活动一]

活动名称：好吃的红色食物

活动目标：

1. 了解一些红色食物。
2. 知道红色食物对人体的益处。

活动重、难点：

1. 认识一些红色食物并说出它们的名称。
2. 了解红色食物的食用价值。

活动准备：红辣椒、胡萝卜、西红柿、红苹果、红枣等食品，红色的布娃娃。

活动过程：

一、开始部分

出示红色娃娃，以孩子的口吻让小朋友们迅速进入童话情境，邀请小朋友们到“红色王国”去做客。

二、基础部分

1. 出示准备好的红色食物，引导幼儿观察，说出它们的共同特点是红色。

2. 引导幼儿说一说自己知道的红色食品。

幼儿根据自己的经验说一说红颜色的食物，例如：红辣椒、胡萝卜、西红柿、红苹果、红枣等。

3. 品尝红颜色的食物。

幼儿自由品尝教师提供的红色食物，并说出它们的不同味道。例如：辣、甜、酸……

三、结束部分

1. 引导幼儿大致了解这些红色食物对人体的益处。

2. 幼儿自由讨论红色食物的作用。

[子活动二]

活动名称：我绝对绝对不吃番茄

活动目标：

1. 喜欢读绘本故事，感受故事的幽默。

2. 了解故事中蔬菜的基本特征，能大胆做出对蔬菜的联想。

3. 知道每种蔬菜都有营养，不挑食。

活动准备：PPT课件。

活动过程：

一、开始部分

播放PPT，引出故事内容。

导语：“今天，老师给大家带来了一个有趣的绘本故事，故事的名字叫做《我绝对绝对不吃番茄》，我们一起来看看，封面上有谁？这是哥哥查理，这是妹妹萝拉，查理和萝拉之间会发生什么故事呢？我们来听查理哥哥讲一讲吧。”

二、基础部分

1. 通过讲述故事，引导幼儿大胆联想。

给幼儿讲故事的第一部分，引出妹妹不喜欢吃的东西，引导幼儿讨论原因。

提问：“萝拉为什么不喜欢吃胡萝卜？萝拉为什么也不喜欢吃豌豆？这么多不爱吃的东西，她可真是个挑食的孩子，小朋友，挑食好么？为什么？”

小结：每一种食物我们都要吃，这样才能有均衡的营养，身体才能棒棒的。

2. 猜测、大胆想象哥哥的办法，并进行大胆联想。

（1）导语："但是，面对这么一个挑食的孩子，聪明的哥哥却想出了好办法，让她把不爱吃的东西都给吃下去了，请你猜一猜，哥哥用了什么好办法？"

（2）教师讲述故事第二部分，引导幼儿了解查理哥哥的好办法。

导语："让我们一起看一看，哥哥用了什么好办法？""哥哥把胡萝卜想象成了什么？哥哥为什么说胡萝卜是木星上来的橘树枝呢？"（可以从胡萝卜的颜色和形状上想一想）

小结：萝拉的哥哥想象力可真丰富，原来哥哥是从胡萝卜的颜色和形状上，把它想象成了木星上的橘树枝，这可真是个好办法！

（3）教师讲述故事第三部分，请幼儿针对故事主题进行大胆联想。

导语："看，这是什么？如果你是查理哥哥，会把豌豆变成什么东西？相信你们一定比查理哥哥还有办法。请你们来试一试吧！"引导幼儿从颜色、味道和形状上来想象，大胆地讲出来。

小结："你们太棒了！你们的想象力可真丰富，从豌豆的颜色、味道和形状上进行联想，我们一起来听一听哥哥查理把豌豆想象成什么了呢？"

（4）讲述故事结尾并总结："看来查理哥哥和你们想的这些有趣的、充满幻想的办法，帮助挑食的萝拉把不爱吃的东西都吃下去了，就连绝对不吃的番茄都吃掉了，你们真是太棒了。"

三、结束部分

大胆对各种蔬菜进行联想。

环节二：红色食物的分类

准备幼儿调查出来的红色食物的图片，鼓励幼儿对红色食物进行分类。通过这个活动让幼儿加深对红色食物的了解，在操作的过程中，幼儿逐渐掌握了常见红色食物的类别（图7）。

图7

活动名称：分类游戏（益智区）

活动目标：

1. 能按颜色自主进行分类。

2. 发现红色的食物最多，对红色食物感兴趣。

活动策略：

1. 投放各种颜色的食物图片和分类标识，让幼儿自主进行分类活动。

2. 引导幼儿统计分类后食物的数

量，发现红色食物最多。

环节三：红色食物的营养价值

利用周末的时间，我们请家长和幼儿一起查阅资料，了解红色食物的营养价值。

在谈话活动中，请幼儿说一说红色食物都有哪些营养，然后请幼儿画一画红色食物对我们生长发育的好处（图8）。接着请幼儿讨论红色食物怎样做着吃更好吃。

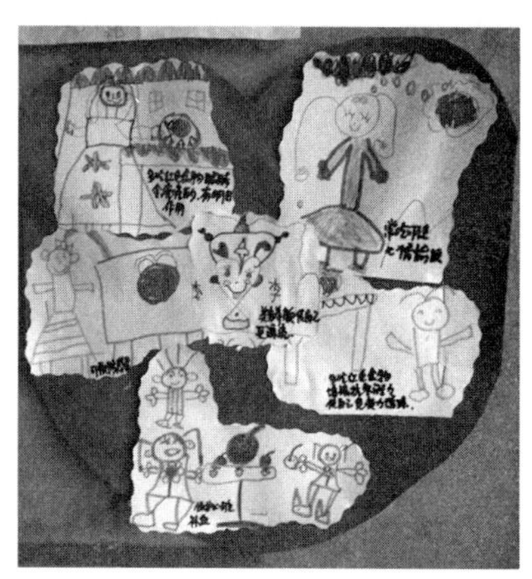

图8

熙熙："我喜欢吃西红柿炒鸡蛋，还喜欢吃凉拌西红柿。"

嘉嘉："我喜欢将红色的水果做成水果沙拉吃。"

明明："我最喜欢吃妈妈做的红豆饭。还可以把红豆做成红豆粥，我也喜欢吃。"

活动名称：红色食物有营养

活动目标：

1. 了解自己最喜欢的红色食物并说出食物的营养价值。
2. 知道食物可以怎么吃，了解不同吃法或做法的营养价值。

活动准备：红色食物的图片、亲子调查表、营养价值表。

活动过程：

一、开始部分

出示亲子调查表。

导语："今天我们要召开食物大会，请你说一说都有哪些红色食物来开会？"（樱桃，红枣，辣椒，西红柿等）

二、基础部分

1. 幼儿投票选出最受欢迎的红色食物。

导语："说一说你自己最喜欢的红色食物是什么？"

2. 尝试说出自己最喜欢的红色食物的营养价值（提前做调查）。

红枣富含钙和铁，多食可提高身体的御寒能力。

西瓜可以利尿、不上火。

西红柿可预防癌症，是防癌、抗癌的首选果蔬。

3. 提问："说一说你喜欢的红色食物都可以怎么吃？"

小结：看来食物的做法有很多，我们可以将食物炒着吃、凉拌、蒸着吃、煮着吃，等等。

4. 了解不同做法的营养价值（可以带着幼儿一起上网做调查）。得出最健康的食物制作方法就是蒸、煮。

三、结束部分

1. 知道红色食物都可以如何做着吃。

2. 调查不同做法的营养价值，分析哪种做法更有利于营养的保存。

阶段反思：在第二阶段活动的开展过程中，幼儿能主动探究红色食物的营养价值，在活动中能根据自己的经验来进行表述，知道了吃红色食物可以补气养血、保护心脏、增强抵抗力，还可以提高预防感冒的能力。

第三阶段：红色食物变变变

环节一：红色食物巧搭配

我们请家长利用休息时间参与我们的活动，亲子制作以红色食物为主要食材的食品。

家长们发来的照片让我们感觉到幼儿对此活动非常感兴趣，他们能自己动手洗水果、切水果、摆拼盘、制作红豆饭等，充分发挥了自主性和主动性。

在制作过程中，幼儿不仅体验到制作的乐趣，还增进了与家长之间的感情。幼儿在主题墙上看到自己制作食品的照片，愿意主动和同伴分享，增强了自信，增加了对成功的体验（图 9～图 12）。

图 9

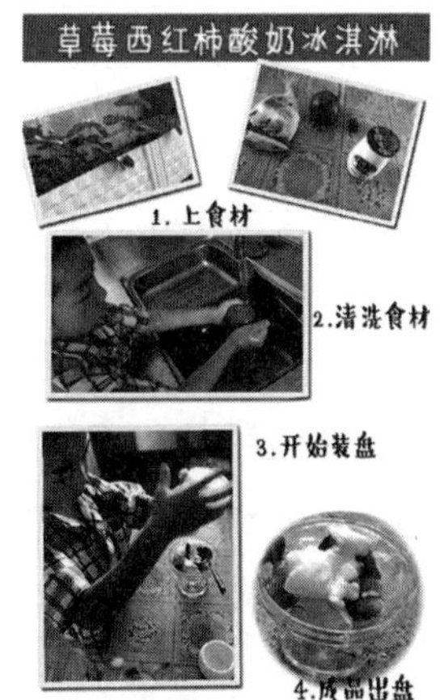

图 10

图 11

图 12

环节二：我们来做玫瑰卷

活动名称：好吃的玫瑰花卷

活动目标：

1. 体验制作玫瑰卷的乐趣。

2. 能够按照步骤图进行制作，提高动手能力。

活动准备：

1. 经验准备：了解玫瑰花外形、会看步骤图、能够把面团分成较均匀的 4 份或 5 份、自己收拾桌面物品，清洗所用工具。

2. 物质准备：红色发面一大团、干面粉若干、锯齿刀 10 把、尺板 10 把、案板 10 块、擀面棍 10 根、小盘子 8 个。

3. 食材和工具的卫生：尺板、案板、锯齿刀、擀面棍等用酒精进行消毒。

4. 食材和工具的安全：锯齿刀的使用方法。

活动过程：

1. 出示玫瑰卷图片，请幼儿欣赏，激发幼儿制作兴趣。

2. 请幼儿猜想：这个玫瑰卷是怎么做出来的？鼓励幼儿大胆想象，积极表达自己的想法。

3. 观看视频“美食天下——玫瑰卷”。

4. 引导幼儿回忆玫瑰卷的制作过程。

在请幼儿观看制作玫瑰卷的视频后，请幼儿说一说玫瑰花卷是怎样做的，

然后请他们自己尝试探索，对一些能力弱的幼儿给予指导。（重点：平均分成4或5份；难点：卷成玫瑰花瓣）

5. 播放PPT课件，出示玫瑰卷制作步骤图，给幼儿提示。

制作步骤：①一个压一个平铺好饺子皮（4片或5片）；②在中间拿筷子压个印（图13）；③从饺子皮一边卷到另外一边（图14）；④ 用刀从中间切开，玫瑰花卷就做好了（图15～图16）。

图13

图14

图15

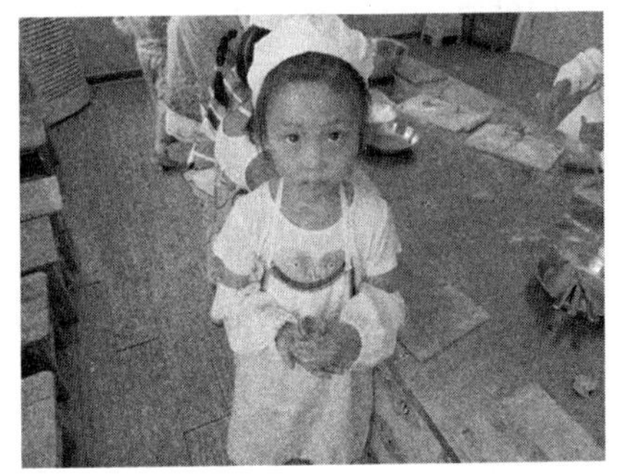
图16

6. 幼儿制作，教师观察指导。

幼儿拿到面团后先把面团分成五等份，然后通过观看图片和视频，幼儿了解到每个面皮大小都一样，并且在排列的时候距离也要一样，这样卷出来的玫瑰花才好看。擀面皮对幼儿来说有点难，既要保证圆又要保证每个皮都一样大，后来幼儿通过不断地练习做得越来越好，每个人都至少成功地做了一朵玫瑰花卷。

在整个制作过程中幼儿积极探索，尝试怎样将面皮擀得更圆更薄，怎样将面皮连接在一起，玫瑰花卷怎样卷才能卷紧不松开。

阶段反思：第三阶段的主要内容是幼儿动手制作红色食物。在亲子制作以红色食物为主要食材的食物过程中，幼儿能积极大胆地动手制作，不仅体验了成功的喜悦，更增加了自信。在集体制作玫瑰花卷的时候幼儿不断尝试、探索，最终露出了满意的笑容。

六、收获感悟

“奇妙的红色食物”主题活动已经结束，幼儿都比较喜欢本次主题的内容，尤其是在当小记者调查自己家人喜欢的食物时，幼儿表现得很积极。在这个调查活动中，幼儿懂得了在爸爸妈妈关爱自己的同时，自己也要关心家人，在活动中怀有感恩之心。

通过“红色食物我知道”的活动，幼儿能说出常见红色食物的名称，同时大部分幼儿也能对红色食物进行简单的分类，并与同伴交流自己吃过的红色食物。阅读绘本《我绝对绝对不吃番茄》，让幼儿了解日常生活中常见的食物，目的是帮助幼儿学着不挑食，逐渐养成一些良好的进餐和饮食习惯。通过在一日活动中各个环节的引导，幼儿的用餐习惯都有了很大的改善：大部分幼儿都能很好地使用勺子自己吃饭，而且不挑食、不偏食、不洒汤、不撒菜，饭后的桌子、衣服和地面也越来越干净。

通过开展“吃健康的食物”这一活动，幼儿知道了要均衡饮食，也了解了一些对身体有益或有害的食物。幼儿知道了食品包装上的生产日期以及安全标志，提高了食品安全意识，增强了自我保护能力。在探究红色食物的营养价值时，我们指导家长带幼儿去超市、去菜场认识和了解红色食物，请家长与幼儿共同收集各种红色食物的图片，并鼓励幼儿搜集更多的信息与同伴进行分享。我们清楚地意识到家长的参与也是幼儿教育不可缺少的一部分。在这个过程中不仅加深了幼儿对红色食物的了解，也发展了幼儿的语言表达能力、观察能力以及社会交往能力。幼儿在制作玫瑰花卷的活动中不断地尝试探索，最终都制作出了自己的玫瑰花卷，获得了自己动手制作食物的乐趣。本次主题活动也存在一些不足之处，比如主题的进度都是按照教师的预设按部就班地进行，由幼儿自主引发生成的活动较少，有些时候教师不能进行深入地引导，没有及时地对活动中的问题进行调整和改进。在今后的主题开展中，我会不断学习、经常反思，开展好班级的主题活动。

主题八：健康的白色食物（中班）

指导老师：赵凯莉

一、主题由来

在之前开展过的主题活动中，我们把美食分为了健康食物和不健康食物。孩子们虽然知道什么是健康食物和不健康食物，但还是爱吃那些不健康的食物，因为它们比较美味。为了鼓励幼儿吃健康食物，我们继续开展与健康的食物相关的主题活动，让幼儿了解食物的营养和与我们身体健康的关系，引导幼儿喜欢吃健康食物。

我们有很多美食都是白色食物或用白色食物制作而成的，如面粉、梨、豆腐等。幼儿对这些白色食物很感兴趣，尤其是对用面粉制作的食物感兴趣。在了解炸油香时，我和孩子们讨论炸油香的制作方法，孩子们很好奇地问我："老师，白色的面粉做出来的食物为什么不是白色的，而是黄色的？包子就是白色的呀！"中班幼儿具有较强的好奇心和探索欲望，总喜欢询问"为什么"，有很强的求知欲，想去解决提出的问题。所以我把孩子们提出的问题作为探索点，和幼儿一起探索什么是健康食物，白色食物有哪些，白色食物的营养等，引导幼儿在活动过程中发现问题、解决问题。

二、设计思路

主题活动以了解白色食物的营养和健康为线索，让幼儿在认识、探索和操作中都把健康食物作为主要目标，了解、喜欢健康食物。在活动中我们重点关注孩子们的主动学习和主动探索，引导幼儿在发现问题、主动探索、解决问题的过程中得到全面的发展。

本次主题活动分为三个阶段，每个阶段又细分了不同的活动内容。

第一阶段：认识白色食物。

引导幼儿对白色食物感兴趣，想了解白色美食。通过分类对比活动，幼儿发现白色食物的相似之处，最终理解白色食物的定义。幼儿了解白色食物后，到底白色食物都有哪些呢？我们让幼儿用调查的方法寻找更多白色食物，同时通过分享交流，进一步丰富对白色食物的认知。

因此幼儿对自己吃过的食物更感兴趣，更愿意谈论和探索。为了贴近幼儿生活实际，便于幼儿探索，教师引导幼儿说一说自己吃过的白色食物。

具体环节：给美食分类——什么是白色食物——火龙果是白色食物吗——白色食物有哪些——我吃过的白色食物。

第二阶段：白色食物有营养。

通过第一阶段的活动，幼儿对白色食物有点最基本的了解，这一阶段我们要进一步探索白色食物的营养。但是不同的白色食物营养也不同，为了便于幼儿探索调查，我们引导幼儿把收集到的白色食物进行分类（谷类、蔬菜、水果、干果等）。分类统计好之后，幼儿着手调查不同种类白色食物的营养与健康，最后归纳总结每类白色食物的营养。

具体环节：白色食物的分类——白色食物营养大调查——肺的认识。

第三阶段：白色食物大变身。

为了让幼儿真正理解白色食物的营养，我们从幼儿经常接触的餐桌入手，引导幼儿收集我家餐桌上的白色食物，在实际中体会食物的营养价值，从而激发幼儿健康饮食的愿望。幼儿将收集的餐桌上白色食物进行分类，分成健康食物和不健康食物，然后探索得出食物的烹饪方式不同，食物健康程度也不同。为了鼓励幼儿多吃健康食物，我们让幼儿自己制订食谱。幼儿设计食谱的过程是一个健康饮食的综合锻炼，幼儿能思考白色食物有哪些，怎样制作更健康，怎样搭配最合理等。食谱设计完后，幼儿亲手制作两种白色食物：面食和银耳雪梨汤。幼儿在操作中对白色食物更感兴趣，更愿意吃健康食物了。

具体环节：白色食物大变身——我家餐桌上的白色美食——健康的白色食物——我设计的健康食谱——制作白色食品。

三、幼儿可获得的领域经验

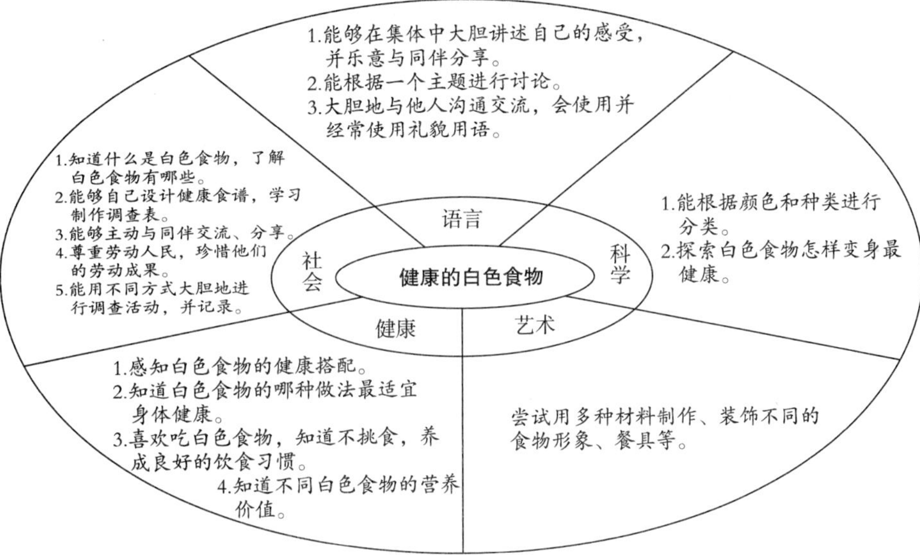

四、主题网络图和主题墙饰

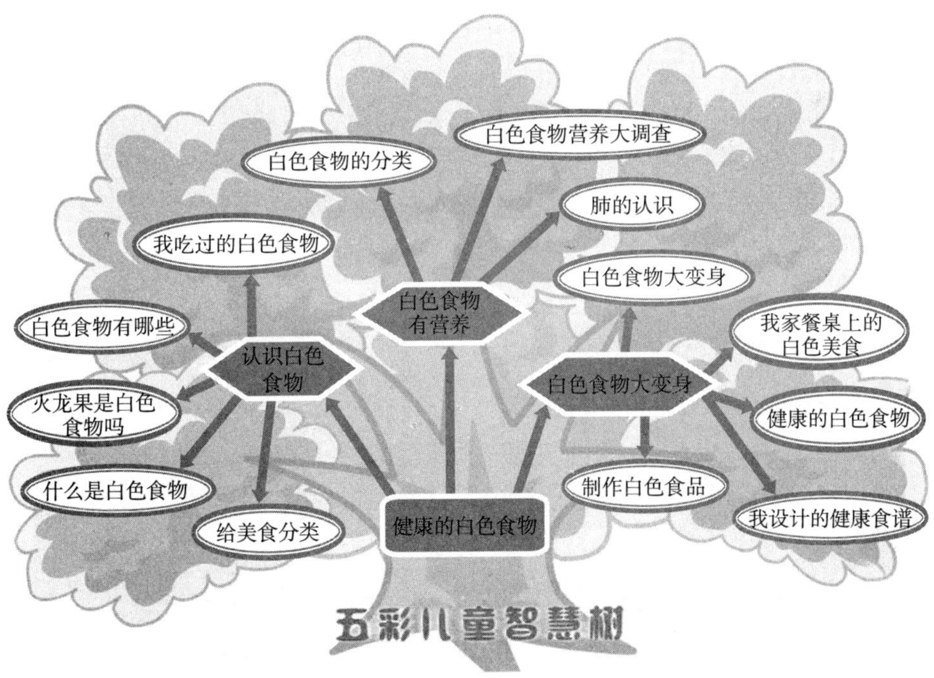

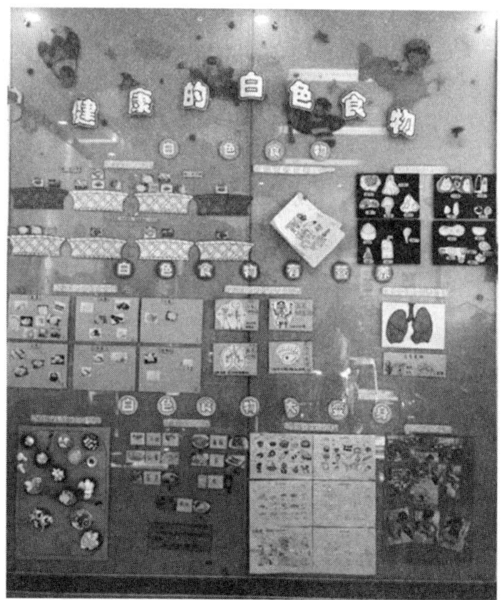

健康的白色食物
白色食物
白色食物有营养

我知道的白色食物

白色食物的营养价值
白色食物

不同白色食物有不同营养

白色食
我给白色食物分分类
白色食

图 1

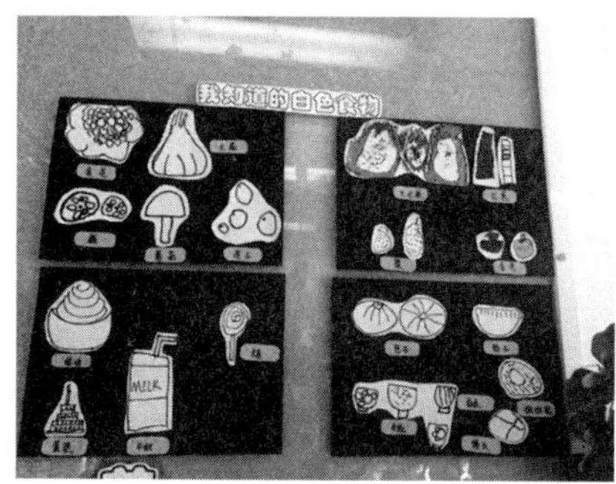

图 2

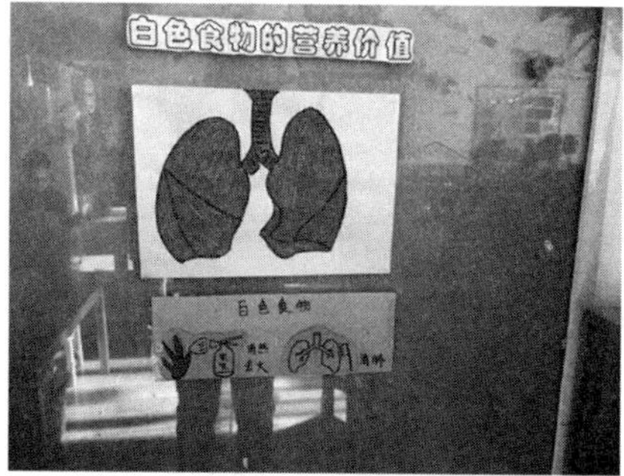

图 3

图 4

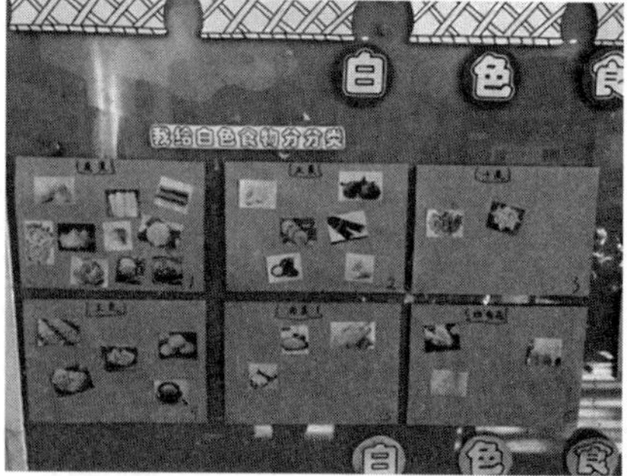

图 5

图 6

图 7

图 8

图 9

五、主题过程实录

第一阶段：认识白色食物

环节一：给美食分类

在活动开始时，我先提出整理门头沟美食的想法，激发幼儿为美食进行分类的愿望，然后投放分类游戏操作材料，引导幼儿根据颜色对门头沟美食进行分类："你们看看这些美食都是什么颜色的，我们把相同颜色分到一起。"孩子们开始自主分类，分为红色、黄色、白色、绿色四个类别。分类后鼓励幼儿交流分类结果，哪种颜色的美食多，哪种颜色的美食少，最终引导幼儿发现白色美食最多（图 10）。

图 10

活动名称：分类游戏（益智区）

活动目标：

1. 能按颜色对美食进行分类。

2. 发现白色的食物最多，对白色食物感兴趣。

活动策略：

1. 投放门头沟美食的图片和分类标识，让幼儿自主进行分类活动（图 11）。

图 11

2. 引导幼儿统计分类后的食物数量，发现白色食物最多。

3. 引导幼儿发现用面粉制作的食物是否在白色食物的范围内，激发幼儿对白色食物的兴趣。

环节二：什么是白色食物

教师和幼儿都根据颜色对美食进行了分类，分类后进行展示（图 12）。孩子们在分类的过程中发现自己的分类和同伴、老师的分类有很大的不同。尤其是白色食物的分类存在比较大的差异，孩子们说："梨不是黄色的吗？炸油香是黄色的……"对到底什么是白色食物很感兴趣。

图 12

我让幼儿观察自己和老师的分类，找出分错颜色的食物，孩子们发现自己把梨、炸油香、豆腐、炸鸡都归为了黄色食物。我引导幼儿讨论炸油香是用什么制作的，梨肉是什么颜色的，炸鸡是用什么做的，鸡肉是什么颜色的，等等。最后通过这些讨论总结出有白色果肉的水果、用白色食物制作的美食、鱼肉、鸡肉都是白色食物。

幼儿在这个过程中知道了什么是白色食物，观察能力有了提高，而且具有了探索意识，遇到问题愿意提出问题，然后尝试解决问题。

活动名称：白色食物

活动目标：

1. 知道什么是白色食物，能说出几种常见的白色食物。
2. 知道几种特殊的白色食物。

活动准备：分类统计图。

活动过程：

一、开始部分

出示分类统计图。

导语："我们按照颜色对食物进行了分类，有白色食物、红色食物、绿色食物……我们的分类里白色食物最多，但是有很多小朋友把白色食物分到了其他颜色的食物中，你们能找出来吗?”

幼儿讨论，还有哪些属于白色食物。

二、基础部分

1. 知道什么是白色食物。

(1) 导语：“老师挑出来的几种食物就属于白色食物。梨，小朋友觉得是什么颜色的食物?（黄色）但是梨是白色食物，小朋友知道为什么吗?”教师引导幼儿发现梨肉是白色的。

(2) 引导幼儿知道炸油香是用面做的，面是白色食物，所以炸油香也属于白色食物。

2. 小结：通过刚才这两个特殊的白色食物我们知道，不仅仅外表是白色的食物属于白色食物，果肉是白色的食物也属于白色食物。梨的外皮虽然不是白色的，但它的果肉是白色的，所以梨是白色食物。

三、结束部分

导语：“请你回家和爸爸妈妈一起查找资料，看一看还有哪些白色食物。”

环节三：火龙果是白色食物吗

在认识白色食物的过程中，孩子们问火龙果是不是白色食物，对于这个问题的答案我也不太清楚，所以当时就没有回答幼儿。后来孩子们就火龙果是不是白色食物的问题产生了分歧，一直在争论火龙果到底是不是白色食物。

“你们很想知道火龙果是不是白色食物，老师也不是很清楚，你们能不能想办法查阅一些资料，老师也去查阅。我们第二天一起来分析一下火龙果到底是不是白色食物。”第二天我们进行了交流，幼儿的调查结果为火龙果是白色食物。因为白色食物是按照其可食用部分的颜色进行定义的，而火龙果食用的果肉是白色的，所以它属于白色食物。

孩子们在调查的过程中，有了初步调查的经验，知道遇到问题可以寻求成人的帮助，一起通过查阅资料的方式来解决问题。

环节四：白色食物有哪些

白色食物有很多，我引导幼儿回家和家长们去调查白色食物，并用亲子绘画、文字或照片的形式记录在调查表格中。孩子们对亲身体验的活动很感兴趣。尽管孩子们很积极，但是没有调查思路。我引导幼儿首先思考在哪里寻找食物，然后在寻找白色食物时要仔细观察。那么遇到不认识的食物怎么办？引导幼儿知道可以询问食物的名称。最后怎样记录呢？引导幼儿说出可以拍照片，最后回家记录在我们的调查表中。

调查结束后，幼儿互相分享自己的调查表，说一说自己调查的白色食物以及它们的营养（图 13～图 14）。

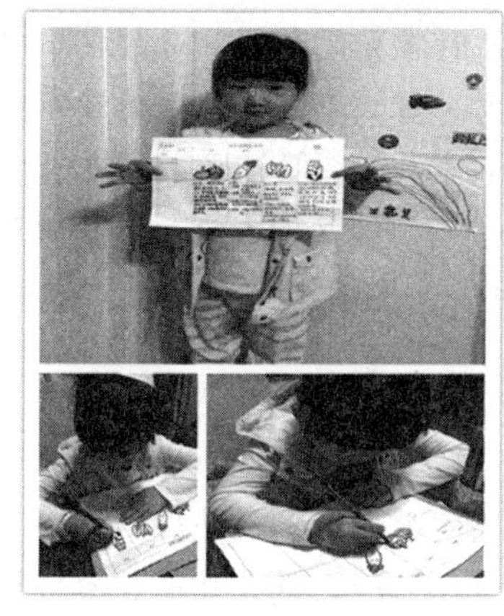

图 13

图 14

我们随后又开展了“白色食物带回家”的活动，让幼儿再去超市调查不常见的白色食物，从而丰富幼儿的认知。

活动名称：我收集的白色食物

活动目标：

1. 能大胆分享自己收集的资料。

2. 能完整地介绍自己调查的白色食物。

活动准备：幼儿收集的白色食物的图片。

活动过程：

一、开始部分

导语：“老师给小朋友们布置了收集白色食物的任务，你们都收集了吗？有好多白色食物是小朋友和老师都不知道的，谁愿意跟我们分享一下你找到的白色食物？”

二、基础部分

1. 导语：“在分享时，你要介绍食物的名字，它为什么是白色食物，它是蔬菜还是水果，还是用白色食物制作的。”

2. 导语：“听了小朋友的分享，我才知道原来还有这么多白色食物，你们太能干了！一会我们把食物的图片放到图书区，这样我们可以仔细看看这些白色食物。”

三、结束部分

1. 导语：“老师发现你们都不能完整地介绍自己调查的食物，这是为什么呢？”引导幼儿讨论，发现是因为有爸爸妈妈的帮忙，自己就没有认真调查。

2. 导语："我们调查的白色食物都差不多，我们回家再去调查一些不同的白色食物，这次要自己完成，然后再完整地介绍给大家。"

活动反思：孩子们寻找的白色食物都是几种常见的食物，而且在介绍的时候有些幼儿不知道自己调查的白色食物的名称。经过反思，我认为在布置任务时应该提出要求：鼓励幼儿去超市自行寻找，并留下自己的照片。也可以请家长帮忙，但自己要能独立介绍，这样就避免了家长的包办代替。并且调查表中白色食物的种类较少，针对问题，我鼓励幼儿再次去超市调查不一样的白色食物。

环节五：我吃过的白色食物

幼儿收集的白色食物有很多，有些并不常见。我就请幼儿说一说自己吃过的白色食物，然后用绘画的形式展示出来。在绘画时，幼儿知道观察并画出食物，但是有些食物的轮廓有些难画，幼儿不会表达。因此我引导幼儿从食物的形状进行观察，然后用线条表示出来。绘画完成后，我与幼儿进行交流，让幼儿说说食物的特征，我再根据幼儿的表达进行简单添画（图 15）。

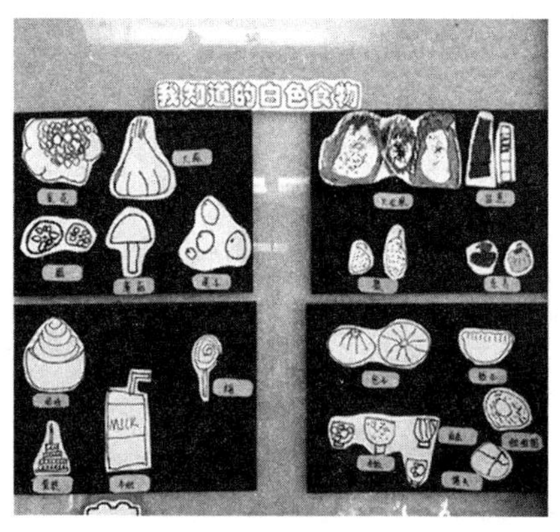

图 15

幼儿在绘画的过程中学会用线条和形状绘画食物的轮廓。在观察食物特征时幼儿的观察方法和能力有了提高。绘画的时候孩子们还会谈论白色食物，对白色食物更感兴趣了。

活动名称：我吃过的白色食物

活动目标：

1. 能介绍自己吃过的白色食物。

2. 能用绘画的方式表达自己吃过的白色食物，能够用线条和形状表达食物的特征。

3. 对白色食物感兴趣，喜欢绘画。

活动准备：白色食物的照片、绘画纸、画笔。

活动过程：

一、开始部分

导语："小朋友们都吃过哪些白色食物？"

幼儿讨论，教师用照片记录。

二、基础部分

1. 导语："那我们把吃过的白色食物画下来吧。画之前请你仔细观察白色食物。"引导幼儿从颜色、形状、叶子等方面进行观察。

2. 幼儿绘画，教师进行指导，对于无法画出食物外形特征的幼儿，引导其用形状来代替。

三、结束部分

展示并介绍作品。

阶段反思：在本阶段的活动中，我带领幼儿认识了白色食物。通过"我吃过的白色食物"这一活动，幼儿对自己身边经常见到的白色食物有了更深入的了解。通过绘画食物的轮廓和特点，也渐渐喜欢上白色食物，为主题的顺利开展奠定了较好的基础。

第二阶段：白色食物有营养

环节一：白色食物的分类

通过第一阶段的活动，幼儿对白色食物的了解还仅限于认识。白色食物的种类有很多，为了让幼儿进一步接触白色食物，我为幼儿介绍食物的种类（蔬菜、水果、干果、奶制品、肉类、主食等），引导幼儿根据食物的种类对收集到的白色食物进行分类（图 16～图 18）。在对杏仁进行分类的时候，孩子们的看法出现了分歧。杏仁到底属于哪一类呢？我和幼儿一起讨论平常是怎么吃杏仁的，都吃过什么样的杏仁，幼儿说凉拌、炒菜。因此我们把杏仁分到了蔬菜类。

图 16

图 17

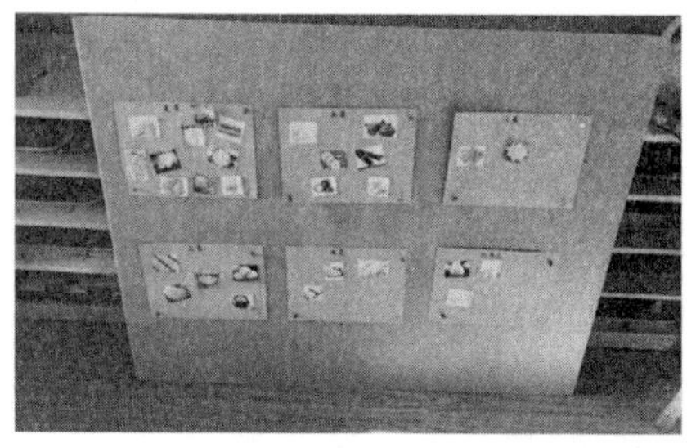
图 18

活动名称：我给白色食物分分类

活动目标：

1. 知道粮食类的白色食物。

2. 能根据不同种类对白色食物进行分类。

活动准备：收集的白色食品图片（每组一份）、展示板。

活动过程：

一、开始部分

导语："我们找了这么多白色食物，如果直接把它们的图片贴在我们的主题墙上会很乱，我们怎样贴才不会乱呢？（分类）那我们要怎样给它们分类呢？"

二、基础部分

1. 集体分类，认识粮食类食品。

（1）出示幼儿收集的白色食物图片，幼儿分类。引导幼儿把知道的种类分完。

（2）提问："那我们没有分类的这些食物是哪一类？"重点引导幼儿了解大米、豆子等属于粮食类，知道粮食是供食用的谷物、豆类和薯类的统称。

（3）导语："我们将剩下的不容易分类的白色食物归为其他类。"

（4）引导幼儿知道按食物的食用方式分类，如杏仁都是用来做菜吃的，所以分为蔬菜类。

2. 幼儿自主分类。

（1）每组一份白色食物照片，幼儿自主进行分类。

（2）每组展示分类结果。

三、结束部分

小结：出示展示板，帮助幼儿进行正确分类。

环节二：白色食物营养大调查

白色食物有什么营养，我们为什么要吃白色食物呢？为了让幼儿了解白色食物的营养价值，我给幼儿布置了任务，请他们回家后和爸爸妈妈一起查一查白色食物的营养价值（图19）。调查后，幼儿在集体活动中介绍食物的营养。但是幼儿在介绍时根本不知道营养是什么，因为调查结果都是爸爸妈妈记录的，而且都是专业术语。幼儿对调查出来的营养价值不是很理解，都问氨基酸是什么。

我们把营养价值简单化，教师来说白色食物的营养价值，然后和幼儿挑取出白色食物对我们身体有具体好处的方面，这样幼儿就理解了。最后再归纳不同种类白色食物的营养，请幼儿用绘画的方式进行记录。

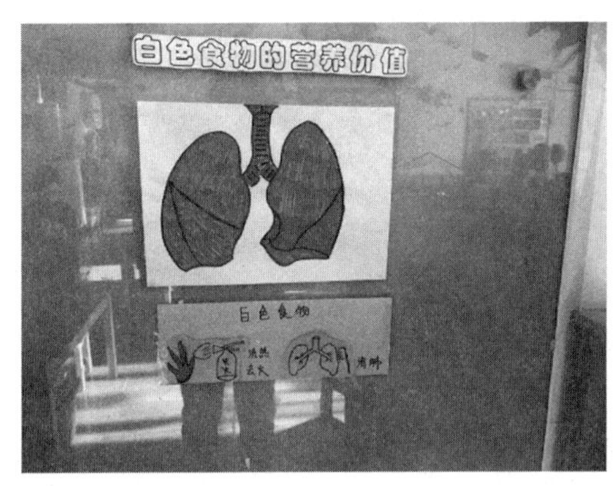

图19

［子活动一］

活动名称：白色食物营养大调查

活动目标：

1. 能用不同方式开展调查活动并记录。
2. 大胆地与他人沟通交流，会使用并经常使用礼貌用语。

活动准备：调查表。

活动过程：

一、开始部分

导语："说一说你知道的白色食物有哪些营养。有些白色食物的营养我们不知道，那我们用什么办法了解呢？"

二、基础部分

1. 出示调查表，认识调查表。

导语："我们可以用绘画调查的方式来解决这个问题。老师这里已经制作好调查表，我们一起看看调查表上有什么？"

2. 幼儿说一说自己想怎样调查。

三、结束部分

导语："那我们把调查表领回去，请你用自己的方法调查白色食物的营养吧。调查的过程中我们要自己完成任务，明天来介绍自己的调查。"

[子活动二]

活动名称：不同白色食物的营养

活动目标：

1. 知道不同白色食物的营养价值。

2. 能够大胆地进行分享交流。

活动准备：调查表。

活动过程：

一、开始部分

导语："我们周末回家调查了不同白色食物的营养，有没有小朋友愿意和我们分享？说一说你调查的是哪一类的白色食物，它们有什么营养？"

二、基础部分

1. 鼓励幼儿分享自己的调查结果。

2. 小组交流：让没有分享的幼儿有机会介绍自己的调查结果。

3. 总结每个种类白色食物的营养。

三、结束部分

将总结的结果用绘画的方式记录在表格上并贴在主题墙上（图 20）。

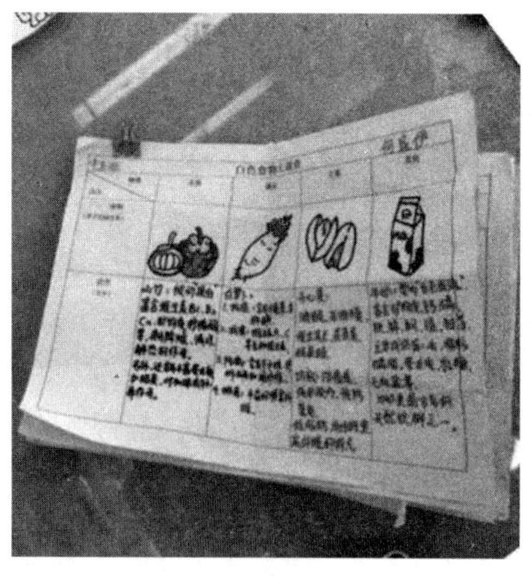

图 20

环节三：肺的认识

在了解白色食物的营养时，调查显示白色食物有润肺的作用，但是幼儿又不了解肺是什么，于是我们又开展了一节健康活动来带幼儿了解肺。

通过 PPT 图片的展示，幼儿了解了肺的样子、肺的用处，知道了应该怎样保护肺，与此同时又对白色食物的营养有了更深的了解（图 21）。

图 21

活动名称：我们的肺

活动目标：

1. 认识肺，知道肺的用处。

2. 知道白色食物对肺有哪些好处。

活动准备：PPT 课件。

活动过程：

一、开始部分

出示 PPT 图片，让幼儿猜一猜这是我们身体的哪个器官。

二、基础部分

1. 导语："小朋友看看肺上面都有什么？"

认识肺的结构和结构名称。

2. 出示跑步时呼吸的图片，提问："你们知道肺有什么作用吗？你们知道肺上面的管子和肺叶分别有什么作用吗？"

3. 保护肺。

导语："我们知道了肺的用处，你们觉得肺对我们重要吗？那我们应该怎样保护肺？我们应该多吃什么食物才能对肺有好处？"引导幼儿说出白色食物。

三、结束部分

导语："我们回家多吃一些白色食物来保护我们的肺。也可以继续向爸爸妈妈了解还有哪些食物对肺有好处。"

阶段反思：在第二阶段的活动中，我们和幼儿对白色食物进行了分类，然后请幼儿调查白色食物的营养价值。在调查时我发现应该让幼儿提前理解营养价值指的是对我们身体有哪些好处，这样在调查时幼儿才能更容易理解。

在后来的活动中，我们和幼儿讨论营养价值是什么，让幼儿了解我们调查的营养价值是对我们身体的好处，最后再总结每类白色食物的营养价值。因此，教师在活动中一定要用孩子能够听懂的话进行引导，要符合幼儿的年龄特点和认知特点。

第三阶段：白色食物大变身

环节一：白色食物大变身

孩子们了解了白色食物，在谈论白色食物的时候会经常说出用白色食物制作的美食。于是我出示白色食物和白色食品，让幼儿知道白色食物经过烹饪变成了白色食品。

活动名称：白色食物大变身

活动目标：

1. 发现我们生活中的白色食物可以变成美食。

2. 了解几种白色食物的不同做法。

活动准备：白色食物制作的菜、果汁、美食等。

活动过程：

一、开始部分

出示白色食物。

导语："我这里有很多白色食物，我可一个给它们来个大变身，把它们变成新的食物。看它们变成了什么？莲子变成了莲子粥，面粉变成了饺子……"

二、基础部分

1. 导语："还有这么多白色食物，你们说一说它们可以怎样变身？"

2. 幼儿讲述，并引导幼儿说出怎样变（做法）。

3. 出示白色食物变成的美食，并附上图片。

导语："我们把白色食物都变成了白色的美食，说说你们是怎么把它们变身的?”

三、结束部分

导语：“白色食物能变成很多白色美食，老师布置一个小任务，请你回家后在自家的餐桌上寻找由白色食物变身成的白色美食，并用照片记录下来。”

环节二：我家餐桌上的白色美食

幼儿回家收集了自己家餐桌上的白色美食（图22～图23）。在活动中，我先引导幼儿介绍自己家餐桌上的美食，说一说是用什么白色食物制作的，如何制作的。幼儿对白色食物变成的白色美食很感兴趣，都积极地讲述自己吃过的白色美食。于是我引导幼儿把自己介绍的白色美食用黏土制作出来，放在我们主题墙上。幼儿制作的食物比较单一，没有对白色食物进行加工变身。针对这个问题，我引导幼儿展示自己的作品，请幼儿互相评价是否是白色美食，如果不是白色美食，缺什么。幼儿发现自己收集的美食是变身过的食物，美食中还有其他的材料，共同讨论捏法。

图22

图23

活动名称：我家餐桌上的白色美食

活动目标：

1. 能用捏泥的方法制作餐桌上的白色美食。

2. 大胆用泥，利用颜色表现食物的主要特征。

活动准备：餐桌上食物的照片、超轻黏土。

活动过程：

一、开始部分

出示幼儿收集的我家餐桌上白色美食的图片，请幼儿进行介绍。

二、基础部分

(1) 导语:“你们收集了这么多白色美食,我们要想把白色美食放到咱们的餐厅区,应该怎么放?(制作出来)那小朋友把自家餐桌上的食物都捏出来放到餐厅里,这样我们在区域活动时也可以吃到白色美食了。”

(2) 请幼儿说一说自己家的白色美食有什么特征。

(3) 导语:“小朋友说我们要制作的白色美食不光有白色食物,还有其他的食物,我们可以一个一个制作,最后放在一起就成了一道美食。”

(4) 幼儿捏泥,教师重点指导颜色和泥的运用。

三、结束部分

1. 展示。

(1) 幼儿介绍自己的作品,说一说是什么,有什么特征。

(2) 幼儿互评,说说其他小朋友制作的美食是否是白色美食。

2. 调整。

提问:“如果不是白色美食,那我们怎样将白色食物制作成白色美食,需要加些什么?”

3. 在美工区一起把白色食物制作成白色美食。

环节三:健康的白色食物

幼儿在介绍餐桌上的白色食物时,有些幼儿说到了炸鸡,其他幼儿都说“我家也吃,我也喜欢吃”。于是我开展了“健康的白色食物”这一活动,让幼儿从健康的维度对白色食物进行分类。孩子们从已有的生活经验出发,能够说出经常接触的油炸、烧烤等食物是不健康食物,但对于罐头和腌菜类的食物可能听说的较少,不了解腌菜也是不健康食物(图 24～图 25)。

图 24

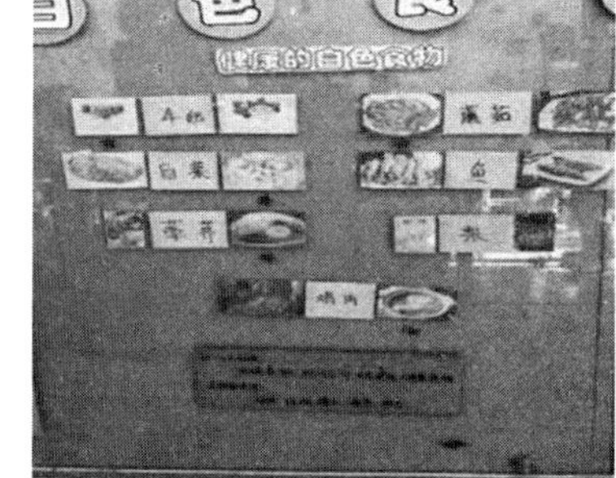

图 25

在活动中,我出示用一种白色食物制作的两种白色美食(健康和不健康的），让幼儿分出健康食物和不健康食物，并说一说健康和不健康的食物都是怎样制作的。我们和幼儿着重探索了腌菜。了解腌菜的制作方法，从而确定腌菜是不健康食物。

通过活动，幼儿知道了什么是健康食物，什么是不健康食物。知道白色食物制作的方式不同会出现健康和不健康的白色美食。知道要少吃不健康食物，提示妈妈少用不健康的制作方法制作美食。

活动名称：健康的白色食物

活动目标：

1. 知道什么是白色健康食物。

2. 探索白色食物怎样变身最健康。

3. 喜欢吃健康食物，养成良好的饮食习惯。

活动准备：我家餐桌上的白色美食图片、白色食物制作的健康和不健康食品图片（炸蘑菇、奶油、荸荠糖葫芦、炒蘑菇、酸奶等）。

活动过程：

一、开始部分

出示我家餐桌上的白色美食图片。

导语："这是小朋友收集的自己家餐桌上的白色美食。我们来给它们分类，分出健康的美食和不健康的美食。"

二、基础部分

1. 分类，讲述结果。

导语："谁能说说为什么这些食物是健康的？为什么这些食物是不健康的？鸡肉应该是健康食物，怎样从健康变不健康的呢？奶怎样从健康变不健康的呢？"

2. 探索白色食物怎样变才最健康。

出示图片，请幼儿找到变身的健康食物和不健康食物。

导语："我们应该多吃健康食物还是不健康食物？老师把我们收集的白色食物都带来了，我也为它们变身了，你们看看哪些是健康大变身，哪些是不健康大变身？"

小结：油炸食品、奶油、罐头、加工的肉类、烧烤等是不健康食物。

3. 探索为什么腌菜是不健康食物。

导语："我看小朋友在给腌菜分类的时候不知道怎么分，那腌菜到底是怎样制作的呢？我们一起来看一看。"

小结：腌菜是不健康食物，因为腌菜的制作过程很不健康。

三、结束部分

回家和爸爸妈妈讲述怎样制作健康食物，让爸爸妈妈给我们多做健康食物。

环节四：我设计的健康食谱

我们和幼儿讨论白色食物怎样搭配最健康，引导幼儿回家和爸爸妈妈设计白色食物一周食谱。幼儿说出了用白色食物制作的白色美食，也发现不同的搭配使营养更丰富了（图 26）。

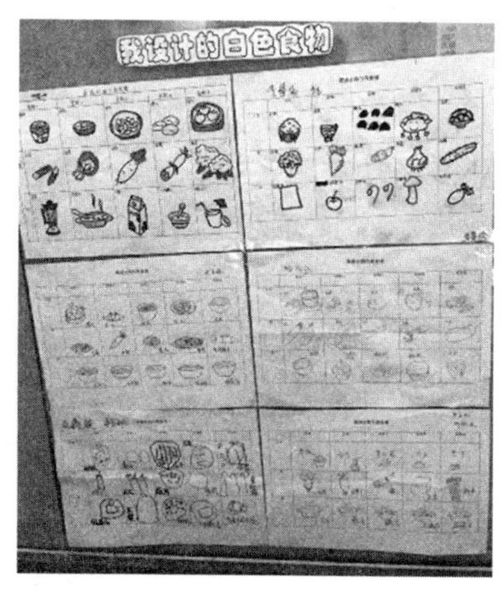

图 26

我们引导幼儿了解食谱，首先对我们幼儿园的食谱进行认知。食谱中有主食、菜（一个荤菜一个素菜）、汤。然后鼓励幼儿自己制作一份食谱。在设计食谱的过程中，幼儿对营养价值有了更深的理解，知道怎样搭配食物对我们有好处，进而爱上吃健康食物。

活动名称：我设计的健康食谱

活动目标：

1. 认识食谱，知道设计食谱要合理搭配营养。
2. 对健康美食感兴趣，学会营养搭配。

活动准备：幼儿园食谱、白色食谱表格。

活动过程：

一、开始部分

导语："我们每天都按幼儿园的食谱进餐，幼儿园的食谱都是健康食物，你们想不想自己设计一份健康食谱？那我们设计一个白色食物的健康食谱吧。"

二、基础部分

1. 认识食谱。

导语："我们先来观察食谱上都有什么？每顿饭有几个菜，这两个菜有什么不同？（有荤菜和素菜）除了菜，我们每天还吃什么？（汤、主食）那这些是健康食物还是不健康食物？"

小结：原来我们每天的食谱中有荤有素、有汤、有主食，而且还很健康。并且每天的食谱都不重样，能够满足我们的健康需求。

2. 认识白色食物食谱，谈论如何设计食谱。

三、结束部分

鼓励幼儿回家设计白色食物的食谱，并且要做到营养搭配均衡。

环节五：白色食品制作

1. 银耳雪梨汤

孩子们了解了白色食物，尝试探索怎样让食物变身成健康美食。在这个过程中，孩子们提出能不能自己动手做一做。因此我们准备了食材，引导幼儿学习制作银耳雪梨汤。在制作前我们要泡银耳，幼儿好奇地说："银耳不是软的吗，怎么拿出来是硬的?"

图 27

于是我们进行了银耳的探索活动（图 27～图 28）。幼儿通过摸、闻等方式感知泡水前、后银耳的变化。他们惊奇地发现银耳泡水后就变软了，而且滑滑的，泡水前是硬硬的，有一点点酸酸臭臭的味道，泡水后也没有了。活动后我们还把泡过的银耳和没泡过的银耳放到植物角供幼儿继续观察（图 29）。

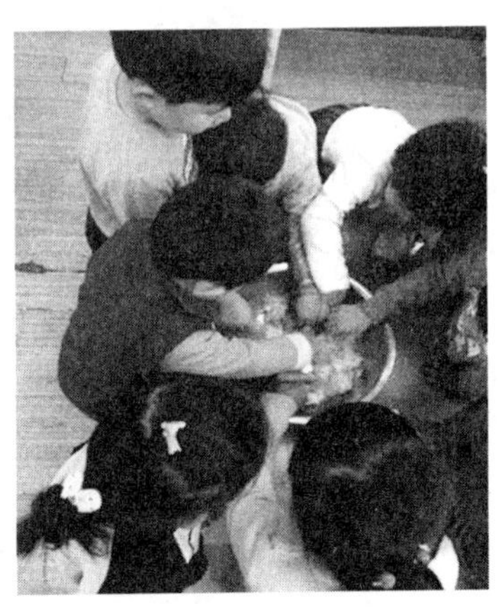

图 28

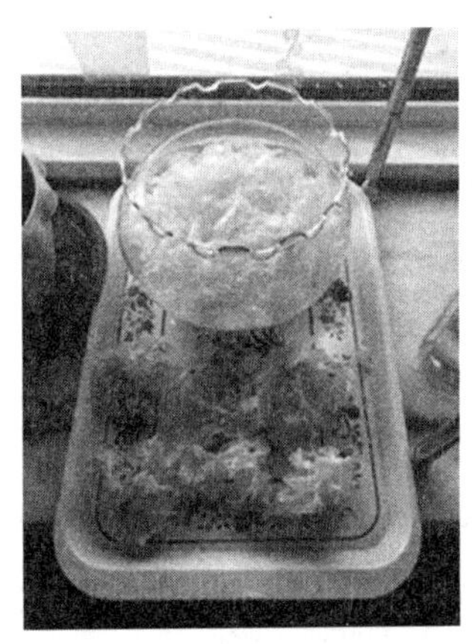

图 29

孩子们对银耳感兴趣，更加愿意尝试制作银耳雪梨汤，我们泡好银耳，了解银耳雪梨汤的营养后开始制作（图 30～图 33）。

图 30

图 31

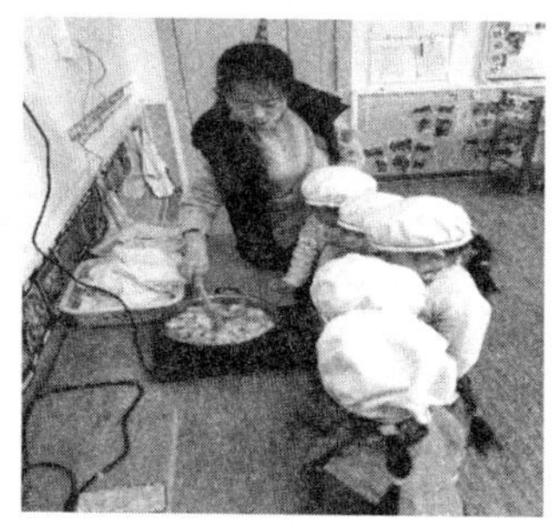

图 32

图 33

在制作的过程中，幼儿知道了银耳雪梨汤的做法，学会了熟练使用刀具。最重要的是了解了银耳雪梨汤的营养，不爱吃银耳的小朋友也变得愿意吃银耳了。

2. 制作面塑

幼儿对白色的面很感兴趣。教师把面投放在区域中，鼓励幼儿去揉面、制作不同的面塑。因为之前有制作包子的经验，幼儿就开始制作包子，制作完后又讨论制作其他的面塑。

我们支持幼儿的制作活动，在区域活动中和幼儿讨论我们餐桌上的白色面食大变身，找来之前用黏土制作的白色食物，鼓励幼儿将这些食物制作成面塑（图 34）。

图 34

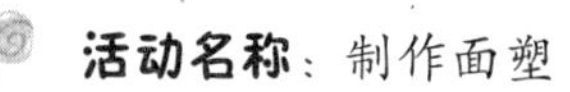

活动名称：制作面塑（美工区）

活动目标：

1. 能用面制作简单的面塑。

2. 感受制作白色面塑的乐趣。

活动策略：

1. 制作前让幼儿先观察用超轻黏土制作的白色美食。
2. 提供白色面塑图片和白色面等材料。
3. 引导幼儿发现白色面塑的特点，指导幼儿制作简单的面塑。

阶段反思：在第三阶段的活动中，我们和幼儿一起收集餐桌上的白色食物。分享收集的美食后孩子们尝试用黏土进行制作。在活动中我引导幼儿发现自己收集的餐桌上的食物是变身过的食物，观察食物中还有什么，可以用什么颜色的黏土捏出来。

在收集白色食物后，通过对比用同种白色食物制作的不同美食，幼儿得知同样的食物由于制作方式不同就会出现健康和不健康之分。在对食物进行分类的时候，幼儿对罐头和腌菜的类别出现了不同的看法。这是因为幼儿对罐头、腌菜听说较少。我们利用教育活动引导幼儿了解罐头和腌菜的制作过程，知道罐头和腌菜放置时间长，盐过多，所以是不健康食物。在活动中我们要善于让幼儿提问题，在遇到问题时让幼儿自主探索，因为说教的方法不适合幼儿的认知特点。

六、收获感悟

“健康的白色食物”在开展的过程中，幼儿和教师的知识、经验、能力都有所丰富和提高。

从开始的“认识白色食物”，幼儿在分类、对比的过程中知道了什么是白色食物。在对比的时候幼儿要观察、发现不同，最后找出不同的原因，在这个过程中幼儿的观察能力、思考能力都有了提高。整个主题活动中我们有很多探索活动都是用分类对比的方法发现问题、解决问题的，这个方法对幼儿的思维能力也是一种锻炼。在主题开展中幼儿的表达能力有了很大的提高，开始班级中总有几个宝贝不爱说话、不敢说话，但是经过在活动中的锻炼他们都能当众表达自己的看法。

通过这次主题活动，幼儿最大的收获就是知道了要健康饮食，逐步建立良好的健康饮食习惯。在“健康饮食大变身”这一活动中，幼儿特别关注食物的健康，知道食物的健康搭配，设计了白色的健康食谱。在进餐时幼儿也有意识地关注白色食物，关注健康食物。

整个活动的开展和参与，幼儿都表现得特别积极，尤其是在亲身体验和操作的活动中，如探索银耳的变化、探索火龙果是不是白色食物、收集调查信息、制作银耳雪梨汤和面食。相比其他活动，幼儿对这些操作探索的活动更感兴趣，因为他们能够充分参与进来，所以我们今后的活动要以孩子的问题和兴趣为出发点，多注重幼儿的自主操作活动。

当然，主题活动的开展少不了家园合作，一次次家长配合的制作、调查、绘画等活动，既是让家长帮助幼儿完成他们自己不能完成的任务，也是家长和幼儿的一次次亲密互动，加深家长们对幼儿在幼儿园活动的了解。家长们都很支持主题的开展，因为他们能发现孩子在主题活动开展中的变化和成长。

主题的开展也存在一些不足之处，比如主题的进度都是按照教师的预设按部就班地进行，由幼儿自主引发生成的活动少。主题中大部分内容是知识性内容，有时幼儿会表现出不感兴趣，所以在今后的主题开展中，我要多让幼儿发挥主动性。并且在主题开展中我们的反思还不够到位，我们也要从中不断学习，从不断反思的角度开展好班级的主题活动。

主题九：山西特色面食（大班）

指导老师：杜荣

一、主题由来

《〈幼儿园教育指导纲要（试行）〉实施细则》中指出：鼓励幼儿设计、开展、参加丰富有趣的活动，通过多种媒介和活动，使幼儿了解中国是一个多文化的国家。随着山西特色文化主题“玩转皮影戏”的落幕，我发现孩子们对山西特色文化依然有着浓厚的兴趣，所以，我和孩子们一起谈起了山西还有哪些特色的话题。溪溪：“我知道山西还有面食莜面窝窝。我姥姥是山西人，总给我做着吃，还有山西莜面鱼儿。”其他幼儿也说：“我知道山西面人。”通过观看面食图片，幼儿发现莜面窝窝与我们平常吃的面食不一样，孩子们说莜面窝窝就像马蜂窝一样。幼儿对面食的话题产生了兴趣，在你一言我一语中说出了很多面食的种类，但对山西面食也产生了很多的疑问与困惑，所以我们生成了主题活动“山西特色面食”。

我班幼儿发现了山西面食与我们身边的面食存在不同，但是对山西面食的文化、面食的历史发展以及面食为何成为山西地区的特色并不了解，对特色面食的营养、面的形成过程也比较陌生。幼儿提出了自己对面食的困惑与疑问，由于大班幼儿好奇心比较浓厚，对感兴趣的事物有着强烈的探索欲望，因此孩子们初步生成了调查表，要结合自己的疑问进行亲子调查。

二、设计思路

在“山西特色面食”主题活动中，我们通过观看特色面食的图片、设计调查表、交流与讨论、实际操作等途径不断创建幼儿的认知经验。

本次主题活动分为三个阶段，每个阶段又细分了不同的活动内容。

第一阶段：关于面食我知道。

先帮助幼儿了解身边的面食与山西特色面食的区别，感知特色面食的文化来源，运用班级材料进行山西特色面食的制作等，并从中了解幼儿的需求与困惑，调查幼儿对面食的疑问并获得相关经验。

具体环节：我身边的面食——设计调查表——面的发酵——面食文化。

第二阶段：面食的秘密。

进一步了解面的发酵和面粉的形成过程，感知面食的烹饪方法与身体健康的关系，知道怎么吃面对身体更健康。

具体环节：怎么吃面最健康——面粉的产生——什么时候吃面——食品制作（梅花卷）。

第三阶段：面食变变变。

通过亲子制作体验面食制作的过程，探究与体验把小麦磨成面粉再变成面塑的过程。活动的目标通过五大领域教学内容相互渗透来完成。

具体环节：泥塑——好玩的面——染面。

三、幼儿可获得的领域经验

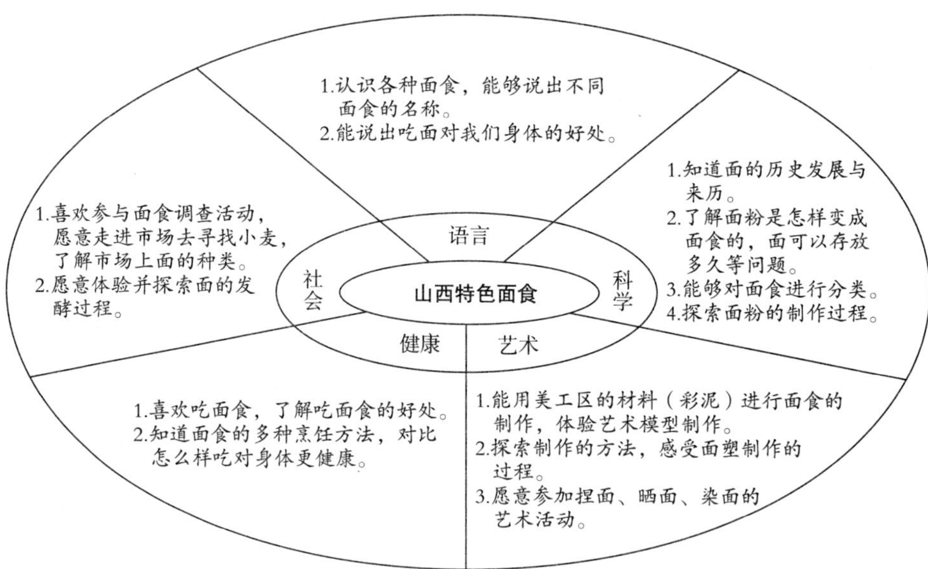

四、主题网络图和主题墙饰

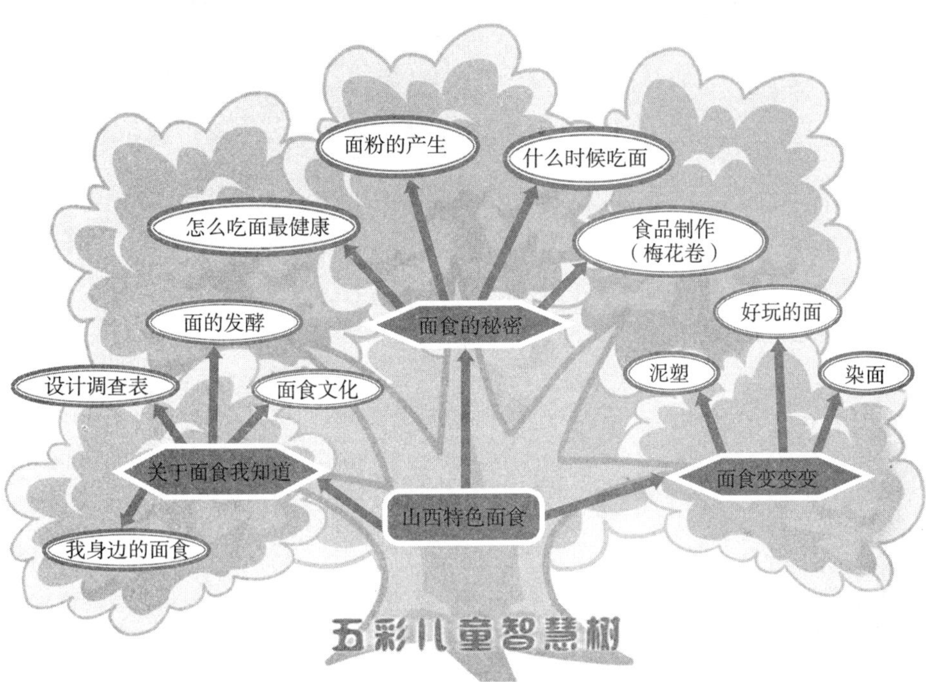

图 1

图 2

图 3

图 4

五、主题过程实录

第一阶段：关于面食我知道

环节一：我身边的面食

在活动前充分了解幼儿的生活经验，调动幼儿的积极性与参与性，让幼儿对面食感兴趣，鼓励幼儿收集身边的面食及山西面食。孩子们说出了很多种身边的面食，并与同伴交流自己在家里吃过什么面，在饭店吃过什么面，在幼儿园吃过什么面。最后用绘画和材料制作的形式表现面的不同种类。

在介绍面食的过程中，我们听到了一些不经常吃的面食名称，有的幼儿说这是山西的特色面食，那么都有哪些我们了解的山西面食呢，孩子们提到了“猫耳朵”“莜面鱼”“剪刀面”“莜面窝窝”“面塑”等，还用珍珠泥将特色面的形态表现出来（图 5～图 6）。

图 5

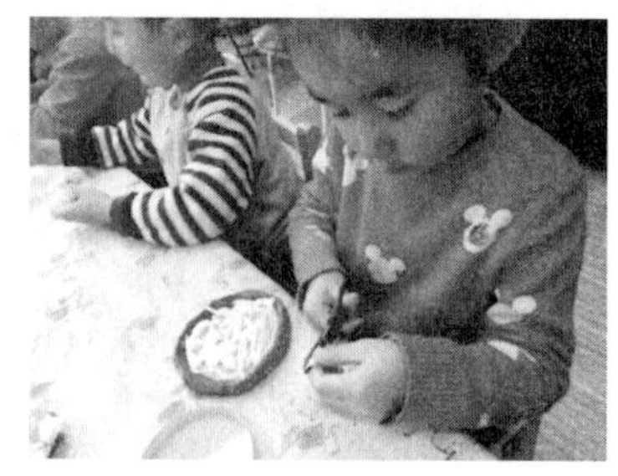

图 6

活动名称：我身边的面食（集体活动）

活动目标：

1. 对面食活动感兴趣，能够说出多种面食的名称。

2. 感知身边常吃的面食与山西面食的不同，了解面食的多样性。

活动准备：身边面食的图片、山西面食的图片。

活动过程：

一、开始部分

1. 摸箱游戏：引出卡片图案“面”。

2. 说一说我们在生活中都吃过哪些用面制作的食物。

3. 出示图片：引导幼儿观察哪些是经常吃的面食，哪些是不常吃的面食，并尝试说出每一种面食的名字。

二、基础部分

1. 出示两个大盘子，请幼儿根据出示的图片对面食进行分类。

导语：“你们觉得哪些是山西面食？哪些是我们身边的面食？”

2. 请幼儿说一说山西面食与我们身边面食的不同。（说一说面食的特点）

3. 幼儿分绘画组和制作组，绘画组画身边常吃的面食形态，制作组根据山西面食的特点进行制作（图 7）。

三、结束部分

1. 分享我喜欢的面食。

2. 请幼儿将自己画的面食按照“我身边的面食”和“山西特色面食”进行主题展示。

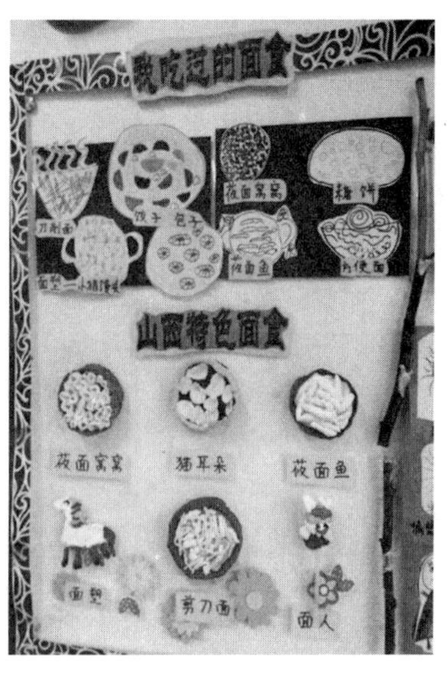

图 7

环节二：设计调查表

我们在食品制作活动中经常进行面食的制作，每次小朋友们拿到的都是老师发酵好的面团，那孩子们对面团的形成或者对面有什么想要了解的呢？之前在设计调查表的时候，总是教师将调查的内容预设给孩子们，让他们直接去调查。而今天我把主动权给予了孩子们，我很想知道孩子们想要调查的内容，同时生成了一些具体活动。

在设计调查表的过程中，幼儿充分表达了自己的观点（图 8）。幼儿 1：“我想知道面粉是怎么来的。”幼儿 2：“我想知道面粉是怎么变成面团的。”幼儿 3：“我想知道面发酵需要多长时间。”幼儿 4：“我想知道面都可以制作成什么食品。”

图 8

根据幼儿想要了解的内容，我和孩子们一起讨论、制订了调查表的具体调查内容，并用图案表现出来。我们这次利用家长资源进行了亲子调查（图 9）。

活动名称：亲子调查表

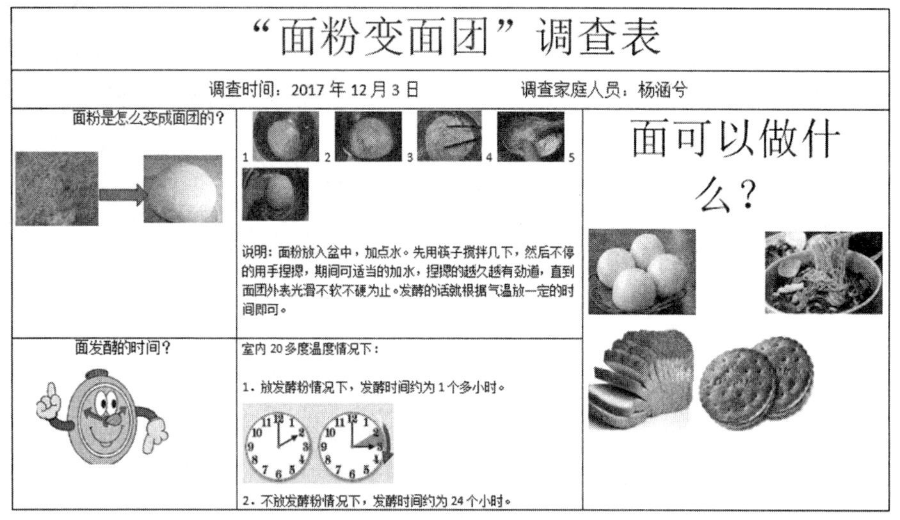

“面粉变面团”调查表

调查时间：2017 年 12 月 3 日　　调查家庭人员：杨涵兮

面粉是怎么变成面团的？	1 2 3 4 5 说明：面粉放入盆中，加点水。先用筷子搅拌几下，然后不停的用手捏揉，期间可适当的加水，捏揉的越久越有劲道，直到面团外表光滑不软不硬为止。发酵的话就根据气温放一定的时间即可。	面可以做什么？
面发酵的时间？	室内 20 多度温度情况下： 1．放发酵粉情况下，发酵时间约为 1 个多小时。 2．不放发酵粉情况下，发酵时间约为 24 个小时。	

图 9

环节三：面的发酵

通过调查，幼儿积极主动地将调查的内容与同伴进行分享，他们知道要一点一点地尝试着加水，慢慢地搅拌才能逐渐把面变成面团。他们还知道了面粉是由小麦在石磨中磨出来的，并且带来了小麦让同伴进行观察。

在分享的过程中，孩子们提出了新的问题：“为什么我们调查的大部分信息都一样，只有发酵时间不一样呢?”于是孩子们对这个问题产生了猜想。幼儿 1：“可能有的是在早上发酵的，有的是在晚上发酵的。”（时间不一样）幼儿 2：“可能有的家里热，有的家里冷。”（温度不一样）幼儿 3：“因为有的放发酵粉了，有的没有放。”幼儿 4：“可能有的面团大，有的面团小。”于是，我鼓励幼儿用绘画的形式将猜想画了出来(图 10)。

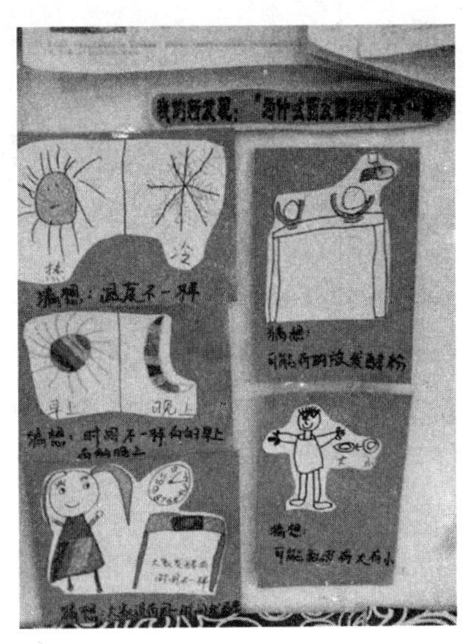

图 10

第二天，孩子们从家里带来了面粉，自愿报名来测试面的发酵时间。孩子们分成了三个小组，分别是温度组、大小组、发酵粉组。在小组的合作下，孩子们把面粉变成了面团，并把面放在不同的温度下测试，有的组分成大面团和小面团进行测试，有的组在其中一个面团中放发酵粉，另一个面团中不放发酵粉。就这样我们分组进行验证与探索（图 11～图 13）。通过实验，孩子们记录了自己组的发酵时间，了解到在不同的环境下面团的发酵时间就是不一样，最方便快捷的方法就是使用发酵粉。

图 11

图 12

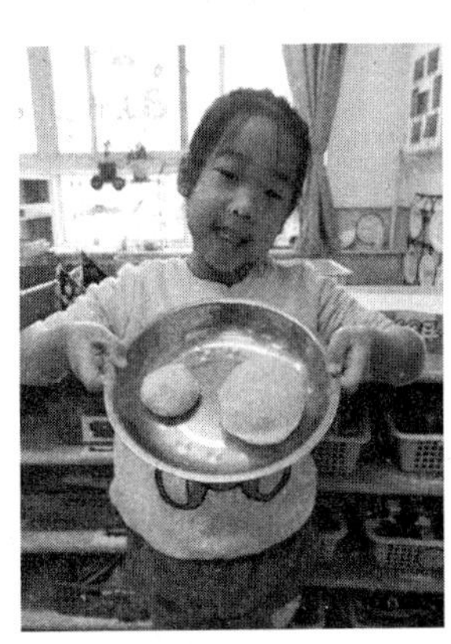

图 13

活动名称：面的发酵时间（集体活动）

活动目标：

1. 通过猜想、操作、验证与分享了解面的发酵时间不一样。
2. 喜欢参与科学探索活动，对面的发酵时间有好奇心。

3. 了解面食发酵时间的不同与温度、发酵粉、面的多少等有关系。

活动准备：

1. 经验准备：提前了解钟表，认识时间。

2. 物质准备：面团。

活动过程：

一、开始部分

分享上次活动中大家的猜想：为何面的发酵时间不一样。

（可能是因为温度；可能面团有大有小；可能是有的放了发酵粉，有的没有放）

二、基础部分

1. 幼儿分组进行调查与实验。分好组后，与组员一起往面粉内加水，搅拌成面团。根据自己组调查的内容进行实验，把面团放好等候观察。

2. 说一说冷热组要怎么做实验（例如将一个面团放在有阳光的地方，另一个面团放在窗外）。

3. 猜一猜哪组的面发酵时间最短，说一说自己的理由。

提醒幼儿在发面的过程中定时去观察发面情况，用手去捏捏面的形态并将自己的发现用绘画的形式记录在调查表中。

三、结束部分

1. 各组分享发酵时间，验证自己的猜想。

2. 帮助幼儿梳理发酵的时间，并对比各组的时间。

3. 比较哪种发酵方法最合适。

环节四：面食文化

幼儿近期对面产生了浓厚的兴趣，他们的问题也随之而来，如“面是什么时候有的？面是怎么来的？”山西拥有悠久的面食文化，于是我从网上查阅资料，将山西面食的历史文化以故事的形式讲给了孩子们。通过图片和历史故事，孩子们知道从使用石磨的年代就已经开始将种出来的粮食进行打磨了，由于当地只适宜种植小麦，而且石磨已经广泛使用，生产面的量就越来越大，因此当地的人们开始研究制作出特色的面食。

活动名称：山西面食的来源（集体活动）

活动目标：

1. 了解山西面食的历史，对特色面食的来源感兴趣。

2. 能够用完整的语言将山西的面食文化描述出来。

活动准备：PPT 课件、教师将面食的历史发展用涂画的形式表现出来。

活动过程：

一、开始部分

导语：“你们知道山西特色面食是怎么来的吗?”

请调查过的幼儿进行分享。

二、基础活动

1. 播放 PPT 课件：“在这个图片里你看到了什么？这些人和现在的人有什么不一样?”

导语：“原来这是 2 万年前的历史时期。你们还看到了哪些工具？原来在旧石器时期，出现了石墨盘和石墨棒。这个工具是做什么的？猜一猜那个时候的人们用这个工具可以做什么?（打磨粮食）”

2. 小结：原来随着石墨的广泛使用，面食也越来越普遍。

3. 导语：“随着时代的发展，看一看面有哪些变化？（出示炒面、焖面、煎面的图片）又过了一段时间，山西面食制作得很精美，整合了很多地区的面食特点，把面做出了各种花样，面食也慢慢地变成了山西人的饮食习惯。”

4. 小结：历史上，交通不发达，自给自足的自然经济特别明显。在这样的条件下，取材于当地所产的小麦、高粱、谷等杂粮，限定了饮食向着面食文化模式发展。饮食结构的单一迫使山西人对于面食的探究更加深入，最终形成有别于其他地区的特殊的面食文化。

三、结束部分

1. 请幼儿说一说自己了解的面食文化。

2. 回家后把山西特色面食的起源讲给家长们听。

阶段反思：通过主题第一阶段的活动，幼儿对山西面食这个话题产生了浓厚的兴趣，他们大胆探索，勇于提出问题，设定调查表，并且生成了可操作的活动，通过实际操作和亲身体验，感知面的发酵、了解面的来历，感知山西面食的文化。

第二阶段：面食的秘密

环节一：怎么吃面最健康

面食有着不同的制作方法，如煮、蒸、炸等，孩子们通过分组绘画的形式，将他们想到的面食都画了下来。那么如何吃面食才能让我们的身体更健康呢？我们通过调查信息了解蒸出来面食是最健康的，它将过多的油脂全部蒸发出去，但是保留了食物的原汁原味和营养，适合不同年龄阶段的人吃，煮出来的面食也是很好的，孩子们说“煮出来的面水分多，妈妈说多喝水对身体好，那么吃水分多的面食也会让身体好”。原来热汤面是可以养胃的，小朋友和老人吃了会有助于消化，在寒冷的天气吃碗热汤面还有抗寒的作用。最不健康的就是油炸食品，所以孩子们全票通过认为炸出来的面食最不健康。

活动名称：山西面食（集体活动）

活动目标：

1. 了解山西面食的种类，知道烹饪方式有蒸、煮、油炸等。

2. 知道蒸煮是健康的吃法，要少吃油炸食品。

活动准备：PPT课件、图片、制作面食的食材。

活动过程：

一、开始部分

1. 导语：“请你说说你喜欢吃的面食。”

2. 欣赏山西面食，介绍它们的名称及名称的由来。

二、基础部分

1. 出示PPT课件：“看看美食屋推出的面食有什么？”（刀削面、揪片、拉面、面塑、炸糕、焖面、馒头、猫耳朵、锅魁、莜面栲栳栳）

2. 提问：“这是什么？为什么叫这个名字呢？它是怎样制作的呢？你还知道哪些山西面食呢？”（如刀削面是用削面刀削出来的，所以叫刀削面。它是我国著名的五大面食之一）

小结：这些面食都是山西面食，山西面食不仅种类多，一共有280多种，也是全国做得最好吃的。

3. 不同烹饪方法的分类，让幼儿知道少吃油炸食品。

提问：“这些面食的制作方法一样吗？请你给这些面食分分类吧。”

油炸（油锅）：油糕、焖面、锅魁。

煮制（煮锅）：猫耳朵、拉面、揪片、刀削面。

蒸制（蒸锅）：馒头、面塑、莜面栲栳栳。

提问：“你喜欢吃哪种面食？为什么？最健康的是哪种吃法呢？”

4. 科学饮食介绍。

胃的悄悄话：“我喜欢煮制的面食，吃在嘴里软软的、滑滑的，粘上调料香香的，非常可口。蒸的面食能帮助消化，吃了会很舒服。炸的面食虽然脆脆的、香香的，但不容易消化，吃多了还容易得胃病，所以要少吃油炸食品。小朋友，你们记住了吗？”

三、结束部分

导语：“你们想不想亲自制作面食？”

环节二：面粉的产生

孩子们一直都很希望能够亲自制作面粉，于是家长们给我们班带来了小麦粒，我们借来了石磨，带领孩子开始了“自制面粉”的活动。孩子们对石磨特别好奇，都上来摸一摸，他们问：“这个石磨真的能把小麦变成面粉吗?”

孩子们将小麦放进了石磨中间的石眼中，一名幼儿使劲转动石磨(图 14)，发现很快就有被磨碎的小麦粉出来了，但是不像面粉那么细。于是他们决定再多磨几次，他们将第一波小麦打磨了三次。兮兮说：“我发现小麦变得越来越小了，面粉的颜色也越来越白了。原来真的可以磨出面粉，我们再反复磨几次吧。”孩子们打磨了几次之后，发现面粉还是不像我们生活中见到的面粉那样细腻（图 15）。于是我让幼儿用小手去摸一摸面粉桶上的面粉，他们发现手上的面粉白白的，和我们家中的面粉是一样的（图 16）。原来小麦需要经过多次打磨和筛选才可以得到少量的面粉。孩子们把美工作品“葫芦瓢”进行二次利用，在上面扎了很多的小洞，将打磨的面粉倒上去筛一筛，细细的面粉就取出来了，但是量确很少（图 17）。

图 14

图 15

图 16

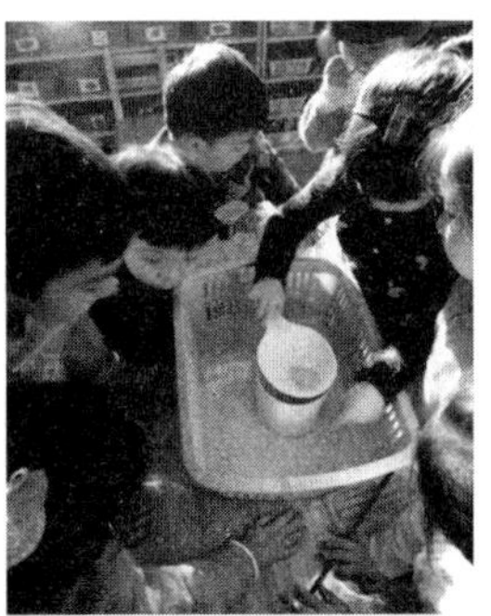

图 17

在活动中，幼儿通过尝试探索了小麦变面粉的过程，感受到了很多的小麦才能获取一点面粉，体验到了制作面粉的不易，引发了孩子们更加珍惜粮食的想法。再次制作时，孩子们进行分工与合作，例如分配好谁来转动石磨，谁来扫面粉，谁来筛面粉，谁来往石磨中继续放小麦。

[子活动一]

活动名称：面粉的形成（集体活动）

活动目标：

1. 了解面粉的制作过程。
2. 能够用符号、绘画表现出面粉制作的过程。

活动准备：PPT 课件、制作面粉的视频。

活动过程：

一、开始部分

导语："说一说面是用什么制成的？（小麦）小麦是怎么变成面粉的呢？"

二、基础活动

1. 观看视频：了解小麦变成面粉的过程。
2. 鼓励幼儿用语言表达小麦变成面粉的过程。
3. 用绘画或者符号将过程表现出来。
4. 出示家长买的小麦种子，请幼儿观察麦粒的样子，猜想是不是可以成功磨出面粉，说一说打磨的方法。

三、结束部分

导语："我们知道了小麦是怎么变成面粉的，那我们下次就来亲自尝试一下吧。"

[子活动二]

活动名称：种小麦、磨面粉

活动目标：

1. 感知种小麦和磨面粉的方法。
2. 对小麦的生长过程感兴趣。

活动准备：图片、小麦种子。

活动过程：

一、开始部分

导语："请你摸一摸手中的小麦，感受小麦种子的特点。猜一猜我们要怎么种小麦。"

二、基础部分

1. 观看小麦的种植图片，并用完整的语言进行表述。

导语："说一说小麦用多长时间可以生长出来，长出后是什么样子的？我们需要准备什么种植工具？要怎么照顾它？"（定期浇水，给它创造好的成长环境）

2. 出示种植好的麦子图片，说一说麦子的变化。

3. 认识磨面粉的工具——石磨。

4. 探讨麦子怎样变成面粉。

三、结束部分

总结种小麦和磨面粉的方法。

活动延伸：在区域中投放小麦和石磨，鼓励幼儿尝试种小麦和磨面粉。

环节三：什么时候吃面

我们平时吃的面和山西面食也有很多的相同之处，例如：孩子们在幼儿园、在家里、在餐厅等不同的场所都可以吃到面，但是吃面食还和节日有关系呢！孩子们回家后向家长咨询什么节日要吃面食，并将自己收集的答案与同伴进行分享。

活动名称：吃面的特殊日子

活动目标：

1. 了解我们在哪些特殊的日子会吃面。

2. 了解特殊日子吃面食的文化和意义。

活动准备：图片。

活动过程：

一、开始部分

讨论："你们都是在什么特殊的日子吃面？说一说为什么要在这个时候吃面？"

二、基础部分

出示图片，引导幼儿说出这个日子吃面的意义。

导语："这是什么日子？为什么这个日子要吃面？过年的时候，我们吃什么面食？过生日的时候，我们吃什么面食？正月十五我们吃什么面食？冬至我们吃什么面食？中秋节吃什么面食？"

三、结束部分

1. 结合节日小结吃面食的意义。

2. 将我们吃面的文化与意义讲给家长听。

环节四：食品制作（梅花卷）

在食品制作活动中，幼儿第一次体验了面食制作的艺术性，在欣赏梅花的时候，孩子们发现了与众不同的梅花卷，还讨论起了制作的方法。幼儿 1：“我觉得是用面捏出一个花的形状，先捏里面紫色的部分，捏好了再用白色的包起来。”幼儿 2：“我觉得是一个花瓣一个花瓣地做，用白色的把紫色的卷起来，然后把五个花瓣拼在一起。”幼儿 3：“我觉得是先把白色的卷做成花的样子，然后用紫色的面在花瓣上一按。”在孩子们的猜想中，教师出示了步骤图，幼儿通过给图片排序了解了制作梅花卷的步骤和方法，于是开始动手制作。

活动名称：食品制作——梅花卷

活动目标：

1. 探索梅花卷的制作步骤，在制作中感受食品制作的乐趣。

2. 能够按照制作步骤，用擀皮、切面、捏面的方法完成梅花卷的制作。

活动准备：

1. 经验准备：会使用刀具。

2. 物质准备：梅花卷制作步骤图、白色的发面、紫薯发面、豆沙、小盘子（人手一份）、擀面杖、案板。

活动过程：

一、开始部分

出示梅花图，引导幼儿说出花的名字与特点，发现梅花卷。

二、基础部分

1. 导语：“看一看，梅花卷有什么特点？猜一猜梅花卷是怎么做出来的？”

2. 教师出示梅花卷的步骤图，幼儿观察并探索制作的顺序，将图片进行排序。

3. 引导幼儿说一说每个步骤可以用什么工具去制作。

4. 教师介绍准备的材料，引导幼儿根据步骤图尝试制作，教师进行个别的指导（图 18～图 19）。

图 18

图 19

三、结束部分

展示幼儿制作的梅花卷作品，请幼儿说一说制作的感受，然后一起把梅花卷送到食堂蒸熟，最后将做好的梅花卷送给老师和同伴分享。

阶段反思：在主题的第二阶段，孩子们感知了山西面食与人们生活的关系，知道了面食的多种做法，通过调查和分享知道了怎样吃面食对身体健康更有益。根据中国传统的节日了解什么时候吃面食以及吃面食背后的文化内涵。孩子们不但收获了文化知识还认识了石磨，通过实际操作将小麦磨成面粉，感受成功的喜悦。最后探索面食的制作，在食品制作中体验面的艺术。

第三阶段：面的艺术变化

环节一：泥塑

面不但可以吃，还可以变成艺术品。为了丰富幼儿制作山西特色艺术品的经验，孩子们和家长一起进行亲子制作活动。孩子们用彩泥代替面，根据家长带来的图片，尝试捏泥塑。通过活动，幼儿初步尝试制作了自己喜欢的面塑轮廓。

活动名称：泥塑（亲子活动）

活动目标：

1. 在创作的过程中感受泥塑的快乐。
2. 运用搓、团、捏、压等技法进行泥的塑造。
3. 能够围绕新年的主题进行制作。

活动准备：彩泥、艺术品的图片。

活动过程：

一、开始部分

欣赏不同造型的泥塑。

导语：“小朋友们，你们看这些作品是用什么材料做成的？你打算制作一个什么样的艺术品呢，你准备怎么制作？”

二、基础部分

1. 教师介绍材料，幼儿领取材料。
2. 亲子制作，教师给予指导。

（1）鼓励幼儿展开想象，用搓、团、捏、压等技法塑造动物，也可将其夸张、变形。

（2）鼓励幼儿互相帮助，共同完成任务。

3. 引导各家庭围绕“过新年”的主题进行制作。

三、结束部分

作品欣赏：引导幼儿介绍、评价自己的作品，体验成功的喜悦。

环节二：好玩的面

孩子们想用面制作面塑，于是我们准备了不同颜色的发面。

幼儿在制作过程中遇到了一些困难：他们发现捏面的时候面太黏了，不好捏形状，所以必须裹上面粉才可以捏，并且将两种颜色的面进行拼接的时候，根本连接不到一起，于是我们请幼儿和同伴一起协商解决这个问题。孩子们说面太黏的时候不要裹太多的面粉，轻轻蘸一点，这样就不会影响面的颜色，面不会太黏也不会太干。当面拼接不上的时候，在拼接处一定不要裹面粉，可以用黏一点的面做连接。最后，幼儿将面塑晾干后进行展示。

孩子们在活动中探索面塑的制作过程，解决制作中遇到的困难。在遇到困难时能够不放弃，坚持完成自己的作品，制作出面塑后特别有成就感（图 20～图 21）。

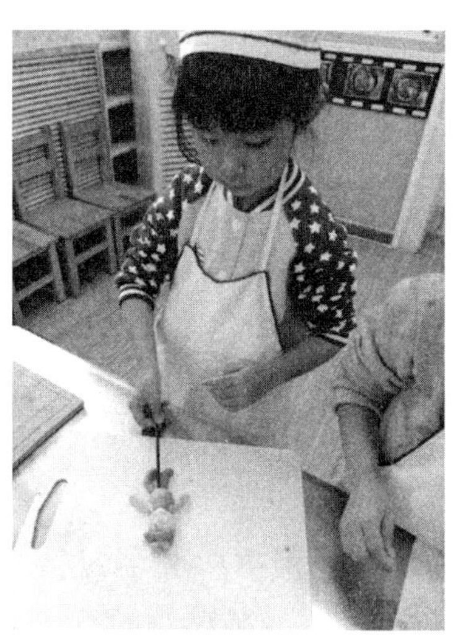

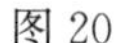
图 20

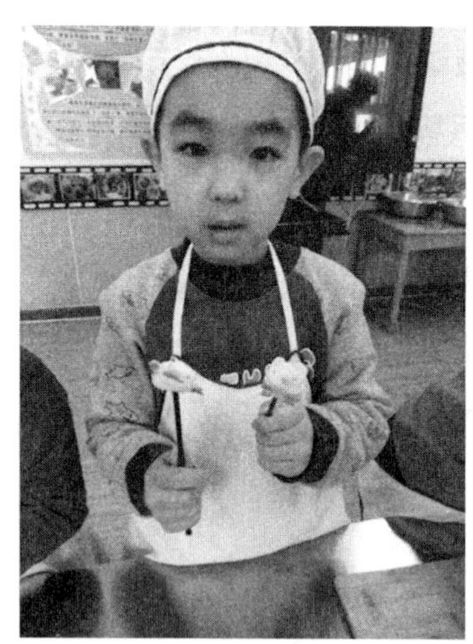

图 21

孩子们将制作后剩下的彩色发面带回班中，经过了一个下午的时间，孩子们发现面发生了变化，白色的面发酵得越来越好，但是有颜色的面变得特别黏稠，闻起来还有一点点酸酸的味道。

有的幼儿说："这个面是不是坏了，不能再用了吧？"于是孩子们开始了新的探索。幼儿发现：在发酵的越来越黏稠的面上裹一点面粉，就又变成了发面的样子，非常神奇。

活动名称：食品制作——面人

活动目标：

1. 探索面人的制作步骤，体会制作立体面人的乐趣。

2. 通过讨论并尝试制作，学习用镶嵌连接的方法塑造面人。

活动准备：

1. 经验准备：有探索与制作面食的经验。

2. 物质准备：面人制作步骤图、白色与不同颜色的发面、葡萄干、小盘子、擀面杖、案板（人手一个）、面人图片。

活动过程：

一、开始部分

出示面人图片，故事引导："瞧，这是什么？（面人）这是一个来自面食王国的面人，看看它在做什么？你知道它是怎么来的吗？"

二、基础部分

1. 教师播放面人的图片，引导幼儿发现面人的不同（头发、衣服、颜色、表情、身体姿态等）。

导语："想不想看看更多的小面人？让我们一起去面人王国里看一看。"

2. 介绍操作材料，引导幼儿说一说制作面人的步骤。

提醒幼儿不要将面人的四肢搓太细，并尝试比较出合适的连接方法。

3. 幼儿洗手、取案板，根据需要取制作材料。

4. 幼儿进行操作，教师进行个别指导。

三、结束部分

鼓励幼儿展示面人，同伴间欣赏交流。每个人可以做两个面人，一个留给自己，另一个可以送给好朋友。

环节三：染面

孩子们对制作面塑的热情还在延续，他们在家的时候和爸爸妈妈一起用面制作新的作品，有的做了小兔子，有的做了不倒翁。幼儿提出问题："我们制作的面塑是白色的，可以给面塑涂色吗？"因此我为幼儿准备了颜料、不倒翁和小兔子的图片，孩子们用喜欢的颜色在面上进行色彩的设计（图 22～图 23）。

图 22

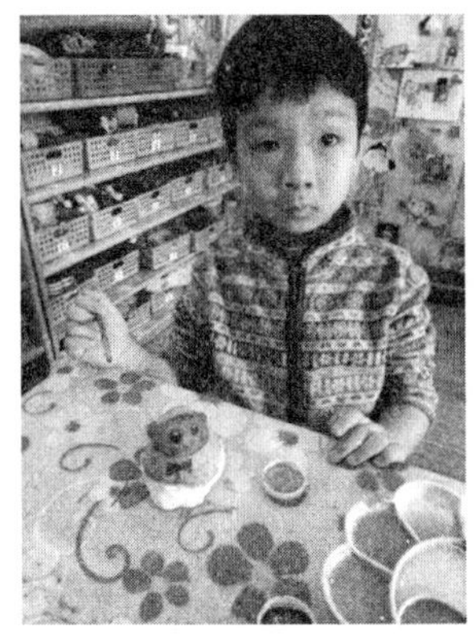

图 23

[子活动一]

活动名称：染面

活动目标：

1. 能大胆在面人上进行涂色设计。

2. 喜欢美工活动，感受艺术的美。

活动准备：面人图片。

活动过程：

一、开始部分

导语：“说一说你们在家和父母做了什么面人？”

二、基础部分

1. 导语：“看图说一说什么样的面人比较好看？我们带来的面人有颜色吗？可以怎么设计？”

2. 欣赏更多的面人图片，感受面人艺术的美。

3. 介绍材料，幼儿开始操作。提醒幼儿在给面涂色的时候别把面弄碎了。

三、结束部分

1. 作品欣赏与介绍。

2. 制作作品展。

[子活动二]

活动名称：面的彩染（区域活动）

活动目标：能够通过给面食染色感受艺术的美。

活动策略：

1. 为幼儿提供墨汁、广告色（红、黄、蓝、白）、宣纸、剪刀、胶棒、毛笔、装颜色的容器。

2. 鼓励幼儿尝试将各种色彩进行搭配，感受色彩融合、变化的美。

3. 引导幼儿感受面的特性，并尝试运用不同的颜色染面。

阶段反思：通过主题第三阶段的活动，孩子们更加深入地体验山西面食艺术，他们对面塑的制作特别感兴趣，由于动手能力不是特别强，我们调动家长的力量进行亲子泥塑制作，丰富幼儿的经验，锻炼幼儿的动手能力。看到一个个泥人制作的过程，孩子们希望体验用面来做面人，因此为了满足幼儿的活动需求，让幼儿成为活动的主体，我们开展了食品制作活动。在染面的过程中，幼儿更体验了艺术的美。在活动中，幼儿感受面食文化，体验捏面、晒面、染面的过程。随着主题活动接近尾声，孩子们对面食还保留着非常浓厚的兴趣。

六、收获感悟

通过山西特色面食活动的开展，幼儿对地方小吃的特色文化有了一定的了解，他们不但感受了面在我们生活中的重要性，知道特色面食的发展史，调查面的相关问题，更亲身体验了小麦变成面粉的过程，感受面粉变面团的有趣，体验用面制作山西面塑。我们的主题活动将五大领域目标融为一体，在集体教学活动与区域活动中相互渗透。家长的大力支持为我们活动的有效开展起到了推动作用。我们的主题目标基本实现，在活动过程中也有孩子们生成的活动。

在活动中，孩子们的动手能力越来越强了。他们在制作面人时有自己的想法，不管是小熊猫、小企鹅还是花，孩子们都能从独自完成面塑的设计中获得成就感。他们新的活动计划是将面食的主题继续延伸到区域活动中，用自己自制的面粉制作面塑。面还有很多的探索点，虽然主题活动结束了，但是在生活中孩子们还会经常接触面，面的文化和艺术也会在我们今后的活动中继续延续。

主题十：门头沟清水美食（大班）

指导老师：杨薇

一、主题由来

伴随着我园“健康饮食”课题的开展，通过多次讨论，孩子们对贴近我们生活的门头沟饮食文化产生了浓厚的兴趣，尤其是对于门头沟的一些特色美食，他们谈论得更是非常火热。孩子们纷纷介绍着自己知道的、吃过的门头沟美食，源源说：“我去过百花人家，我妈妈说那里的清水豆腐特别有名。”天天说：“我妈妈就是清水的，杨老师，你不是也是清水的吗？”在孩子们的提议和要求下，我便把我知道的关于清水豆腐的内容向孩子们做了简单的介绍。端端说：“我奶奶说了，清水豆腐最好吃。”于是，“它为什么那么好吃？”“它是怎么做出来的？”等一系列问题接踵而至，显然孩子们对于这一家乡特色美食的认识仅停留在听说过的层面上，并没有真正的了解，作为门头沟人，有必要带领孩子们了解自己的家乡美食文化，看到孩子们对这一话题如此感兴趣，我结合大班幼儿具有较强的探究欲望的特点，及时将问题转交给了孩子们。恰巧本班有四位家长都是清水人，能够作为非常有利的资源协助班级主题的开展，因此，在与幼儿讨论后，我们决定在接下来的活动中一起研究“清水豆腐”。

二、设计思路

本次主题活动分为三个阶段，每个阶段又细分了不同的活动内容。

第一阶段：门头沟美食大调查。

在本阶段，我们开展门头沟美食大调查活动并统计调查结果，再根据统计结果进行排名。重点发展幼儿调查、分类、统计的能力，同时丰富幼儿对家乡美食的了解。我们还利用门头沟地图，带领幼儿结合地图了解门头沟各种美食的分布。

具体环节：门头沟概念的介绍——特色美食与特产——我爱吃的门头沟美食。

第二阶段：清水豆腐。

通过查阅资料、家庭人员大调查、调查结果统计的方法带领幼儿进行梳理和总结。在本阶段，幼儿需要对家庭成员进行调查，并且学习查阅资料的技能。同时请家长带领幼儿亲自品尝清水豆腐。通过了解豆腐的营养培养幼儿养成不挑食的好习惯。

具体环节：清水豆腐的故事——豆腐的营养。

第三阶段：我们一起来制作。

在此阶段的活动开展过程中，我们充分利用家长资源，运用家园合作的方法开展相关活动。先做动员工作，请幼儿猜想制作豆腐需要的工具和食材，再利用周末时间在家里进行初步尝试，将制作过程中遇到的问题和收获带到幼儿园来分享，在此基础上我们来进行小组制作。然后请有经验的家长走进课堂，帮助我们完成制作。最后总结经验，完成一次成功的制作活动。如最终未能成功，则要引导幼儿寻找失败的原因，带领幼儿再次尝试，培养幼儿坚持不懈的精神。在活动开展过程中幼儿会遇到很多问题，我们注重幼儿的发现，带领幼儿进行深入探究。

制作活动流程：

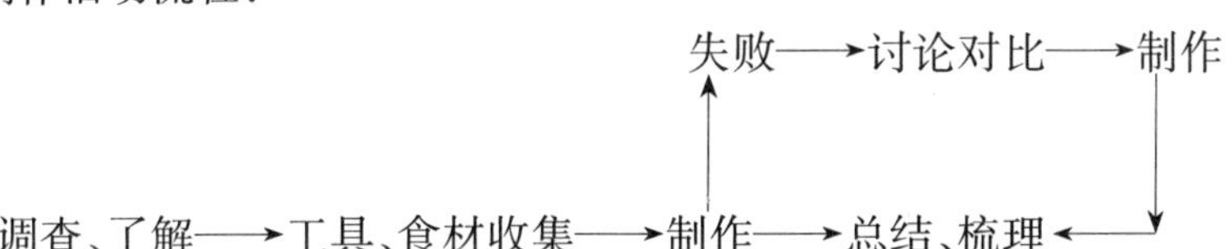

具体环节：宣传动员初尝试——亲自制作豆腐——小组合作制豆浆——家长进课堂——体验独立制作。

三、幼儿可获得的领域经验

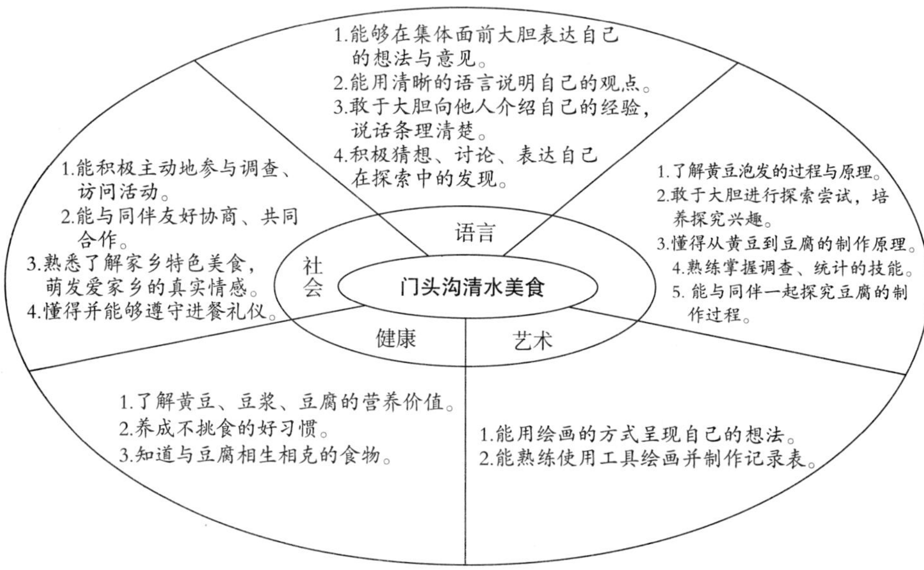

四、主题网络图和主题墙饰

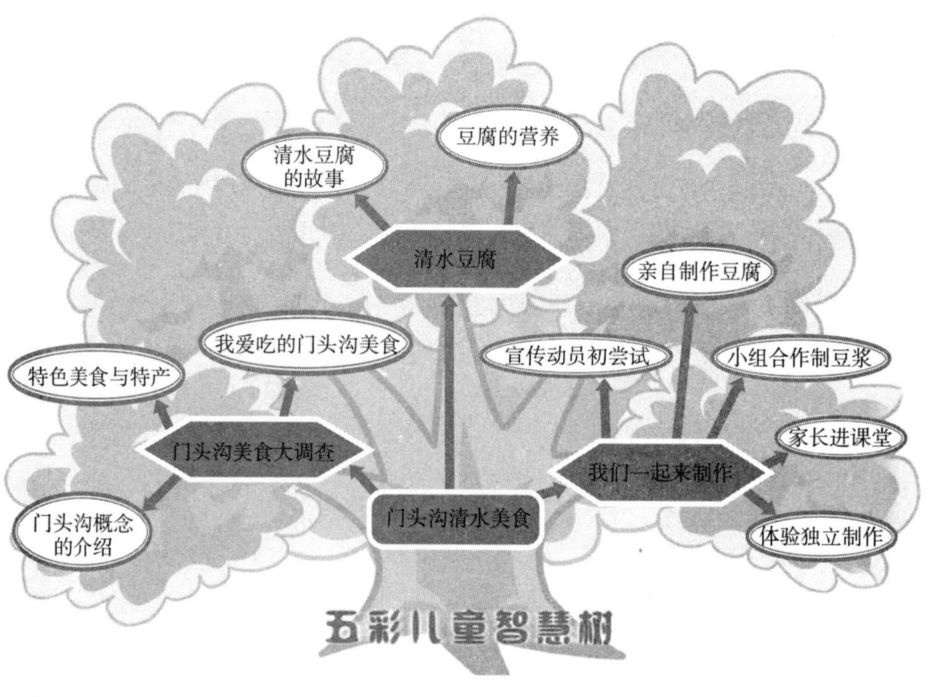

图 1

图 2

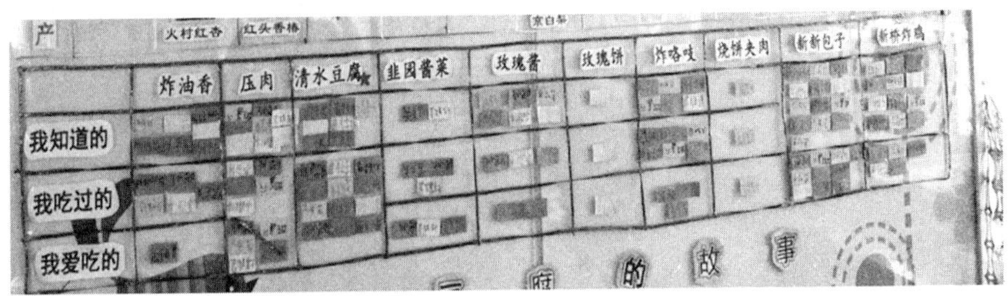

图 3

图 4

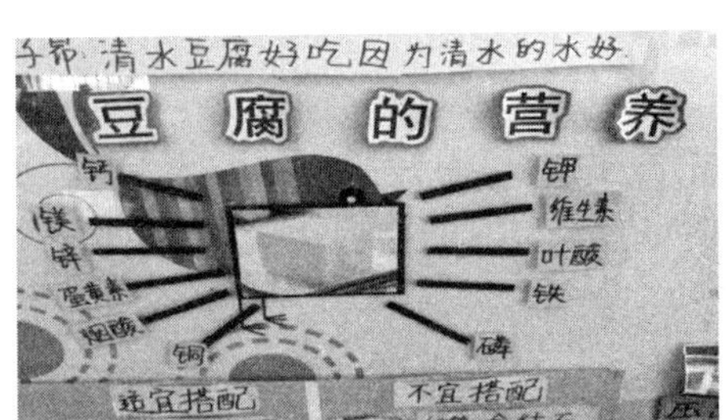

图 5

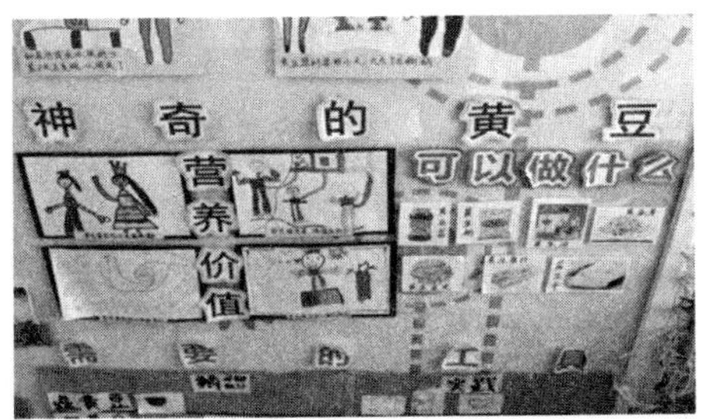

图 6

图 7

图 8

图 9

图 10

图 11

五、主题过程实录

第一阶段：门头沟美食大调查

环节一：门头沟概念的介绍

在简单的谈话交流后，孩子们一直对门头沟特色美食有着浓厚的兴趣，教师也在闲暇之余经常谈论起相关话题，在主题刚刚确定的那一天下午的吃水果时间，班里展开了这样一番谈话……

刘老师："门头沟山里的特色美食应该更多一些，我家那边也有不少，但也有很多跟你们山里的一样，只是有的吃法有点区别。"

杨老师："我家那边确实有很多，我吃过的也不少，有炸油香、摊黄、香椿鱼、清水豆腐，这些应该都属于门头沟的特色美食。”

小关：“我妈也是清水的，杨老师你刚才说的这些我妈也都跟我说过，我吃过清水豆腐。”

轩轩：“我也吃过清水豆腐，那天我上完课姥姥还带我去买了一次，回家炒着吃的。”

源源：“还有刚才你说的炸油香和香椿鱼，我妈带我去清水百花吃过。”

帆帆：“烤鸭也是，也属于特色美食。”

杨老师：“但是，烤鸭是门头沟特色美食吗?”

子荷：“不是，那叫老北京烤鸭，不是门头沟烤鸭。”

帆帆：“那我们就是北京人呀，门头沟就是北京。”

一瑞：“对，门头沟就是北京。”

明琨：“门头沟是门头沟，北京是北京，天安门是北京，这儿就是门头沟。”……

于是一场关于“中国、北京、门头沟”的激烈讨论在活动室热闹地开始了。通过对幼儿讨论过程的观察，我发现他们对于“中国、北京、门头沟”的概念并不了解，幼儿的观点基本分为三种：①门头沟＝北京；②北京和门头沟是两个不同的地方，北京离门头沟不远；③门头沟就是北京，也有很多地方也叫北京。

为了使幼儿明确知道“门头沟”的概念，我分别从网上找到了世界地图、中国地图、北京地图、门头沟地图，带领孩子们开展了一节认知活动。通过对地图的逐步观察及教师的讲解，幼儿知道了在地球上有一个国家叫中国，中国的地图就像一只大公鸡，在“鸡脖子”那里有一块儿很小的地方是北京，在北京有很多区县，门头沟区是其中一个，我们就生活在门头沟区。为了使幼儿更加清晰地了解“门头沟”的概念，我寻找到了正版的门头沟地图挂在了班里，供幼儿观察、了解（图 12）。

图 12

在此活动开展的过程中，幼儿始终对话题内容有着浓厚的探索兴趣，并能在交流、讨论的过程中大胆、清晰地表述出自己的想法和意见。通过观察地图，幼儿的观察能力得到了发展，对地理知识有了简单了解。在此基础上，他们还知道了“门头沟”的地理位置及相关知识。

活动名称：认识地图

活动目标：

1. 愿意认真观察地图。

2. 知道“门头沟”的地理位置及相关知识。

活动准备：中国地图、门头沟地图。

活动过程：

1. 提问：“什么是地图?”

2. 出示中国地图，请幼儿找一找北京的位置。

导语：“这是什么？请你找一找北京的位置。你们是怎么找到的？五角星代表什么意思?”

告诉幼儿北京是中国的首都，是国家领导人办公的所在地。

3. 出示门头沟地图，请幼儿找一找门头沟的位置。

导语：“门头沟在北京的什么位置？它像什么？为什么分了好多种颜色？你都去过哪里?”

总结：门头沟是北京的一部分，门头沟分为很多乡镇、街道，地图上的不同颜色分别代表不同乡镇、街道。

环节二：特色美食与特产

抓住四月份亲子运动会家长进班的机会，我利用几分钟时间向家长介绍了班级主题的由来及开展思路和预设目标，并请家长利用周末的时间带孩子通过查资料、询问等方式统计门头沟的特色美食。下一周，孩子们把自己了解到的知识带到了班里并向大家进行了介绍（图 13～图 14）。

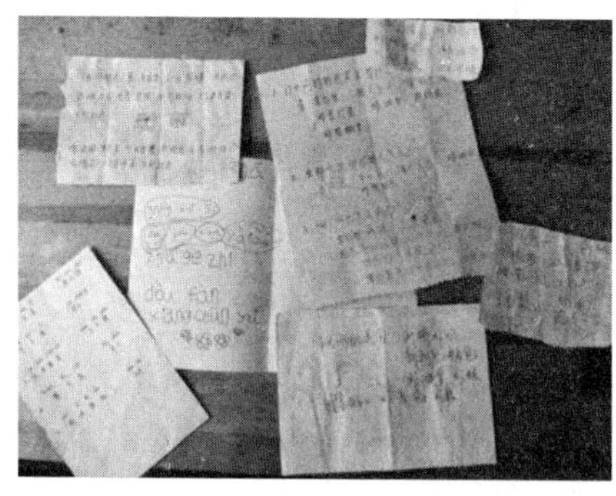

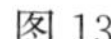

图 13

图 14

孩子们带来的调查结果非常丰富，其中包括京白梨、清水豆腐、炸油香、摊黄、炸咯吱、太子墓苹果等。在所有的调查结果中，有些不属于门头沟特色

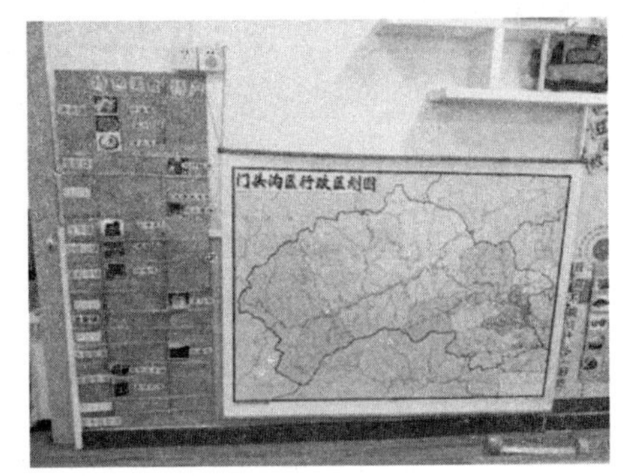

图 15

美食，有些不是美食而是特产，还有一些美食不知道是属于门头沟哪个乡镇或街道的，于是我们开展了一系列的分类、查阅资料、排查统计等活动，带领幼儿将收集来的结果按照所属乡镇、街道进行分类（图 15）。在分类过程中对于不确定的内容通过上网查阅资料的方式，带领幼儿对门头沟美食有更深一步的了解。如炸香椿鱼属于陕西菜，摊黄是陕北的特色美食，压肉是门头沟的特色美食等。

运用查阅资料的方式明确“特色美食”与“特产”的区别，带领幼儿将收集的内容进行美食与特产的分类。

在这一活动的开展过程中，最重要的是使幼儿明确知道了特色美食与特产的区别，并能对收集的内容按美食与特产进行分类。同时还培养了幼儿运用查阅资料的方法解决生活中遇到的一些困难的能力，培养了幼儿面对困难不退缩，勇于想办法解决的良好品质。在教师与幼儿共同研讨、交流的过程中培养了幼儿坚持不懈的精神及倾听他人想法、尊重他人的品质。

环节三：我爱吃的门头沟美食

在统计了门头沟特色美食之后，孩子们经常会指着墙上的图片跟同伴一起谈论自己吃过哪个、爱吃哪个，于是我们开展了一次投票活动。

孩子们根据自己的实际情况在自己知道的和吃过的美食下面的表格里贴上了自己的名字，投票活动结束后，全班一起统计结果，最终“我知道的”和“我吃过的”两部分中，新新包子和新桥炸鸡票数最高。接下来就是“我爱吃的”投票环节，每一个人都边写自己的名字边往相应的表格里粘贴字条。

青默：“我只投一票，我就爱吃新桥炸鸡。”

坤坤：“我没有吃过新桥炸鸡，我妈妈说那是垃圾食品，不让我吃。”

雨桐：“炸鸡是垃圾食品，上次我吃的时候有好多油。”

青默：“可我就是爱吃，别的我都不喜欢。”

小关：“我以前也喜欢吃新桥炸鸡，可那个不健康，我不喜欢了，我投给清水豆腐和韭园酱菜。”

坤坤：“青默，你也改改吧，那个真的不好，以后你别吃了。”

雨桐：“哪个更健康呢？其实有好几个我都挺爱吃的，青默，我跟你不一样，我不喜欢新桥炸鸡那么多油，太腻了。”

不知道该如何是好的青默回过头看了看老师，老师不想去左右孩子真实的想法，当时并没有说什么，青默也坚持了自己的选择。但在孩子们之间关于“新桥炸鸡不健康”的话题讨论得越发激烈，最终他们讨论无果，来找老师帮忙。

一瑞：“老师，我觉得就不能把票投给新桥炸鸡，因为那个是油炸食品，是垃圾食品，不能吃。”

帆帆：“但我觉得也不能因为是垃圾食品，就不让我们给它投票啊。”

于是，一次关于“食品营养健康”的活动就这样展开了。通过老师的讲解，孩子们根据自己的意愿进行了投票，在投票过程中，教师为幼儿创设了宽松的环境，只提供空表格，请幼儿根据自己的实际情况进行选择和投票。当幼儿之间有分歧时，教师并没有直接干预，而是作为旁边者观察事情的发展，在幼儿提出需求邀请教师帮助时，教师随机开展了一节健康领域的活动。在活动过程中，教师为幼儿出示了食物金字塔，在查阅资料后为幼儿讲解油炸食品对身体的危害，使幼儿对门头沟特色美食的营养与健康有了更深的了解。最终，清水豆腐排名第一，新新包子、压肉、新桥炸鸡的票数也都比较高（图 16）。

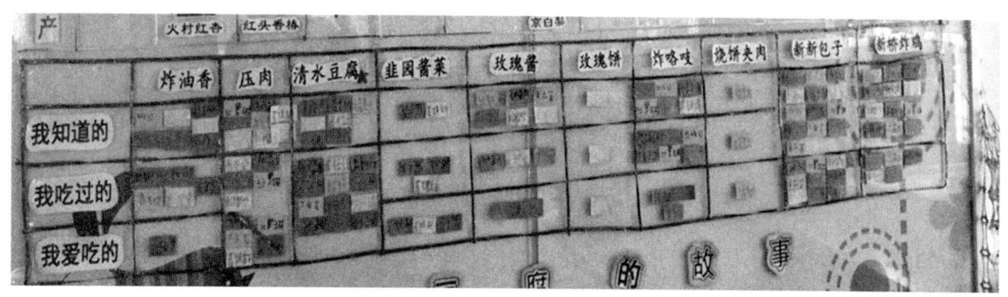

图 16

活动名称：我爱吃的门头沟美食

活动目标：

1. 熟悉并了解门头沟美食，能说出某种美食的来历、特点等相关知识。

2. 能清楚地表述自己的想法和意见，并坚持自己的想法。

活动准备：图片。

活动过程：

一、开始部分

根据幼儿已有经验进行提问：“你知道的门头沟美食有哪些？你吃过

哪些？”

二、基础部分

1. 带领幼儿围绕吃过的门头沟美食进行深入讨论。

导语：“你最喜欢的门头沟美食是什么？为什么？你在哪儿吃过？”

2. 出示提前准备好的图片，带领幼儿认识、了解门头沟美食。

三、结束部分

投票：我最喜欢的门头沟美食。

组织幼儿对门头沟美食进行投票，每人可投三票，最后统计投票结果。

阶段反思：通过本阶段的活动，幼儿对“中国”“北京”和“门头沟”的概念有了初步了解，进一步认识了门头沟的地理位置。理解了特色美食与特产之间的区别，并通过调查、统计等方式获得了自己想要的结果。幼儿能在集体面前大胆表达自己的想法与意见，并能用清晰地语言说明自己的观点。同时体验并感受调查、投票、统计活动的乐趣，熟悉并了解食物的营养健康，懂得要养成健康饮食的好习惯。

第二阶段：清水豆腐

环节一：清水豆腐的故事

基于幼儿对清水豆腐的浓厚兴趣，我们开始对清水豆腐进行深入研究。首先，我们充分利用家长资源，请家长帮忙调查、收集有关于清水豆腐的小故事、小知识，组织幼儿将收集到的内容带到幼儿园与大家进行分享。

在家长的大力支持与配合下，孩子们调查到了很多与清水豆腐有关的故事。

子荷：“每年过年，清水人都会在村子的大街上支上大锅，大家一起做豆腐。”

睿睿：“过年做豆腐的时候，都是每家拿出一些黄豆，最后将做好的豆腐分给各家。”

小关：“清水豆腐好吃是因为清水的水好。”

唯有亲身体验才最有收获，抓住此机会，在老师与家委会的沟通下，家委会委员们特意组织了一次“门头沟特色美食体验活动”。十五个家庭参与到了此次活动中，大家来到“百花人家”，孩子们亲口品尝清水豆腐，通过观察饭店内部装饰了解清水豆腐的文化，同时还品尝到了压肉、炸油香等特色美食（图 17～图 18）。

图 17

图 18

活动名称：清水豆腐的故事

活动目标：

1. 能够围绕一个问题介绍自己的调查结果。

2. 敢于在集体面前发表自己的想法和意见。

活动准备：

1. 经验准备：请家长协助工作，提前带幼儿查阅清水豆腐的故事。

2. 物质准备：豆腐不同做法的图片。

活动过程：

一、开始部分

出示清水豆腐图片，引出活动内容。

导语："你知道这是什么吗？你吃过清水豆腐吗？今天咱们就一起来了解了解大家说的非常好吃的清水豆腐。"

二、基础部分

1. 导语："你查到了清水豆腐的什么故事？你是从哪知道的？"（了解知识来源，分析内容的真实性、可靠性）

2. 教师记录幼儿叙述的内容。

3. 讨论："你吃过清水豆腐吗？怎么吃的？你觉得吃起来怎么样？"

三、结束部分

教师总结幼儿的谈话内容，带领全体幼儿进行梳理。

环节二：豆腐的营养

在一次集体教育活动中，我们带领幼儿一起了解豆腐的营养。

师：“你们知道豆腐可以怎么吃吗？”

幼：“炒着吃、炖着吃，小葱拌豆腐，做成豆腐干……”

师：“那你们知道豆腐有什么营养吗？为什么说豆腐是健康食品？”

幼：“因为豆腐很软，好消化。”……

在此环节，我们特意设计了一节集体教育活动，教师在活动前做了充分的准备，从网上查阅了相关的资料，在活动过程中根据幼儿的年龄特点及生活经验，选择了一些幼儿能够理解的内容讲给他们听。并且将豆腐的食物禁忌也告诉了幼儿，同时通过图文并茂的形式将这些不太好记住的文字性内容用幼儿能够看懂的方式呈现在主题墙上，因为这些知识都是非常重要的，只有每天反复看一看，才会记得更牢固，才会真正地掌握科学饮食的方法（图 19～图 20）。

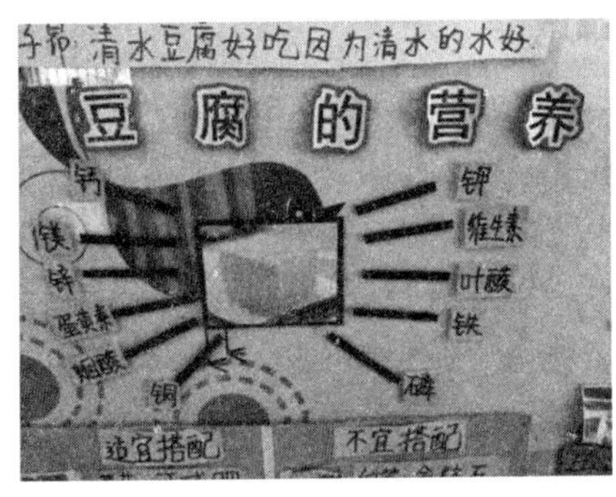

图 19

图 20

活动名称：好吃的豆腐

活动目标：

1. 了解豆腐的营养价值及食用豆腐的禁忌。
2. 爱吃豆腐，养成不挑食的好习惯。

活动准备：图片。

活动过程：

一、开始部分

导语：“你爱吃豆腐吗？为什么爱吃？为什么不爱吃？”

根据幼儿的回答做正确的引导，如有的幼儿对豆腐的某种做法不喜欢，引导其考虑其他做法。

二、基础部分

1. 提供多种豆腐做法的图片，请幼儿说说是否爱吃。

2. 教师为幼儿介绍豆腐的营养价值。

提问："你知道豆腐有什么营养吗?"

豆腐含有铁、钙、磷、镁等人体必需的多种微量元素，还含有糖类、植物油和丰富的优质蛋白，素有"植物肉"之美称。豆腐不含胆固醇，是高血压、高血脂、高胆固醇症及动脉硬化、冠心病患者的药膳佳肴。

注：教师用幼儿能够理解的语言进行解释说明，重点说明所含微量元素及对病症的好处等幼儿能理解的内容。

3. 出示与豆腐相克、相宜的食物表格并为幼儿介绍。

三、结束部分

小结：豆腐有非常高的营养价值，小朋友们要多吃豆腐，不挑食。

阶段反思：通过本阶段的活动，幼儿对清水豆腐的故事有了更深的了解，在爱吃清水豆腐的同时也更清楚地认识了清水豆腐。在与家长进行调查、访问的过程中，发展了幼儿的理解、倾听能力和围绕一个问题展开深入研究的探究能力。集体分享环节锻炼了幼儿的语言表达能力和叙述能力，敢于大胆地在集体面前用清晰的语言讲述自己梳理出的关于清水豆腐的故事。在家委会组织的活动中，幼儿之间相互沟通、一起游戏，大大增进了幼儿之间的感情以及家庭之间的沟通。家长们带领孩子们观察菜谱，了解豆腐的多种食用方法，了解丰富多样的门头沟特色美食，并且在参观饭店里布置的豆腐摆件时，家长为幼儿描述其实际意义，更有几名幼儿非常勇敢地找到饭店的工作人员，询问清水豆腐的相关知识。通过活动的开展，幼儿了解了豆腐的营养价值，养成不挑食的好习惯，知道并记住了豆腐的饮食禁忌及适宜与豆腐搭配食用的食物。

第三阶段：我们一起来制作

环节一：宣传动员初尝试

周四午睡起床后，利用帮女孩子梳头发的时间，我有意地跟孩子们说："我打算利用周末的时间在家里尝试做豆腐。"丛紫琳说："你会吗?"我说："我没有做过，但我想试试。"梳完小辫的紫琳回到座位上跟旁边小朋友说："刚才杨老师说她要做豆腐。"几个小朋友讨论起来，然后几个人围到我身边来："杨老师，怎么做呀？用什么东西做呀？你会方法吗？在家能做吗?"……一大堆问题涌向了我。

由于豆腐的制作过程有着规定的程序，幼儿要知道基本步骤才能去尝试探索，所以我利用谈话活动引出了此次的活动内容，从幼儿的表现可以看出，他们对制作豆腐有着强烈的好奇心。注重利用班级资源，我提前与几位老家在山里的家长进行沟通，了解了他们对清水豆腐的熟知程度，并请他们在合适的时机与孩子介绍相关知识，同时向家里的亲戚了解清水豆腐的相关知识，以便为幼儿提供真实的资料。我也在网上搜集相关资料，为幼儿讲解用盐卤、石膏、白醋点豆腐的原理，让幼儿知道用白醋代替盐卤或石膏的原因，并一起学习用白醋做豆腐的方法，在梳理步骤之后通过图文并茂的形式将步骤图呈现在主题墙上。然后我带领幼儿根据步骤图逐步猜想每一步制作所需要的工具，同时将自己的猜想用绘画的形式记录在相应表格中（图 21～图 22）。

图 21

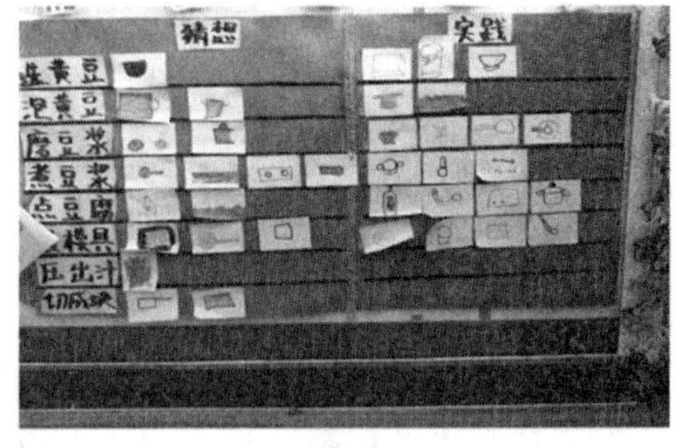

图 22

活动名称：制作工具大搜罗

活动目标：

1. 了解、寻找制作清水豆腐需要的工具。

2. 能够根据实际需要，搜集相关工具。

活动准备：提前了解制作清水豆腐的流程。

活动过程：

一、开始部分

提问：“请问制作豆腐需要一些什么材料呢？”

二、基础部分

1. 为幼儿播放制作豆腐的视频。

提问：“视频里在制作豆腐的时候都用到了什么工具？哪些工具我们没有，是需要自行制作的？”

2. 与幼儿一起讨论制作豆腐需要的工具。

3. 与幼儿一起讨论制作工具时需要注意的问题。

4. 教师和幼儿一起制作工具。

环节二：亲子制作豆腐

在周五孩子离园前，我告诉孩子们："我周末自己做豆腐的工具和材料都准备好了，下周我会把我做豆腐的结果告诉你们。你们也可以试试。"孩子们纷纷表示自己也要亲自制作，几乎所有的幼儿都在讨论制作豆腐的话题，讨论持续了近十分钟的时间。同时，我邀请家长参与班级主题活动，并在通知中告知家长，成功与否并不重要，要让孩子亲身参与到制作过程中，失败与成功的经验都要进行梳理和总结，并拍摄照片发送到群里，大家一起共享、学习（图 23～图 24）。

有十多个家庭都利用周末时间尝试了制作豆腐，有成功，也有失败，家长们纷纷把照片和经验发送到班级群里，大家共同学习、讨论、总结。孩子们通过亲自尝试，真正地将制作步骤从书面搬到了实际中，通过实际操作，不仅体验到了制作过程，还知道了实际所需要的工具，为接下来的小组制作奠定了坚实的基础。

图 23

图 24

活动名称：豆腐的制作

活动目标：

1. 熟悉并掌握豆腐的制作步骤和方法，并能用语言进行清楚地叙述。
2. 初步掌握查阅资料的方法，感受利用多种途径查阅资料的便捷。

活动准备：

1. 经验准备：提前与家长进行沟通，请幼儿查阅豆腐的制作过程。
2. 物质准备：图片。

活动过程：

1. 请幼儿讲述自己查阅到的相关资料。

（1）鼓励幼儿大胆、完整地讲述。

（2）帮助幼儿清晰地梳理制作过程。

2. 集体总结梳理。

3. 出示制作豆腐的步骤图，带领幼儿熟悉并掌握制作步骤。

［选黄豆——泡发黄豆——磨豆浆——煮豆浆——点盐卤（石膏、白醋）——压成型——切成豆腐块］

4. 带领幼儿逐步分析制作步骤，明白其中原理。

5. 延伸：回家尝试制作豆腐。

环节三：小组合作制豆浆

当我把新买的石磨拿到班里的时候，孩子们兴奋地欢呼，恨不得马上就开始制作豆腐。

师："咱们来做豆腐，要先干什么？然后干什么？"

幼："先泡黄豆，再磨豆浆，最后点豆腐。"

师："用什么泡黄豆呢？泡多少呢？"

幼："可以用盆泡，我妈妈说有一大把黄豆就够。"

"用碗泡，泡满满一碗。"……

师："谁负责泡黄豆？需要几个人泡黄豆？那其他人干什么？"

幼："我来泡黄豆。我自己就行，接上水就可以，很简单。别人看着就行了。"

"我也泡黄豆。"

"我也想泡黄豆。"……

师："这么多人都想泡黄豆，怎么办？"（给予幼儿几分钟的讨论时间）

幼："只要一个人就够了，最多两个人。"

"要不就我们几个人一组，我泡黄豆，他磨豆浆，他点豆腐，我们一起做。"

师："你们觉得哪个方法更好一些？"

幼："还是分组吧，自己做自己的。"

师："我觉得你们的方法很好，这样大家都可以试一试，而且还能看哪组能成功，可以互相学习、互相帮助。"

于是，孩子们开始自愿结伴分成小组。经讨论，大家觉得三个人一组足够了，我们全班 21 人便分成了 7 个小组，同时在自己组的记录本上签上了自己的名字，并在记录本第一页记录上需要的工具（图 25～图 26）。

图 25

图 26

分组成功后，我们开始进行第一步“泡发黄豆”。孩子们按照小组围桌坐在一起，我将从食堂拿来的黄豆放在了桌子上，没有给孩子提供任何装黄豆的工具，只对孩子们说：“一会儿咱们分组选黄豆，要尽量不把黄豆洒在地上，给你们 15 分钟的时间完成泡黄豆。”孩子们一脸迷茫地看着我，见我什么都不说了，小关问：“老师，选出来的黄豆放在哪儿啊？你忘了给我们准备小盆吧?”我反问他：“小盆咱们班里没有，如果需要你可以告诉我，我带你去食堂找。而且，只可以用小盆吗?”说完，孩子们好像忽然间明白过来，明琨对同组小朋友说：“咱们不用小盆了，我去美工区拿三个纸杯，咱仨一人一个。”于是，孩子们纷纷选择了自己需要的工具。

找到了自己需要的工具后，捡黄豆开始了。教室里安静了下来，每一个人都在认真地挑选着黄豆，有时会听到孩子们发现的声音：“你看，这个黄豆上面有块儿黑，这是坏的，不能要。”“这儿有个一半儿的黄豆，半圆形，不能要。”“你选的都是大的，大的不好，大的就是老了，小的更嫩，都要小的。”……（图 27～图 28）

图 27

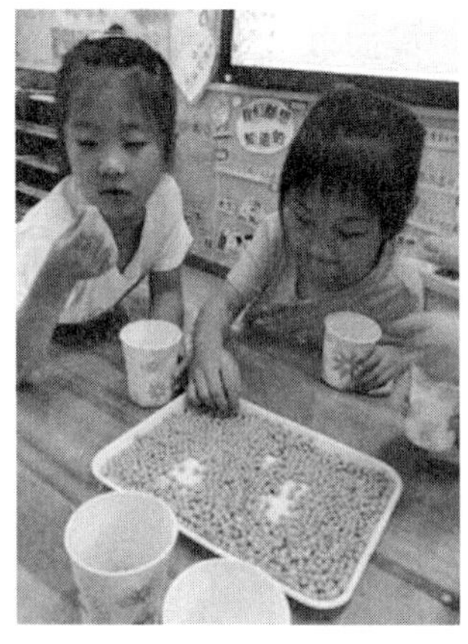

图 28

每组都按照自己的想法选好了自己认为优质的黄豆放在了桌子上（图 29），晚饭结束后开始泡黄豆的步骤。教师提前从食堂拿回来几个小盆放在了取饭桌子上供幼儿选择，孩子们把选好的黄豆倒进小盆里，准备去接水了。

小关端着小盆和同组人一起走进盥洗室，边走边说："豆腐是得吃的，咱们接温开水吧，水管儿里的水不能直接吃。"正在夹毛巾的宁宁却说："不能用热水，用热水泡的话，黄豆明天就变成豆芽了。""啊？"一声惊讶过后，小关赶紧倒出了温水，接下来的小组都接的凉水（图 30）。

图 29

图 30

可是要把黄豆放在哪里呢？孩子们问我："老师，放在哪儿啊？"我便回答说："你随便呀，你觉得放在哪儿合适你就放在哪儿。"说完，只听孩子们有的说："放在这儿，这儿不碍事。"有的说："放窗台上，通风。"放好之后，每个小组都把自己今天完成的任务记录在了记录本上（图 31）。

第二天早上，幼儿进班后的第一件事都是赶紧去看看自己组的黄豆。当小关看到自己组的黄豆时，他惊呆了："水呢？为什么我们组的黄豆没有水了？""别的组的为什么都还有？"孟杰也同样质疑。旁边的笛笛赶紧说："是因为你们的黄豆太多了，把水都吸走了，水不够它们吸的，所以没水了。"于是，两个人看了所有的黄豆，发现第三组跟他们组出现了一样的现象。小关在观察第三组的黄豆时看到了盘子里的干黄豆，说："哎？老师，我发现了一个问题，没泡的黄豆是小的圆形，泡过的是大的椭圆形。你看！"我便说："还真是！也不知道还有没有别的区别。"于是，小关分别捏了捏干黄豆和泡过的黄豆，迫不及待地和小朋友们说："你们看，泡过的黄豆能捏开，没泡的硬，捏不动。"于是引来了几个小朋友的尝试（图 32）。

图 31

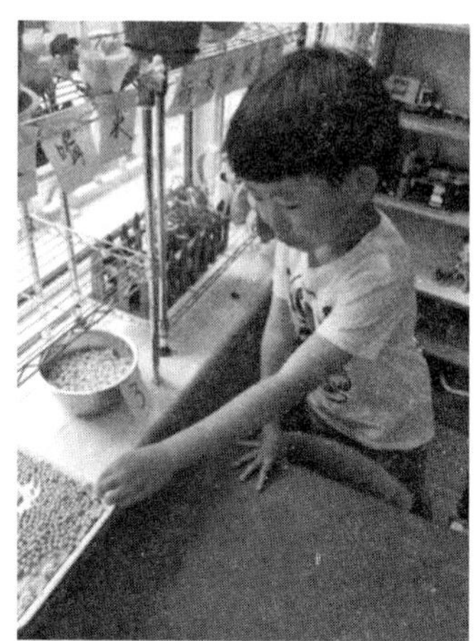

图 32

正在孩子们体验泡发的黄豆变软的感觉时，与小关和孟杰同组的坤坤来园了，他们赶紧把自己组的黄豆没有水的现象告诉了他，三个人商量后决定把小盆里再加点水，不然黄豆不够软，磨不出豆浆。同时，小关还把建议告诉了第三组的小朋友，第三组也往盆里加了水。

上午我们尝试了第一次制作，由于我们只有一个石磨，所以只能排队分组磨豆浆，磨好后自己过滤出豆渣，在这个过程中，孩子们与同伴一起商量分工，共同合作完成任务。在这个过程中，我们一起看到了黄豆由泡发到豆渣再到豆浆的变化过程（图 33～图 36）。

图 33

图 34

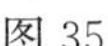

图 35

图 36

环节四：家长进课堂

由于在第二环节初次尝试制作豆腐时，老师及几名幼儿在家制作的豆腐并没有成功，当我们再次准备制作时，我们决定邀请制作成功的轩轩姥姥来为我们做技术指导。

在早饭前，老师带领幼儿进行了讨论，孩子们总结经验说："昨天排队等着磨豆浆，太耽误时间了，能不能用豆浆机或者再找一个石磨?"于是老师拿来了一台豆浆机，并多拿了一套电磁炉和锅到班里，以便更顺利地开展制作活动。

图 37

有了之前的经验，这次泡发的黄豆没有再出现水不够的现象，而且在磨豆浆、过滤、煮豆浆的每个环节，进行得都非常顺利。该开始点豆腐了，孩子们邀请姥姥来帮忙："姥姥，放多少白醋？直接倒吗?"姥姥分别指导每一组点豆腐。在点之前，我会提示幼儿："一定要记住姥姥放了多少白醋，怎么放的。"在姥姥的技术支持下，每一组都顺利地完成了制作，5 片豆腐出现在了我们面前（图 37）。

制作结束后，我们组织了交流分享活动，分别请每一组幼儿在集体面前叙述自己的制作过程，并说一说放了多少白醋，是怎么放的。我们还将五片豆腐放在案板上，分别请幼儿上前来看一看、闻一闻、摸一摸，比一比哪组的豆腐更成功，并寻找到自己组失败的地方。

在此环节，我们充分利用家长资源，邀请有成功经验的家长参与制作活动，并在点豆腐前提示幼儿关注加入白醋的量和方式。制作结束后，及时组织全体幼儿分组进行总结分享。通过组织幼儿看一看、闻一闻、比一比的方式，调动幼儿的多种感官，比较 5 片豆腐的区别并引导幼儿在比较过程中注重发现他人的优点和自己的不足，寻找将失败转为成功的方法。

通过再次制作，幼儿巩固了从选黄豆到煮豆浆这前几步的制作方法，在反复体验的基础上更加熟练掌握制作方法。通过观察和模仿了解点豆腐的方法及加白醋的方式，突破了制作豆腐的难点。在制作过程中体验同伴合作游戏的乐趣与制作成功后的喜悦。

环节五：体验独立制作

姥姥教会我们点豆腐的方法了，可是具体操作要怎么办呢？每次只倒进勺子里一点点，一共倒了三次，可这三个一点点加在一起是多少呢？我们一定要弄明白。于是就有了这次的活动。

师："你们都能说出来倒了多少白醋，但只说不行，具体是多少，怎么才能知道呢？"

幼："我觉得三个一点点加在一起就是少半勺。"

师："那少半勺又是多少呢？能不能用什么方法精确地测量一下？"

幼："把需要的白醋都倒进碗里不就知道有多少了吗？下次还倒这么多。"

师："怎么才能准确地知道下次我就是倒得跟上次一样多呢？"

幼："可以画个线，白醋到哪儿就在哪儿画线，下次就知道倒多少了。"

师："这也许真的是一个不错的方法，我觉得完全可以试一试。但是肯定不只有这一种方法吧。"

幼："那个带数字的杯子可以用吗？直接用它就知道是多少了，上边写着数字呢。"紫琳发现了我有意提前准备好的大小不同的量杯。

师："这个杯子叫量杯，是一种专门用来测量液体多少的杯子，我觉得这两个方法都可以试一试。一会儿你们可以随意选择一种方法记录下你们今天用了多少白醋。"（图 38）

图 38

师："制作豆腐成功了，大家也都说出现了很多问题，你们觉得有哪些问题是咱们可以改进的？"

幼："我想做一个跟图片上一样的方形

的厚豆腐，我们做的都是扁的圆形的，都不像豆腐。”

师：“怎样才能让咱们的豆腐变厚变大呢？”

幼：“那得做很多然后放在一起才行。”

“要不咱们不分组了，所有人一起做一块豆腐吧，用好多黄豆。”

“那又该吵起来了，这么多人，怎么分工啊？”

“可以分工啊！男孩子力气大，磨豆浆、过滤豆渣、压豆腐，女孩子干一些不用太大力气的事。”……大家你一言我一语，讨论了三分钟。

幼：“问问杨老师这样行不行？”

师：“实在对不起大家，我也不知道你们这个方法行不行，因为只说不尝试，光靠想象根本想不出来。不过我觉得你们的想法还是很不错的，把计划和分工准备好了，应该可以试一试。”

得到了我的支持，孩子们兴奋地开始了，纷纷跑去找工具，准备开始挑选黄豆了。就这样，又一次制作豆腐的过程开始了。

各组正在捡黄豆，这时第三桌传来了激烈的讨论。原来，他们拿出了天平准备给挑选出来的黄豆进行称重，刘老师也加入到了称重小组（图 39）。

图 39

幼：“老师，这么多黄豆，小盆泡不下呀，要不用咱们的午点盆泡吧。”

师：“可是午点盆一会儿就要送去食堂消毒了。要不咱们再去食堂找一个。”

说完，我和明琨来到了食堂，向食堂师傅借了一个超大号的盆子。半路上，我带他去食品制作教室将我之前发现的另一种工具（电子秤）顺便带回了班里，也许这个工具现在我们正需要。回到班里，我们带回来的工具马上派上了用场，孩子们用秤给黄豆称重，我们这次制作所用的黄豆是 767 克（图 40～图 41）。

图 40

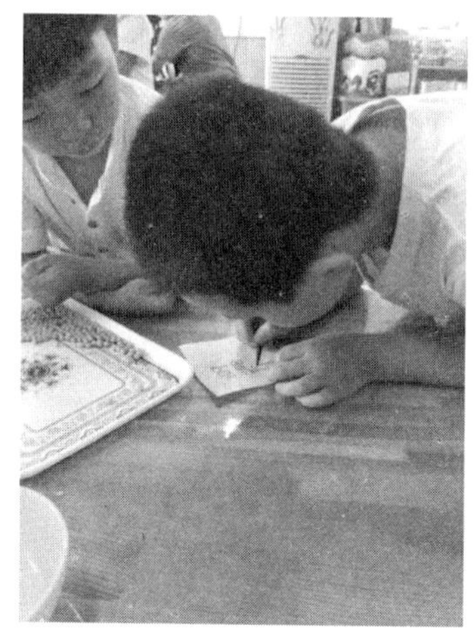

图 41

在此环节，教师一直以一名引导者、支持者、合作者的身份参与游戏，通过问题引导幼儿开展下一步的探究活动。满足幼儿的合理需求并提供相应支持，与幼儿共同想办法。放开手，让孩子大胆去做，相信孩子们的能力是无限的。

幼儿在两次测量活动中都找到了合适的方法，体验到了测量活动的乐趣。在活动中，幼儿的思维更加开阔了，面对困难不再需要教师的一步步追问引导，而是能够在幼儿之间通过你问我答的方式寻找到解决问题的方法。

娴熟的动作、清晰的步骤，孩子们对豆腐的制作方法掌握得更加熟练了。由于刚点完的豆腐太烫，有些步骤由老师帮助完成（图 42）。在我们的集体努力下，一次全员参与的制作豆腐活动终于完成了（图 43）。我们还把豆腐送到全园各个班里，请老师们品尝由我们亲手制作的豆腐，并为我们提出宝贵的意见。

图 42

图 43

在制作过程中，孩子们有了很多新的发现，例如：泡发前后黄豆的变化、加水量太少第二天水会消失、煮豆浆时如果开大火豆浆会糊……教师及时带领幼儿梳理过程中的发现，并引导幼儿用绘画的方式进行记录。幼儿养成了善于发现问题、总结经验的好习惯，能将自己的发现用语言清晰地表达出来，并用绘画的方式进行呈现（图 44）。

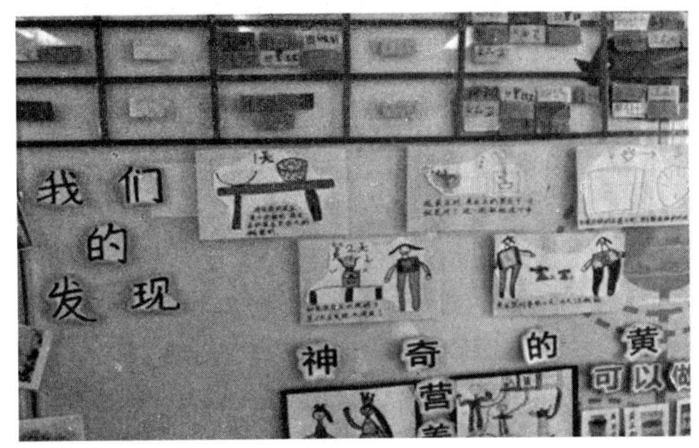

图 44

阶段反思：通过此阶段的活动，幼儿了解了豆腐的制作步骤，并亲自制作了豆腐。教师用提问的方式逐步引导幼儿自己想办法解决问题，培养了幼儿根据实际情况寻找解决问题有效办法的能力。教师提前给幼儿准备好记录本，以此形式有效引导幼儿有计划、有目的地去完成制作、整理经验，使幼儿尝试用自己的方式进行简单的记录，培养了幼儿有目的、有计划做事情的良好习惯。在制作过程中，教师给幼儿提供了足够的自由让幼儿自己设计、做选择和决定，充分调动了幼儿的积极主动性，促使幼儿独立思考问题，尝试解决问题。

六、收获感悟

本次主题内容的选择贴近幼儿的生活，从最开始统计、寻找门头沟特色美食，孩子们就非常兴奋。可见，选择一个贴近幼儿实际生活的主题内容是探究性主题活动顺利开展的有力保障。清水豆腐是老少皆知的一种门头沟特色美食，这一重点探究内容具有典型的门头沟特点，作为清水人的老师对此非常熟悉，家长中也有不少人来自于门头沟山里，对清水豆腐也非常了解，这也是我班主题活动能深入开展的重要因素。

在主题开展过程中，教师注重最大程度地发挥幼儿的主动性和参与性，努力控制自己的语言和行动，用提问引导幼儿、用配合支持幼儿、用同伴身份参与幼儿活动，“退一步”的方式虽然有时需要刻意控制自己，但通过种种活动的实际开展情况能明显看出，即使没有了老师的过多指导和帮助，幼儿也完全能够独立、自主地完成大多数活动。

反复多次的制作过程，一次次的体验操作，加上制作后的经验总结与梳理，使每一次的制作不是单纯的重复，而是在问题的引导、困难的挑战下都能有新的探究点出现。从最开始运用小组合作的形式进行制作，到最后的全体人员共同制作，全部需要幼儿与同伴之间协商、分工、合作才能顺利完成。作为大班末期的幼儿，合作能力是他们所应具备的。通过合作完成制作，同伴不仅需要友好地沟通、协商，还要在面对困难与问题的时候学会倾听对方的意见，共同想办法解决问题，这是本班幼儿一直以来的弱项，通过本次主题活动多次的锻炼，孩子们在倾听他人、自主解决问题方面有了很大程度的提高。

此次主题的实际开展过程与最初的设计在很多细节的地方有不同之处，生成性的活动比较多，教师能够关注幼儿的兴趣点，支持生成活动的开展，但活动也一直在预设的主题脉络上深入开展。这样的探究式主题不仅使幼儿获得成长、发展与进步，也使教师在设计、开展、组织的过程中获得了很多宝贵的经验。作为教师，需要静下心来细细观察、倾听幼儿，了解他们的内在想法和实际需求，在他们需要的时候提供适当的配合，在保证幼儿安全的前提下，放手作为幕后支持者支持各种探究活动的顺利开展。

虽然历时一个月的主题活动顺利结束了，但当仔细梳理各环节活动时，还是发现了很多教育点是教师没能及时发现并给予相应支持的。反思主题开展的过程，导致问题出现的原因主要有两点：一是全体幼儿分成七个小组，三位教师还有很多其他日常工作要去完成，不能保证每次的探究活动三位教师全部在场观察、支持幼儿，导致很多有价值的时机未能在第一时间抓住；二是为了保证主题活动的完整性，在最后的时间内，有些活动组织得略显仓促，给予幼儿的时间不够充分。如今后还有机会再次开展此主题活动，教师可以建议幼儿适当增加每组的人数，减少小组数量，以保证教师能够全面关注。还可以适当延长主题活动开展的时间，调整到一个半月以上，以便有更充足的时间供幼儿进行探究性的活动。

主题十一：吃在北京（大班）

指导老师：崔冰新

一、主题由来

之前我班进行了“京韵北京”的主题，家长带孩子们参观了老北京的建筑，感受了京剧的魅力。在走街串巷中，孩子们也品尝到了各种各样的老北京小吃，并且对老北京小吃产生了浓厚的兴趣，因此产生了这次主题——吃在北京。

我班的幼儿几乎都是土生土长的北京人，品尝过北京小吃，但是对老北京美食的历史文化以及制作方法并没有深入的了解。幼儿提出了对老北京小吃的困惑：“老北京小吃都有什么？老北京小吃都是怎么做出来的？”为了解决这些问题，我们开始了老北京小吃的探索之旅。

二、设计思路

北京的风味小吃历史悠久、品种繁多、用料讲究、制作精细，有很高的文化价值，我班幼儿通过调查、猜想、体验和实际操作，逐步深入了解老北京小吃。

本次主题活动分为三个阶段，每个阶段又细分了不同的活动内容。

第一阶段：最喜爱的老北京小吃。

带领幼儿了解老北京小吃，通过品尝各种各样的老北京小吃，投票选出最喜爱的小吃并进行制作。

具体环节：老北京小吃大搜集——品尝老北京小吃——美食排行榜——制作驴打滚。

第二阶段：美食文化。

进一步了解老北京关于吃的文化，探索北京老字号酱菜的秘密。幼儿亲身探索，深入了解老北京的美食文化。

具体环节：老北京小吃中的曲艺形式——老北京餐桌上的规矩——老字号的历史文化——酱菜的秘密与制作。

第三阶段：健康饮食我知道。

通过前期食品制作，亲子体验北京美食的制作过程，探究老北京美食的文化，总结经验，得出健康饮食的结论。

具体环节：美食的烹饪方法——合理饮食保健康。

三、幼儿可获得的领域经验

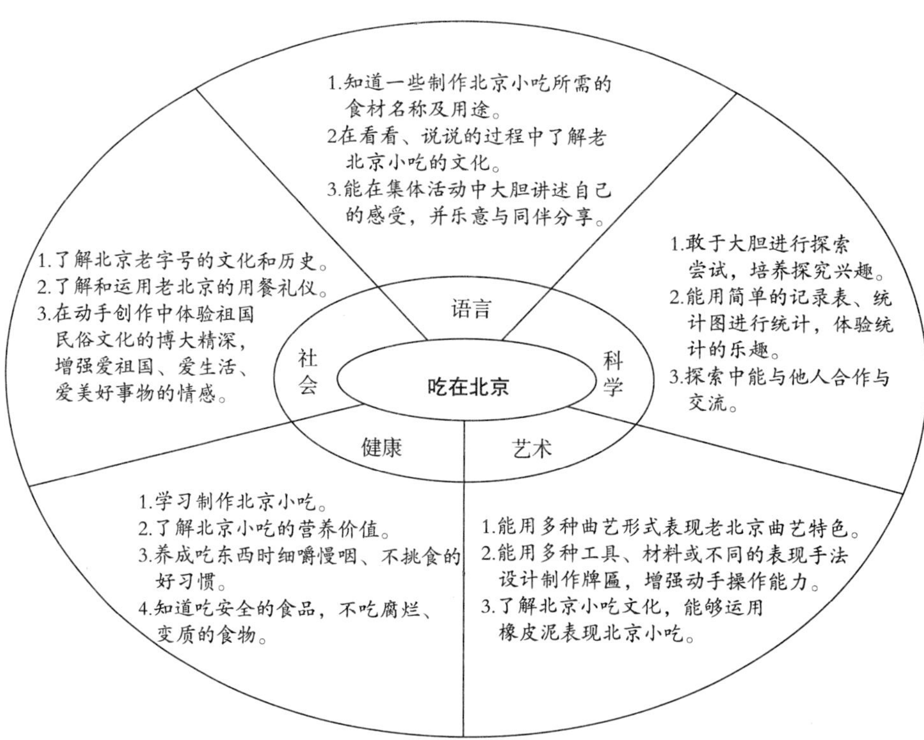

四、主题网络图和主题墙饰

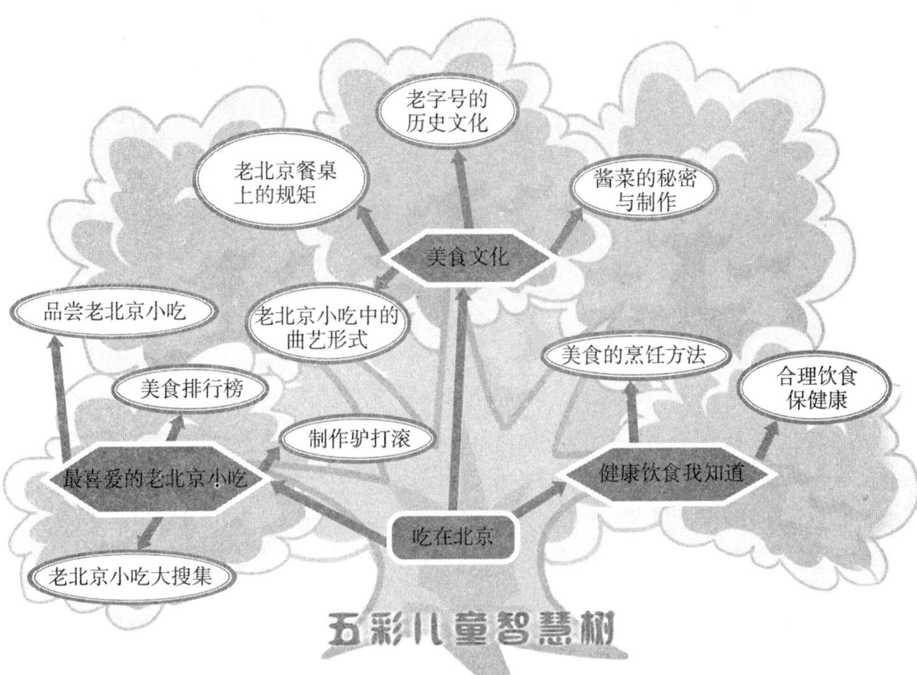

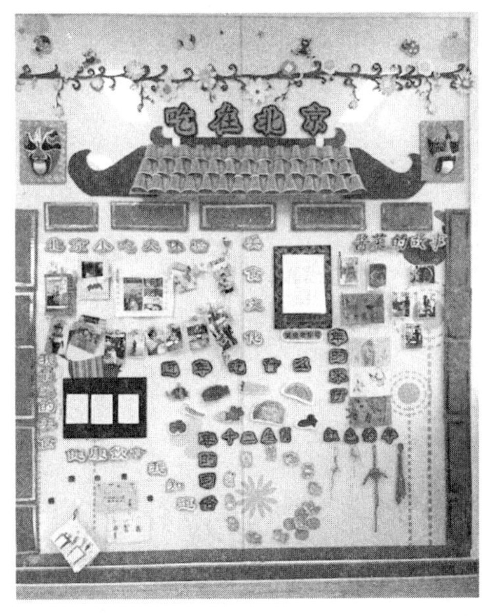

图 1

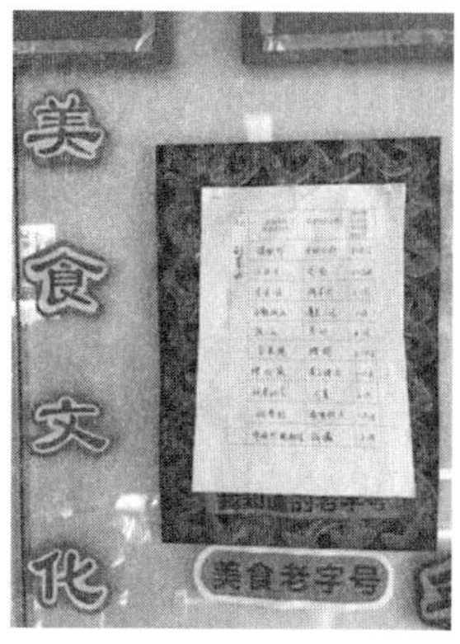

图 2

图 3

图 4

图 5

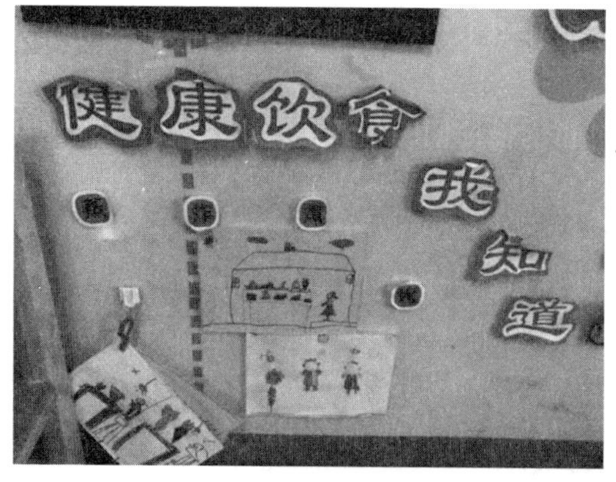

图 6

图 7

五、主题过程实录

第一阶段：最喜爱的老北京小吃

环节一：老北京小吃大搜集

北京小吃种类繁多，为了让幼儿初步认识老北京小吃，我设计了“我知道的老北京小吃”亲子调查表。

“老师，冰糖葫芦是老北京小吃。”

“老师，我还知道驴打滚、炸酱面。”

“老师，这么多北京小吃，总共有多少种啊？”

通过“我知道的老北京小吃”亲子调查表，让家长和幼儿一起搜集更多的老北京小吃，丰富幼儿的经验。

活动名称：北京小吃

活动目标：

1. 了解北京小吃文化，能够用橡皮泥表现北京小吃。

2. 通过橡皮泥造型，提高动脑动手能力，掌握各种捏制技巧。

3. 在动手创作中体验祖国民俗文化的博大精深，增强爱祖国、爱生活、爱美好事物的情感。

活动重点：掌握各种捏制技巧，运用橡皮泥表现北京小吃。

活动难点：在动手创作中体验祖国民俗文化的博大精深，增强爱祖国、爱生活、爱美好事物的情感。

活动准备：多媒体课件、彩色纸、剪刀、橡皮泥、盘子、彩笔等。

活动过程：

一、开始部分

1. 猜谜语导入。

身披糖衣裳，穿在长棍上。味道甜又香，请你来尝尝。（打一食品）

2. 引出活动内容：北京小吃。

二、基础部分

1. 导语：“谁知道北京小吃，你吃过什么北京小吃？”

2. 介绍北京小吃。

导语："北京小吃是具有北京特色的食品，多起源于北京，历史悠久，流传至今，独具特色。如北京的糖葫芦、豆汁都是具有北京特色的小吃。"（图片展示）

3. 向大家介绍自己了解的北京小吃。

说出自己吃过或看过的北京小吃的形状和颜色。

4. 教师示范。

教师根据幼儿说的小吃出示图片，并示范制作。引导幼儿了解用橡皮泥制作北京小吃的方法。

5. 幼儿用橡皮泥制作北京小吃，开个"北京特色小吃店"。

三、结束部分

1. 开门纳客，介绍本店的京味小吃。

2. 评选最佳京味小吃。

活动延伸：北京还有许多其他的美味小吃，小朋友们回去可以用橡皮泥来做一做。

活动反思：本次活动根据幼儿已有的对老北京小吃的认识，激发了幼儿多种能力的发挥，教学效果很好，幼儿积极性很高。但是在幼儿操作活动中，许多小朋友不够大胆，需要教师的指导和帮助。今后应多开展相应的操作活动，引导幼儿自由探索，大胆尝试。

环节二：品尝老北京小吃

虽然孩子们都有过品尝北京小吃的经历，但并没有带着问题去品尝，所以对于北京小吃的名称、味道和制作方式并不是很了解。因此我们发动家长带着孩子们利用休息时间去品尝老北京小吃并且留下照片，请幼儿把照片带到班里和小朋友们进行分享。

我发现幼儿带回来的照片有一个问题，即每个孩子品尝的老北京小吃都差不多，但老北京小吃有上百种，孩子们品尝的样数太少，对老北京小吃的认识就不够深入透彻。

为了让小朋友们更多更好地了解北京小吃，我们组织了一场老北京小吃大party，请每个家庭带两三种老北京小吃，这样大家既可以少花钱，还能尝到很多种老北京小吃。艾窝窝、豌豆黄、糖耳朵……美味地道的北京小吃应有尽有，幼儿自由地挑选喜爱的食物，一边品尝一边听老师和家长介绍这些北京小吃的名字和来历。

环节三：美食排行榜

品尝了那么多老北京小吃后，幼儿对老北京小吃了解得更多了。有的小朋

友说："老师，豌豆黄真好吃。"有的小朋友说："奶油炸糕最好吃。"又有的小朋友说他最爱吃糖葫芦。那到底大家都爱吃什么，哪样小吃最受我们班小朋友的欢迎呢？

活动名称：美食排行榜

活动目标：

1. 愿意为老北京小吃排名。
2. 通过绘画表现老北京小吃的形态，并爱上老北京小吃。

活动准备：中国美食排行榜、各种老北京小吃图片、笔、纸。

活动过程：

1. 出示中国美食排行榜，让幼儿看看吃过的、见过的美食，请幼儿说一说这些美食的特点。
2. 请幼儿说一说知道的老北京小吃。
3. 介绍幼儿感兴趣的老北京小吃的由来、特色。
4. 通过图片让幼儿观看各种老北京小吃，并做简单介绍。
5. 鼓励幼儿绘画出自己最喜欢的老北京小吃。
6. 幼儿之间相互分享交流。
7. 鼓励幼儿寻找老北京小吃，在家人的陪同下制作老北京小吃。

环节四：制作驴打滚

说到北京小吃，呼声最高的要数驴打滚了。小朋友们对驴打滚的制作方法产生了强烈的兴趣，如何才能制作出健康美味的驴打滚呢？为此，我们特地请来了几位特别的"老师"，妙妙姥姥、快快奶奶和腾予奶奶，几位家长可是厨艺能手呢！小朋友们已经摩拳擦掌、跃跃欲试了。

妙妙姥姥先为小朋友们讲解了制作驴打滚所需的材料，黄豆面、黄米面和豆沙馅。为了使驴打滚更加美味，还可以用冰糖、桂花糖、青梅沫做出美味的汁料。姥姥说："制作时我们先把蒸熟的黄米面擀得薄薄的、长长的，再均匀地涂抹上豆沙馅，小心地卷好，再切成小块就大功告成啦。"

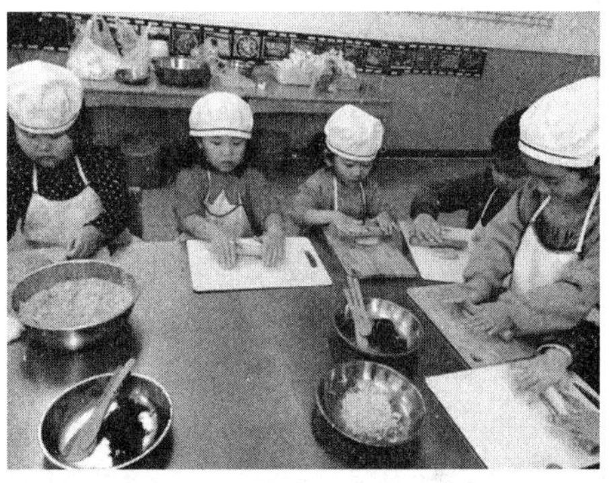

图 8

我们兴高采烈地动手尝试起来，在姥姥和奶奶的帮助下，小小的面团像是有魔法一样，不一会儿，可口的驴打滚就制作完成了。（图 8～图 9）

图 9

“爸爸妈妈，您辛苦了，请您也来尝一尝北京小吃吧。”幼儿在品尝美味的同时，也不忘请家长一起分享这份甜蜜和快乐。转眼间，活动结束了，幼儿在品尝美味的北京小吃后更加有力气了，纷纷变身小能手，把餐具、地面清理得干干净净。

活动名称：驴打滚　　　　　　　　　　幼儿人数：20 人

活动目标：

1. 学习制作驴打滚，发展动手操作能力。

2. 巩固团圆、擀皮的技能，学习叠卷的制作方法。

3. 对驴打滚及其他北京小吃感兴趣。

活动准备：

1. 经验准备：见过驴打滚，对其制作材料及方法有一定的了解；已掌握团面、压面、擀面的技能。

2. 物质准备：黄豆面、黄米面、豆沙馅、冰糖、桂花糖、青梅沫、案板、擀面杖人手一份。

食材和工具的卫生：案板、擀面杖已消毒，幼儿活动前洗手，掉到地上的食物及时丢掉。

食材和工具的安全：安全。

活动过程：

一、开始部分

请幼儿欣赏驴打滚图片，引导幼儿大胆猜测驴打滚是怎么做的？制作驴打滚都需要什么。

二、基础部分

1. 出示并介绍制作所需材料。

2. 教师示范驴打滚的制作方法，通过取面、团面、压面、抹馅料、卷的方法制作出驴打滚。

3. 幼儿依次去洗手、取面团，与老师一起回顾揉搓、团圆、压面、擀皮的技能。

4. 幼儿动手操作，教师鼓励幼儿大胆尝试涂抹馅料，卷制成驴打滚。

三、结束部分

1. 活动结束后，幼儿将桌面收拾干净，清洗案板及擀面杖。

2. 品尝劳动成果。

阶段反思：自从调查了老北京小吃之后，幼儿对老北京小吃兴趣只增不减，看着比比皆是的老北京小吃，孩子们对美食更加喜欢。幼儿发现老北京小吃的老字号太多啦，经过北京小吃大 party 的品尝，我们进行了美食排行榜的调查。通过了解各种京味儿小吃，让幼儿爱上老北京小吃，激发幼儿进行学习制作的兴趣。在探索制作驴打滚的过程中，幼儿成功制作了北京小吃驴打滚，并且在操作中能与同伴互相帮助、分享合作。驴打滚是老北京小吃，并不是家家户户经常吃的食物，所以大家不会制作，我班妙妙姥姥以前就是幼儿园的大厨，面点做得特别好，于是我们向妙妙姥姥请教驴打滚的制作方法。妙妙姥姥主动承担任务，带着两位家长进课堂，与我们一起制作驴打滚。三位家长特别认真，带领幼儿一起制作了驴打滚，结果非常成功，孩子们都品尝到了自己亲手制作的驴打滚。

第二阶段：美食文化

环节一：老北京小吃中的曲艺形式

在调查北京老字号的过程中，幼儿对于老北京的一些曲艺形式也产生了浓厚的兴趣。一些幼儿说最近特别喜欢听相声，爸爸妈妈也给他讲过以前有很多的吆喝叫卖声。上个月唱京剧让孩子们对这些老北京艺术形式产生了浓厚的兴趣，老师通过让幼儿欣赏相声贯口、各种叫卖吆喝声了解老北京的曲艺形式。

活动名称：老北京的叫卖声（集体活动）

活动目标：

1. 利用身边能够找到的材料，通过看看、想想、做做、画画等方法进行制作和模仿创作。

2. 了解并欣赏老北京的叫卖声。

活动准备：课件。

活动过程：

一、开始部分

导语："你知道哪些是我们北京特有的食品么？大家看看就知道了。"

播放课件并欣赏北京小吃的叫卖。

二、基础部分

1. 介绍北京小吃。

提问："你们听出来了么？谁来说一说什么叫北京小吃？（具有老北京风味的食品）"

2. 互相交流北京小吃的知识。

3. 向大家介绍自己了解的北京小吃。

4. 幼儿一起制作或绘画北京小吃，教师指导。

环节二：老北京餐桌上的规矩

随着对老北京小吃的探索，对老北京文化的了解，幼儿对餐桌上的礼仪也很感兴趣。因此教师请幼儿回家调查老北京餐桌上的规矩。

活动名称：餐桌上的礼仪（集体活动）

活动目标：

1. 了解筷子的来历，知道用筷礼仪。

2. 能辨别正确和不正确的握筷姿势。

3. 能够文明用筷。

活动重点：探讨、了解用筷礼仪的基本要求。

活动难点：辨别、练习正确的握筷姿势。

活动准备：学习单、课件、筷子、围棋子、录像。

活动过程：

一、开始部分

导语："小朋友们，你们还知道有什么吃饭的方式？你们知道用筷子吃饭有哪些优点吗？"

二、基础部分

1. 用筷礼仪第一关——掌握正确的握筷姿势。

跟着老师学一学正确的握筷姿势。

2. 用筷礼仪第二关——知晓用筷礼仪的要求。

（1）看录像，交流录像中不文明用筷现象。

（2）说一说已知的用筷礼仪。

（3）继续看录像，找出不文明用筷的地方，交流讨论。

（4）教师小结。

3. 用筷礼仪第三关——我的计划。

（1）写一写，从正确握筷和文明用筷两方面制订计划。

（2）交流计划。

三、结束部分

总结：我们的祖先发明了这么棒的用餐工具，作为炎黄子孙，我们一定要会用筷子，继承和发扬我们的民族传统。

环节三：老字号的历史文化

幼儿积极参与调查北京有哪些老字号，并通过填写调查表对北京老字号进行分类统计。每个幼儿都认真参与进来，统计自己调查的老字号。有的幼儿不认识字直接画在了调查表上。在统计的过程中孩子们有着浓厚的兴趣，碰到自己调查的老字号就高高地举起手。最后经过讨论，幼儿决定用不同颜色的柱状图将调查的结果进行展示。

活动名称：老字号的分类（集体活动）

活动目标：

1. 通过了解北京老字号，懂得崇尚质量、谦和诚信是老字号百年不衰的道理。

2. 能够利用各种方式调查自己身边的北京老字号，了解它们的特征。

3. 能够对调查表中的北京老字号进行分类。

活动准备：提前发放的北京老字号调查表，北京老字号的相关资料。

活动过程：

1. 初步感知。

导语："小朋友们，我们生活在首都北京，它是一座具有2000多年悠久历史的古城，它不仅仅有美丽的北海、颐和园，雄伟壮丽的长城，在北京城内还有着很多有名的北京老字号。"

2. 导语："在我们古老的北京城里有很多驰名中外的北京老字号，小朋友都利用自己的方式搜集了北京老字号的相关资料，现在就请大家在小组中说一说你完成的情况。"

3. 教师和幼儿一起对调查表进行吃、穿、用等分类统计。分别请幼儿说明自己调查的结果。

4. 导语："我们身边这么多的北京老字号，在小吃方面更多，之前我们还自己学做了北京小吃，你们想更多地了解咱们北京小吃的故事吗？"

5. 引导幼儿对北京老字号进行更深入的调查。

了解了老字号的历史文化，孩子们开始对牌匾产生了兴趣。

“为什么要设计牌匾啊？怎么有的形状不一样？”

“是啊！我看到有的有字，有的上边还有图画。”

“有的形状也不同。”

幼儿对牌匾产生了浓厚的兴趣，我们通过集体活动引导幼儿欣赏老字号牌匾的不同，请幼儿说一说牌匾都有什么特点，观察牌匾在形状、图案、颜色和文字上的差异。然后鼓励幼儿在美工区运用不同材料设计牌匾。

活动名称：欣赏北京老字号牌匾（集体活动）

活动目标：

1. 欣赏北京老字号牌匾，了解北京老字号文化。

2. 能够用多种材料制作牌匾。

活动准备：图片、纸、笔。

活动过程：

1. 通过讨论，了解有哪些北京老字号。

2. 欣赏北京老字号牌匾的图片，请幼儿说一说牌匾的特点。

3. 讲一讲老字号的文化渊源，了解老字号牌匾的由来。

4. 请幼儿尝试用不同的工具材料制作牌匾。

5. 请幼儿说一说自己设计的牌匾的特色，互相欣赏。

环节四：酱菜的秘密与制作

活动名称：六必居酱菜背后的故事（集体活动）

活动目标：

1. 了解六必居酱菜的起源。

2. 通过学习了解六必居酱菜的做法，有兴趣探究如何制作六必居酱菜。

活动准备：六必居酱菜的背景、做法、图片。

活动过程：

一、开始部分

1. 出示酱菜图片。

导语：“小朋友们，你们看这是什么？原来小朋友认识它，前段时间我们了解北京小吃的时候，你们就对它产生了兴趣。那你们想了解它吗？我来听一听你们了解的六必居酱菜。”

2. 请幼儿分享自己调查了解的六必居酱菜的起源。

3. 教师总结并讲述六必居的起源。

二、基础部分

探讨如何制作六必居酱菜。

1. 请幼儿猜想如何制作六必居酱菜。

导语："你们自己来想一想，六必居酱菜是怎么制作的？你觉得都需要哪些材料和工具呢？"

2. 幼儿猜想制作六必居酱菜的方法和步骤。

3. 激发幼儿探索制作六必居酱菜的兴趣。

导语："你们觉得制作酱菜难不难？是不是很复杂？听了老师的介绍，制作酱菜都需要注意哪些事情呢？那你们想不想一起来制作六必居酱菜呢？"

4. 讨论班级制作六必居酱菜需要的材料工具。

5. 请幼儿画出制作酱菜需要的材料工具和方法。

附：六必居酱园店设在北京，相传创自明朝中叶。挂在六必居店内的金字大匾，相传是明朝大学士严嵩题写。六必居原是山西临汾西社村人赵存仁、赵存义、赵存礼兄弟开办的小店铺，专卖柴米油盐。俗话说"开门七件事：柴、米、油、盐、酱、醋、茶。"这七件是人们日常生活中必不可少的。赵氏兄弟的小店铺因为不卖茶，就起名"六必居"。

猜想并调查制作六必居酱菜的过程后，幼儿又有了新的问题："老师，腌酱菜的时候可以直接腌制吗？咱们班用什么腌啊？也用坛子吗？"教师通过视频讲解，让幼儿了解制作酱菜的过程。幼儿动手清洗黄瓜，放盐脱水。

幼儿第二天来园后惊讶地发现："快看盆里有好多水！黄瓜都蔫了。"经过一夜的腌制，黄瓜的水分都被腌出来了(图 10)。接下来该怎么做呢？有没有办法能让蔬菜里的水分出来的更多一些？怎么操作才更方便？有的幼儿说用手挤一挤，有的幼儿说直接晒。我们用了小朋友的方法。

图 10

"老师，我们的黄瓜干啦！接下来我们是不是该腌制啦?"幼儿纷纷激动地表示想赶快制作酱菜。教师组织幼儿分组进行操作，剥蒜、洗姜、切姜片、熬制腌料、清洗罐子、装坛（图 11～图 12）。

图 11

图 12

活动名称：制作六必居酱菜　　　　幼儿人数：20 人

活动目标：

1. 学习制作酱菜。

2. 在食品制作体验活动中，体验制作的乐趣和分享的快乐。

活动准备：

1. 经验准备：见过或品尝过酱菜，已掌握切的基本技能。

2. 物质准备：黄瓜五斤、大蒜生姜各一斤、生抽两瓶、红糖一袋、盐一袋、花生油、花椒少许、刀具和案板人手一份。

食材和工具的卫生：刀具、案板已消毒，幼儿活动前洗手，掉到地上的食物及时丢掉。

食材和工具的安全：幼儿在使用刀具时教师给予指导和帮助。

活动过程：

一、开始部分

播放六必居酱菜的制作视频，引导幼儿思考：酱菜是怎么制成的？

二、基础部分

1. 出示制作所需材料：黄瓜、大蒜、生姜、生抽、红糖、盐、花生油、花椒。

2. 教师引导幼儿大胆猜测：如何将这么多的材料制作成美味的酱菜呢？

3. 教师讲解酱菜的制作方法。

(1) 洗净黄瓜，晾干水分。

(2) 切成大小均匀的条块。

(3) 把腌好的黄瓜彻底沥干水分备用。

(4) 把生抽、红糖、大蒜、生姜、花椒放在一起煮开，添加一勺花生油继续煮片刻，彻底放凉后备用。(图 13～图 14)

图 13

图 14

(5) 把腌好的黄瓜和放凉的酱料混合拌匀，静置，中间翻动几次。

(6) 等黄瓜基本被酱料没过，收在密闭的容器中保存即可。

4. 幼儿依次去洗手、取黄瓜，切片。

5. 幼儿动手操作，教师给予适当的帮助和指导。

三、结束部分

1. 教师在幼儿切好的黄瓜中放入适量的盐腌制。

2. 幼儿将自己的桌面收拾干净，清洗案板及刀具。

3. 将腌制好的黄瓜与调好的汁料一起熬煮，完成后放置一段时间。

阶段反思：在本阶段，幼儿进一步了解了老北京的文化，包括老北京的曲艺形式、老北京餐桌上的规矩以及酱菜的制作。幼儿对老北京文化有了更为立体的了解和认识。在酱菜的食品制作体验活动中，以幼儿动手切黄瓜为主，配以向幼儿介绍腌制的方法、酱料的调制方法，幼儿在参与活动中，情绪饱满，热情高涨，较好地解决了活动中的重难点内容。活动后，幼儿对于盐能使黄瓜出水这一现象十分感兴趣，开展了热烈的讨论与探索。

第三阶段：健康饮食我知道

环节一：美食的烹饪方法

活动名称：美食的烹饪方法

活动目标：

1. 能分辨不同烹饪方式的制作方法不同。

2. 养成良好的饮食习惯。

活动过程：

1. 出示不同制作方法的食物，请幼儿为它们分分类。
2. 请幼儿说一说自己爱吃哪种食物，为什么？
3. 介绍健康食品和垃圾食品的区别。
4. 总结不同的烹饪方法，我们应该多吃什么？少吃什么？

环节二：合理饮食保健康

幼儿都觉得酱菜特别好吃，有的说自己在家做的酱菜也很美味，有的说酱菜好吃，就是太咸了。酱菜很好吃，但是能多吃吗？那么其他好吃的食物可以吃得特别多吗？你觉得怎样饮食才合理呢？饮食需要注意哪些问题？

活动名称：合理饮食保健康

活动目标：

1. 注意饮食卫生，养成良好的饮食习惯。
2. 提高在冬季自我保护的意识。

活动过程：

1. 导语："请你说一说你最喜欢吃什么？是不是你想吃什么爸爸妈妈都会同意，为什么？"
2. 讨论：哪些食品是对身体有好处？哪些食品对身体没有好处？
3. 提问："冬天在吃东西时应注意哪些问题？为什么？应该怎么做？"
4. 发起"小小卫生宣传员"活动，引导幼儿不但自己要注意饮食卫生，还要向别人宣传。

活动延伸：

1. 制作"小小宣传员"的标志牌。
2. 做卫生评比记录。
3. 收集材料，制作宣传展板。

六、收获感悟

我感觉这次主题的开展过程也是我自身成长的一个过程，因为主题的开展过程和我的计划有了不小的出入因此在主题开展过程中我不断根据幼儿的兴趣生成新的活动。

北京是一个有文化底蕴的城市，老北京的文化更是源远流长，北京小吃是北京重要的文化遗产。北京的风味小吃历史悠久、品种繁多、用料讲究、制作精细，堪称有口皆碑。

为了培养幼儿的探究能力，让幼儿体验在活动中探究的快乐，在活动前我先请幼儿调查了北京小吃都有哪些，并且进行了品尝。通过品尝，幼儿选出了最喜爱的驴打滚进行制作，在家园合作的共同努力下，孩子们体验到了成功的乐趣。通过吃我们又引申到吃的文化——美食老字号，幼儿对六必居酱菜产生了浓厚的兴趣，由此我们班开展了自制酱菜的活动。幼儿在对酱菜有了一些了解后，又对酱菜的制作进行了猜想及调查。在精心的准备下，幼儿决定自己动手制作酱菜。首先我们开展了选菜的活动，选择出适合制作的菜后，我们进行洗菜、削皮、切菜、晾晒等工作。通过制作，幼儿知道了黄瓜还需要用盐提前腌制一下，把多余的水分挤出去，并且要把菜晾晒干了，这样是为了让酱菜吃上去口感更脆一些。幼儿按照自己的计划有条不紊地进行着制作酱菜的准备工作，当成功装坛的时候，他们高兴得只想赶快尝一尝亲自制作的酱菜。

结合老北京餐桌上的礼仪，我们还开展了合理饮食保健康和老北京餐桌上的规矩等活动，幼儿在品尝酱菜的同时知道腌制品不能多吃，油炸食品也不能多吃。通过主题活动，幼儿进一步了解了老北京的文化，也为幼儿以后养成良好的生活习惯奠定了基础。

主题十二：我和米粒去旅行（大班）

指导老师：张珊珊

一、主题由来

在一次午餐后，值日生小宇很生气地说："快看看第二桌小朋友撒的米粒都粘在地上了，真不好打扫，你们都不知道爱惜粮食吗?"正跟着一起做值日的子游说："农民伯伯种米很辛苦的。"小宇问子游："你知道米是怎么种出来的吗?"子游说："我不知道怎么种的，但我记得妈妈给我讲过，说种米要挑选最好的水稻，好像掉皮之后才是大米粒呢!"值日生做完值日后，聚集在一起继续讨论着刚才关于米的话题，轩轩说："我吃过的寿司就是用米做的，也特别黏。"坤坤说："我爸爸和叔叔在我家喝过的一种酒也是用米做的。"其他幼儿听到他们的谈话都纷纷加入进来。

幼儿能发现周围环境中有趣的事情，喜欢观察，对操作探究活动感兴趣。正因为"米"非常贴近幼儿的生活，太常见反而容易让人熟视无睹了。通过米粘在地上的事件和幼儿的讨论，我发现幼儿对米的了解大多是从家长口中得来的，幼儿不知道米是从哪来的，也没有见过水稻。为满足幼儿对知识的需求和探究欲望，我及时捕捉到幼儿的这一兴趣点，设计了"我和米粒去旅行"的一系列活动。

二、设计思路

在"我和米粒去旅行"的主题活动中，我带领幼儿通过观看图片和视频、设计调查表、交流与讨论等方式进行学习。幼儿在直接感知、亲身体验和实际操作中积极主动地探索米的更多知识，丰富了知识及生活经验。

本次主题活动分为三个阶段，每个阶段又细分了不同的活动内容。

第一阶段：米的文化。

在从幼儿的猜想中了解幼儿已有经验的基础上，有目的地丰富幼儿的知识经验。帮助幼儿知道米的由来，探究水稻的种植过程及生长过程，知道我国的"杂交水稻之父"袁隆平，了解杂交水稻和其他水稻的区别；能够通过观察不同米的颜色、形状直接感知各种米的不同，知道各种米的名称，在观看视频中知道以前的米和现在的米种植方法的区别。

具体环节：米是怎样种出来的——"杂交水稻之父"袁隆平——各种各样的米——米的发展。

第二阶段：米粒营养多。

知道米的营养和对我们身体的好处，知道各种米有不同的营养价值，知道我们吃的粮食是农民伯伯靠辛勤的劳动换来的，懂得珍惜粮食。

具体环节：大米粒营养多——爱惜粮食从我做起。

第三阶段：米粒大变身。

基于幼儿的知识需求和探究欲望，进一步结合生活经验探究制作米醋的过程。在制作前幼儿收集制作米醋的材料，在探索米醋的过程中，幼儿能够大胆说出自己的观察和发现。由制作米醋引发出用米做的食物，选择自己最喜欢的食物进行制作，在制作过程中探究制作方法，丰富生活经验。

具体环节：制作米醋——水去哪里了——用米做的美食——美味切糕。

三、幼儿可获得的领域经验

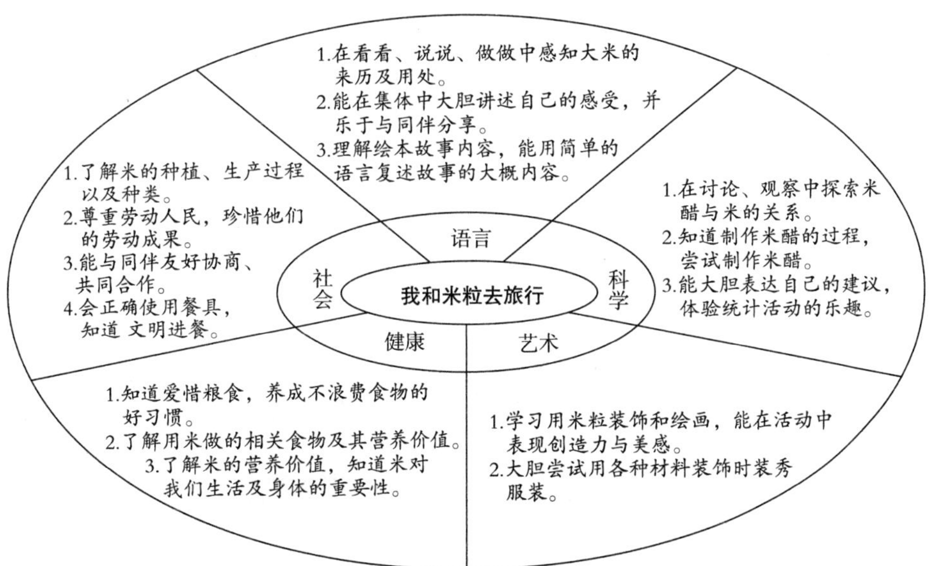

四、主题网络图和主题墙饰

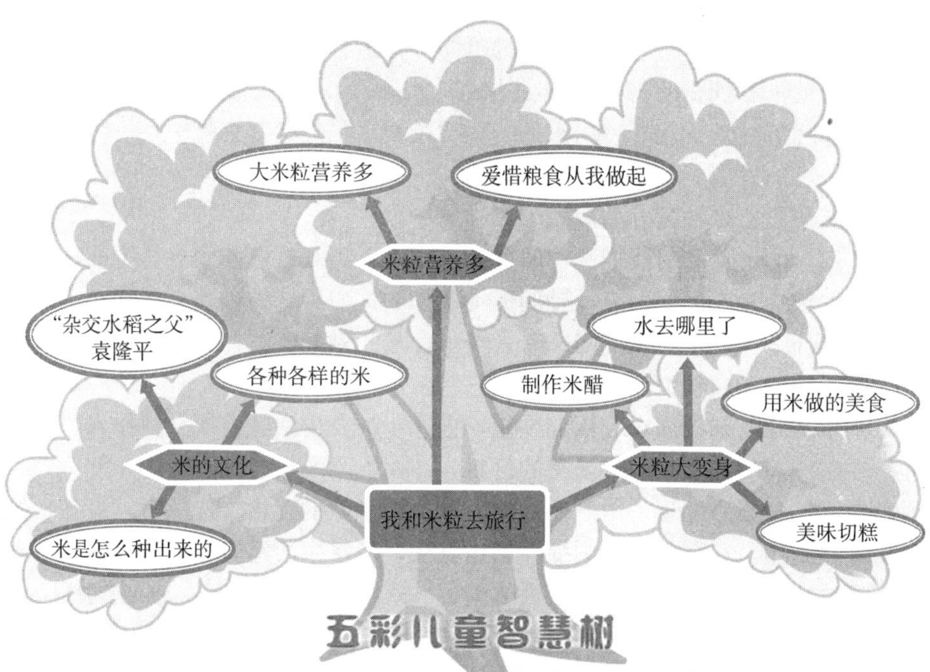

图 1

图 2

图 3

图 4

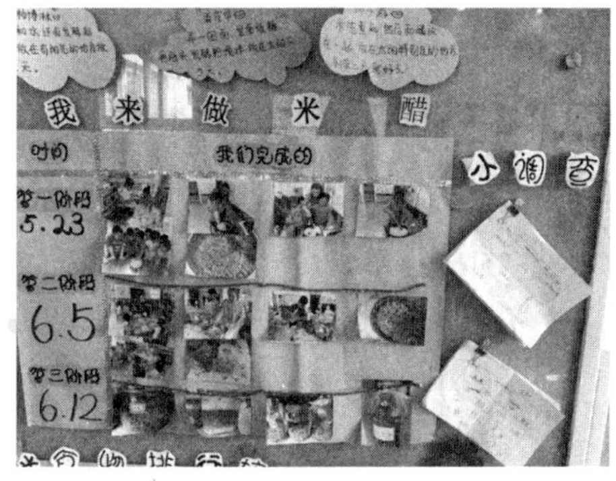

图 5

五、主题过程实录

第一阶段：米的文化

环节一：米是怎样种出来的

一粒饭粘在地上扫不起来的事件引发了幼儿之间的交流，幼儿对米粒产生了兴趣。在观察中我发现孩子们一直在谈论米粒是怎样种出来的话题。

小宇："麦穗的外壳掉下来就是大米了。"

游游："小草苗长大了变成花，再掉皮就是米。"

一壹："米是用种子种出来的。"

孩子们有很强烈的求知欲望，我借助家长资源和幼儿一起收集米的相关资料，带幼儿观看视频了解米的种植过程。在观看视频的过程中，孩子们看到了米每一步的种植过程和生长环境。

活动名称：米的来历

活动目标：

1. 了解大米的产生过程，知道它的来之不易。

2. 了解农民伯伯的辛勤劳动，能够珍惜粮食，珍惜别人的劳动成果。

活动准备：PPT 课件、水稻播种至收割全部过程的图片、记录表。

活动过程：

一、开始部分

观看 PPT，知道秋天是收获的季节。之后结合幼儿已有经验讨论：秋天都有哪些东西丰收了？

二、基础部分

1. 看看、说说米及米制品。

2. 出示米饭，提问：“这是什么？它是用什么做的？米从哪里来？”

3. 看课件《大米的产生》。

提问：“米除了可以做成米饭，还可以做成什么？”

4. 与同伴交流、分享。

小结：除了可以用来煮饭，米还可以用来包粽子，做爆米花，酿甜酒，做成米粉、粽子、汤圆、米饼等。

三、结束部分

再次播放课件，让幼儿知道大米是如何磨成粉并制成这些食物的。师幼讨论并由教师做小结，总结出大米的多种用途。

环节二：“杂交水稻之父”袁隆平

孩子们对米的文化渐渐有了初步的了解，知道了大米的种植方法，在相互交流中也经常说着关于种植大米的话题。一次嫣嫣的话让整个班小朋友都目瞪口呆，嫣嫣在和小朋友交流种植大米的话题时，问了小朋友们很多问题，她说：“你们知道我国的杂交水稻之父是谁吗？你们知道什么是杂交水稻吗？”她这一问引起了孩子们对杂交水稻的兴趣。

我请幼儿带着问题一起观看杂交水稻的视频，他们知道了我国最有名的“杂交水稻之父”袁隆平，是他研究出了新的水稻种植方法，让我国的水稻产量大幅增长，在观看的过程中还知道杂交水稻的种植概念及生长过程，丰富了幼儿的生活经验（图 6）。

图 6

活动名称：杂交水稻

活动目标：

1. 知道我国杂交水稻之父的名字。

2. 在观看视频的过程中了解杂交水稻的种植过程。

活动准备：视频。

活动过程：

一、开始部分

导语："今天老师给你们介绍一位很有本事的爷爷。我们一起来看一看。"

二、基础部分

1. 导语："谁知道爷爷的名字叫什么？他被称为什么？什么叫杂交？杂交水稻和我们平时见过的水稻有什么不同？视频中的种植方法和我们之前了解的米的种植方法有什么不同？"

2. 提问："谁来说一说杂交水稻的种植方法？"

三、结束部分

相互讨论看完视频后的感受。

环节三：各种各样的米

孩子们渐渐地对米产生了浓厚的兴趣。我在谈话中问幼儿："谁来说一说你都见过什么样的米？都叫什么名字？"孩子们很兴奋地说出自己家里都有什么米，有的说有黑米，有的说有小米……于是我给孩子们布置了一个小任务，请他们去收集各种米粒，看谁收集的种类最多。

第二天，孩子们把自己带来的米分别摆放好，一一分享给大家。孩子们都说出了自己带来的米的名字，还介绍了自己记住他们名字的好方法。幼儿 1："我是根据这些米的颜色来记住它们的。"幼儿 2："我是根据形状和颜色来记的。”通过分享，孩子们都认识了我们生活中常见的米。我们班最爱提问题的豆豆问：“这么多的米都是用同一种方式种出来的吗？黑米怎么是黑色的？”这个问题让孩子们再次产生了好奇心和求知欲，我请幼儿在家长的帮助下上网搜集相关资料，幼儿知道了各种米的种植方法、生长环境、成熟的季节和收割方式都不同。

[子活动一]

活动名称：各种各样的米

活动目标：

1. 认识几种常见的米，感受米的多样性。
2. 懂得农民种粮食的辛苦，知道要爱惜粮食。

活动准备：米的生长过程图片。

活动过程：

一、开始部分

导语：“小朋友，你们看这是什么？你们知道米是从哪里来的吗？”

二、基础部分

1. 观看影像资料，了解米的种植生产过程。

导语：“通过看刚才的录像，你们知道米是怎么来的吗？”

（秧苗——成熟的稻穗——收割——脱粒——去壳起米）

小结：从稻子到我们手中的米，这中间要经过很多复杂的工序。米是由农民伯伯的辛苦劳动换来的，因此小朋友每天吃饭的时候都要想到农民伯伯的劳动，我们要爱惜粮食，不能浪费。

2. 角色游戏：逛米店。

请个别幼儿担任米店营业员，其他幼儿买米，买米的幼儿要把自己要买的米的名字和特征讲述清楚（图7～图8）。

图7

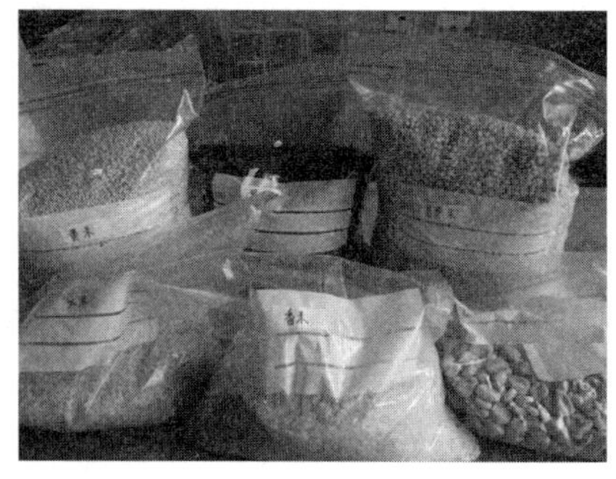

图8

［子活动二］

活动名称：米家族（数学活动）

活动目标：

1. 在观察、比较、讨论中学习制作统计图。

2. 提高观察和记录的能力，尝试和同伴共同完成任务。

3. 能大胆表达自己的意见，体验统计活动的乐趣。

活动准备：大黄米、小黄米、青小米、泰国香米、黑米各一份、纸和笔每人一份、统计示范图。

活动过程：

一、开始部分

1. 观察教师提供的米，对统计活动感兴趣。

2. 学习按照形状制作统计图，初步了解统计图的特征和制作方法。

3. 指导幼儿记录圆形米粒和长条形米粒的种类。

导语："大家看看桌子上的米粒有几种形状？圆形的有几种？长条形的有几种？"

4. 根据幼儿的回答在黑板的大统计表上做记录，请幼儿校对。

5. 导语："小朋友再观察一下，圆形米粒中有几种颜色？长条形的米粒有几种颜色？"

二、基础部分

1. 幼儿将自己喜欢的米粒图片贴在胸前。

2. 幼儿尝试制作统计表，根据形状、颜色进行统计、记录。

3. 教师巡视，指导幼儿点数。

三、结束部分

1. 各组代表讲述自己的统计结果，并将统计表张贴在黑板上供大家交流欣赏。

2. 对活动中能大胆说出自己想法、和同伴合作愉快的幼儿进行表扬和鼓励。

［子活动三］

活动名称：米粒画（美工区）

活动目标：

1. 能利用种子进行粘贴作画，根据种子不同的外形特征表现一定的物体形象。

2. 发现自然材料的美，体验成功的乐趣。

3. 能在活动中耐心、细心地完成作品。

活动准备：提供各种米粒、彩色硬卡纸。

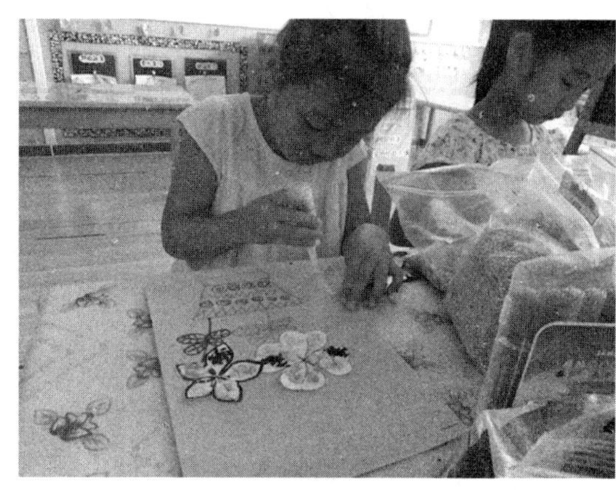

图 9

环节四：米的发展

我们在图书区投放了很多关于米的图书，孩子们在看书时发现以前的米和现在的米颜色、形状都不一样，还发现古代人种米用的工具、方法和现在的也不一样，由此孩子们对古代米的种植及种植工具产生了兴趣。通过看视频及图片，幼儿知道古代种米是用牛来耕地，现在的米都是用机器来种植，还发现古代和现代放米的器皿也不一样。

活动名称：米的发展

活动目标：

1. 知道大米的发展历史及文化。

2. 懂得爱惜粮食，珍惜他人劳动成果。

活动准备：视频。

活动过程：

1. 观看视频和图片，了解大米的发展历史。

导语："看完视频和图片，请你说一说自己的感受，你对哪些画面最感兴趣？古代的米和现代的米有什么区别？古代人装米用的器皿和现在有什么不同？我们现在的米是用什么样的工具种出来的？以前的人们用什么工具？（图 10）"

2. 比较并体会劳动人民的辛苦。

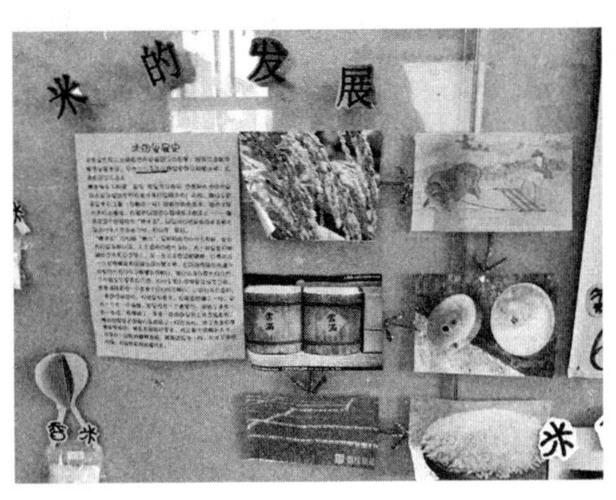

图 10

阶段反思： 在第一阶段的活动中，通过观看视频丰富幼儿对米的历史发展知识的了解。幼儿知道了水稻和杂交水稻的区别，初步感知农民伯伯的辛苦。孩子们逐渐对各种米产生了兴趣，为满足幼儿的求知欲望，家长配合幼儿去收集各种米。幼儿在活动中学会了分类、统计、记录，在丰富的活动中幼儿参与主题活动的积极性越来越强烈。

第二阶段：米粒营养多

环节一：大米粒营养多

孩子们很喜欢吃小枣切糕，潇潇吃完第三块后又来拿，旁边的诺诺说：“你别吃了，一会你肚子会疼的，奶奶说黏的东西不好消化。”教师及时抓住这一契机和孩子们进行了讨论：“哪些用米做的食物我们不能多吃，哪些用米做的食物吃了对身体是有好处的呢?”接下来教师收集了很多用米做的食物并展现在墙面上，带领幼儿观看视频了解各种米的营养价值。幼儿知道用各种米熬粥很有营养，易消化、易吸收，还能补充各种微量元素。把大米用油炸了做锅巴，还有用米做的黏黏的食物就不宜多吃。在活动中孩子们把自己的理解用语言大胆表述出来，知道各种食物的营养价值和健康的饮食对我们身体的益处（图 11）。

图 11

环节二：爱惜粮食从我做起

“我和米粒去旅行”主题开展到现在，孩子们从每个活动中都有很多的收获。

乐乐：“我们以后吃饭不能再掉米粒了。”

洋洋：“对，种米是很辛苦的，要做那么多的事情。”

乐乐：“我们回家告诉妈妈我们要爱惜粮食不能浪费。”

洋洋：“对，有时候我看奶奶把剩饭给扔了，多可惜啊！”

听到孩子们的对话，我把这个事情变成了一个小故事和孩子们分享，孩子们从故事中也感受到农民伯伯的不易，表示要用自己的行动去告诉家人珍惜粮食。

活动名称：古诗《悯农》

活动目标：

1. 在会朗诵的基础上理解诗的大意和诗中所表达的情感。
2. 理解诗中“辛苦”一词，并能用“辛苦”说一句话。
3. 懂得粮食是农民伯伯用汗水换来的，来之不易。

活动准备：古诗挂图、小米粒的头饰若干、儿歌《捡米粒》。

活动过程：

一、开始部分

出示图片，引出主题。

导语：“图片上有谁？他在做什么？当时的天气怎么样？”

二、基础部分

朗诵古诗，解释诗意。

1. 指导幼儿朗诵韵律节奏及重读音（日、午、土、餐、粒粒、辛苦）。

2. 导语：“当太阳最热的时候，有一位农民伯伯还在田里锄草，他的汗一滴滴掉到土里。唉，谁知道我们碗里的饭，每一粒都是农民用辛苦劳动换来的呀。”

3. “锄禾日当午”：“锄”指锄草的动作，“禾”指庄稼，“日当午”指到了中午最热的时候。

4. 出示图片，学习词汇“辛苦”，并用它来说一句话。例如爸爸工作很辛苦，妈妈干家务很辛苦等。

5. 导语：“爸爸、妈妈和农民伯伯都这么辛苦，我们应该怎么做呀？”教育幼儿要从小爱惜粮食，尊重别人的劳动成果。

三、结束部分

游戏：捡米粒。

阶段反思：在第二阶段的活动中，幼儿重点感知了农民伯伯的辛苦，并用自己的行动带动身边的人，告诉他们要爱惜粮食。能够爱惜粮食的品质最为珍贵，最能体现幼儿在本次活动中的成长，也达到了教师预设的活动目标。

第三阶段：米粒大变身

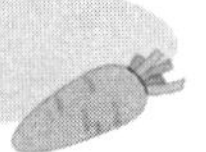

环节一：制作米醋

醋是我们在生活中常见的一种调味剂，大家都知道醋是酸酸的，可有的幼儿尝过，有的幼儿根本不知道醋是什么味道的，一次我把一瓶醋倒在了容器里让孩子们通过看看、闻闻、尝尝亲身感受醋的味道，帮助幼儿积累生活经验。

美美："米醋是怎么做出来的？是用什么米做的？"

果果："我回家让妈妈上网去查查米醋是怎么做的。"

孩子们对制作米醋产生了兴趣，都纷纷议论起制作米醋需要什么。为调动孩子们主动学习的积极性，我把问题抛给了孩子们，如果我们要制作米醋，都要用到什么工具呢？幼儿根据已有的生活经验说出了很多他们认为制作米醋需要的工具，最后，我们通过观看视频知道了制作米醋需要使用的工具，孩子们还用绘画的方式把制作米醋用的工具记录下来。

孩子们把收集的各种材质的密封罐都拿到了幼儿园，材料都准备齐全了，米醋到底该怎么做呢？

杨博淋："把米、水、醋还有发酵粉放在一起搅拌，然后在有阳光的地方放 15 天。"

栾芃宇："找个罐子，里面放上糖，再放米和发酵粉搅拌，最后在太阳下放 5 天。"

王萨博："米和醋倒在罐子里，放在阴凉地半天。"

结合近期我们对制作米醋相关知识的了解，为进一步满足幼儿的需求，我们发放了调查表，让家长带幼儿找出制作米醋的好方法，用绘画和符号的形式记录米醋制作流程图，体验统计活动的乐趣（图 14）。

制作米醋最关键的一点就是把米炒好，还有就是米和水的配比，孩子们对炒米这个问题又展开了讨论。

嫣嫣："炒米怎么炒啊？我们班里没有锅啊？"

轩轩："炒出来的米是不是就成大米花了，我们是用大米花来做醋吗？一定特好玩。"孩子们的想法真是天马行空，那么究竟怎样来制作米醋呢？首先要选择制作米醋的米。于是老师和孩子们一起探讨我们选择哪几种米来制作米醋，哪种米会成功呢？孩子们最终选出了大米、糯米和薏米，教师带领幼儿拿着这三种米开始进行炒米活动。三种米都炒好后，孩子们仔细地看着盆里炒好的米说："原来炒出来的米是金黄色的、香香的。"

下一步我们就要进行制作了，教师把炒好的米放在桌前由孩子自己选择一种米制作米醋，旁边放了一个大水杯。孩子们拿出自己带来的密封罐，分组往瓶子里放米、加水、密封。幼儿都有序而专注地做着自己的事情，教师在一旁关注着幼儿的表现。在操作过程中，孩子们发现容器不一样，放米的量也不一样，倒水的多少也会不一样，孩子们根据自己的容器选择了不同的工具进行操作，还把自己的发现告诉了还没进行操作的小朋友。最后的密封是关键，发酵的东西一定要密封好才可以，在大家的相互帮助下，终于大功告成！孩子们小心翼翼地把瓶子放到了展示台上，不时地回头看着瓶子里飘着的米粒，每个孩子都露出了甜甜的微笑，他们体会到了成功的喜悦，更体会到制作米醋的不容易。

制作米醋过程：

第一阶段：炒米（图 12～图 13）。

图 12

图 13

第二阶段：装米、放水（图 14～图 15）。

图 14

图 15

第三阶段：密封（图 16）。

图 16

活动名称：我们来做米醋

活动目标：

1. 知道制作米醋的食材、工具以及制作方法。

2. 体验制作米醋的乐趣。

活动准备：炒好的米、密封罐、水、保鲜膜。

活动过程：

一、开始部分

幼儿交流制作米醋的方法。

导语："今天我们要来制作米醋，之前我们都了解了米醋的制作过程，那我们一起来回忆下。"

二、基础部分

1. 出示密封罐和炒好的米，开始制作米醋。

2. 幼儿在往密封罐里放米的过程中可能出现的问题：往瓶子里灌米的时候总是洒在外边。

导语："想想怎样才能不让米掉在地上?"（把罐子放在盆中间的位置，这样撒下来的米会掉在盆子里）

3. 幼儿小组讨论制作过程中的密封方法，可以选择什么材料密封。（报纸包、保鲜膜、塑料袋等）

4. 幼儿操作，教师观察并进行个别指导。

三、结束部分

把制作好的米醋放在展台供幼儿观察。

环节二：水去哪里了

孩子们每天来到幼儿园最兴奋的事就是来到展示台看看自己瓶子里的米有没有变化。有一天，孩子们惊奇地发现有一个罐子里的水没有了。

博林：“哎呀，这个罐子里怎么没有水了？是不是就做不出米醋来了？”

孩子们都说着：“水跑到哪里去了？”孩子们自主探究水的去向，相互说着自己的想法。孩子们坚持每天观察罐子里的变化，发现里面的米粒也渐渐地干了。教师启发幼儿思考是否是罐子没有密封好，所以罐子里的水就蒸发了。

孩子们知道密封很重要，密封不好会影响米醋的制作。与此同时我们还探索出了很多密封罐子的好方法。幼儿找来了好多保鲜膜和皮筋，再次给瓶子密封。幼儿在观察中发现问题、探究问题、寻求答案，提高了探究能力，丰富了相关知识。

环节三：用米做的美食

一说到好吃的，小朋友们就兴奋地不得了。我们引导幼儿说一说自己都吃过哪些用米做的食物，味道怎样。

美美：“米糕好吃，你们都没吃过吧！我想做米糕。”

轩轩：“我爱吃寿司，里面还卷着很多蔬菜呢。”

教师把孩子们说的食物记录下来制作了一个美食排行榜，看着这么多好吃的，孩子们都想自己做出来尝一尝。但我们要做哪种美食呢？孩子们纷纷地讨论起来。

婷婷：“我想做切糕，切糕里面有好多的小枣，特别甜。”

萨博：“米还可以做成锅巴、粽子、米粉。”

我把手里的小贴花发给孩子们，请他们投票选出要制作的美食。孩子们拿着手里的小贴花进行投票，并大胆地说出了自己投票的理由。最后孩子们投票最多的美食是小枣切糕。

活动名称：美食排行榜

活动目标：

1. 知道用米制作出的食物的名称。

2. 用投票方式选出大家最喜欢的食物。

活动准备：展板、贴花。

活动过程：

1. 提问：“小朋友们，你们都知道哪些用米做的食物？这些食物是怎样做出来的？”

2. 请幼儿投票选出最喜欢的美食（图 17）。
3. 幼儿唱票并标注票数。
4. 确定幼儿选出的美食，收集相关资料查阅制作方法。
5. 家园共育收集米。

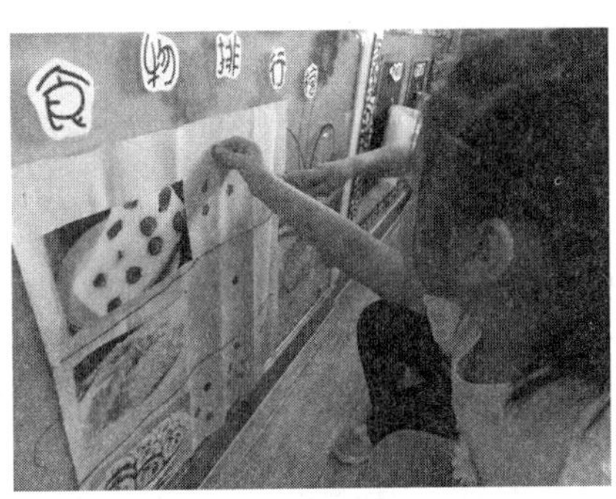

图 17

环节四：美味切糕

我们的食品制作课程是孩子们最喜爱的，但今天，他们比以往更加兴奋，因为今天要制作的是孩子们自己选出来的食物小枣切糕，孩子们窃窃私语地讨论着。

嫣嫣开心地说："切糕上有很多的枣，可甜了。"

露露兴奋地说："切糕是怎样一层一层地做出来的呢？"

其实制作小枣切糕的工序并不复杂，但是在分层方面需要特别注意。每一层糯米上面都均匀地放上枣后，还要继续加一层糯米，一共三层糯米两层枣。老师组织孩子们一起观看了制作切糕的视频后，孩子们就迫不及待地开始动手了。不过孩子们在操作的过程中遇到了问题，他们发现糯米很黏，总粘在小勺上面，一使劲儿按还会把铺好的糯米粘起来，这可怎么办？后来孩子们一起讨论怎样不让糯米粘在小勺上还能很轻松地把糯米铺满整个托盘。终于孩子们想出了一个好主意，之前我们做过驴打滚，小勺总是被粘着，孩子就往小勺上沾点水，孩子们根据自己想出的办法进行了尝试，发现效果很好。孩子们很顺利地就把第一层糯米均匀地铺在托盘里，接着孩子们把洗干净的小枣也均匀地摆放在糯米上。在铺第二层糯米时，孩子们按照第一次的方法操作，很快切糕就做好了。

活动名称：制作切糕

活动目标：

1. 学习用木勺均匀分层地添加果料和压糯米的技能。

2. 观看视频讨论切糕的制作方法及注意事项。

3. 喜欢参加食品制作活动，在制作活动中积极动手动脑。

活动准备：糯米、小枣、蜜豆、果仁、盆和木板勺若干。

活动过程：

1. 了解制作切糕所需的工具和材料。

2. 看视频学习制作切糕的方法。

3. 讨论如何用木勺均匀地把糯米压好，放果料时应注意什么，最好怎样密封等问题。

4. 提出制作过程中要注意的事项。

5. 幼儿分组洗手取材料进行制作（图 18）。

图 18

6. 教师指导需要帮助的幼儿。

7. 制作完成后，请幼儿相互分享自己在制作切糕的过程中遇到的困难以及解决的办法。

阶段反思：在第三个阶段的活动中，孩子们的技能和探索能力大大提高，在每个活动中孩子都是从直接感知、亲身体验和实际操作中不断地发现问题、解决问题。在这个阶段的活动中，教师更多的是作为一个观察者和支持者，把主动权给幼儿，让幼儿在每个活动中都能够积极主动地探究，获得更多的知识经验。

六、收获感悟

“生活对幼儿发展具有重要的价值，对幼儿而言，生活是重要的学习内容，也是重要的学习途径。幼儿的一日生活、与幼儿有关的社会生活及幼儿的游戏都是重要的课程资源。”我们要善于从幼儿的生活出发，发现教育契机，利用幼儿熟悉的环境，以适合幼儿的方式，组织幼儿开展他们喜欢的主题活动，让幼儿在生活中学习，在生活中发展。本班的“我和米粒去旅行”主题活动的开展就是来源于孩子的生活，在孩子们的发现、疑问和需求中，我们和孩子一起搜集米的种植生产过程资料，一起认识了各种各样的米。孩子们在看一看、摸一摸、尝一尝的过程中学习了米的知识。在制作米醋的过程中，孩子们积极主动地探索，自主地寻找合作伙伴，在身临其境中获得了知识，发展了能力。在进一步认识米的过程中，幼儿萌发了尊重人们劳动成果的思想，培养了爱惜粮食的习惯。在这个主题活动中，虽然没有便利的条件让孩子去亲身体验种植活动，但是我们利用网络媒体弥补了缺憾，我们充分利用信息技术，让孩子在主题活动中感受到学习的快乐和收获。

主题十三：春来野菜香（大班）

指导老师：张旭楠

一、主题由来

暖和的春天来了，大地上的每一个角落都充满了春天的气息。幼儿园里，柳树抽出了细细的柳丝，上面长出了嫩叶。小草带着泥土的芳香钻了出来，一丛丛，一簇簇，又嫩又绿。花儿也伸了伸懒腰，打了个哈欠，探出了小脑袋。孩子们对园里开放的各种花产生了兴趣，在散步和户外活动时总会停下脚步去看一看、闻一闻。一天，小宝在草坪上玩耍时发现了一个秘密："看，小草变绿了，长出新的叶子啦。""哇，真的变绿了，这儿的叶子已经长很高了。"一旁的亮亮大声地说出他的发现："老师，这儿还有一棵很大的草，它是什么草?"然然跑过来看了看，惊喜地说："这棵草能吃，我吃过，可好吃了。""不对，草怎么能吃?""能吃!""不能吃!"……两个孩子的争执引来了许多小朋友，他们也各抒己见，有的说能吃，有的说不能吃。

根据《指南》和《纲要》的精神，教师"要充分利用自然环境资源，扩展幼儿生活和学习的空间"，同时结合陶行知先生创立的"生活即教育"理论，使教育与生活、教育与社会实际紧密联系。面对孩子们的争论，我从本地、本园的条件出发，结合本班幼儿的实际情况，决定开展一个"春来野菜香"的主题活动。野菜是自然植物，种类繁多，用处广泛。此活动目的就是满足幼儿的探索欲望，使幼儿对野菜有更深入的认识和了解，从而培养幼儿对生活的热爱。

二、设计思路

在"春来野菜香"的主题活动中，我们通过亲子挖野菜、设计调查表了解野菜历史。幼儿间的交流讨论和实际操作不断丰富着幼儿的生活经验。

本次主题活动分为五个阶段，每个阶段又细分了不同的活动内容。

第一阶段：神秘的野菜。

此阶段主要是让幼儿与家长亲自走到大自然中去发现野菜，初步认识几类野菜，并能够与家长愉快地挖野菜。这是活动的一个导入阶段，激发幼儿探索野菜的兴趣。

第二阶段：野菜的历史。

幼儿在与家长挖野菜时，有的幼儿说："妈妈，野菜是怎么来的呀？是人种的吗？野菜从什么时候有的呀？"我们根据幼儿一个又一个的问题生成了此阶段的活动，帮助幼儿了解野菜的历史。

具体环节：野菜的发展史——挑菜节。

第三阶段：野菜的分类。

通过前两阶段的活动，幼儿已经认识、了解了一些野菜，那么这时候就需要为野菜分分类了。生活中常见的野菜有什么？哪些野菜可以吃？哪些野菜不可以吃？野菜除了可以吃，还有其他作用吗？帮助幼儿梳理已有经验，让他们对野菜有更深一步的了解与认识。

具体环节：统计野菜的种类——野菜可以怎样吃——野菜书签。

第四阶段：神奇的艾草。

我班一个幼儿在上一个活动开展完后，带了一些艾草到幼儿园，孩子们对艾草非常感兴趣。这时候我为了提高孩子们的感知经验，给孩子们留下了一个小问题"艾草与艾叶的区别"，请幼儿回家收集资料，然后带到班里与同伴共同分享。除此之外，我们开展了"神秘的艾草"活动，让幼儿了解艾草都可以做什么。

具体环节：艾草与艾叶——神奇的艾草。

第五阶段：端午节，粽子香。

上一个阶段的活动中我们重点挖掘艾草的作用及其烹饪方法。本阶段我们就其中一个风俗端午节插艾草引出了端午节的一系列活动。

具体环节：端午节的习俗——包粽子。

三、幼儿可获得的领域经验

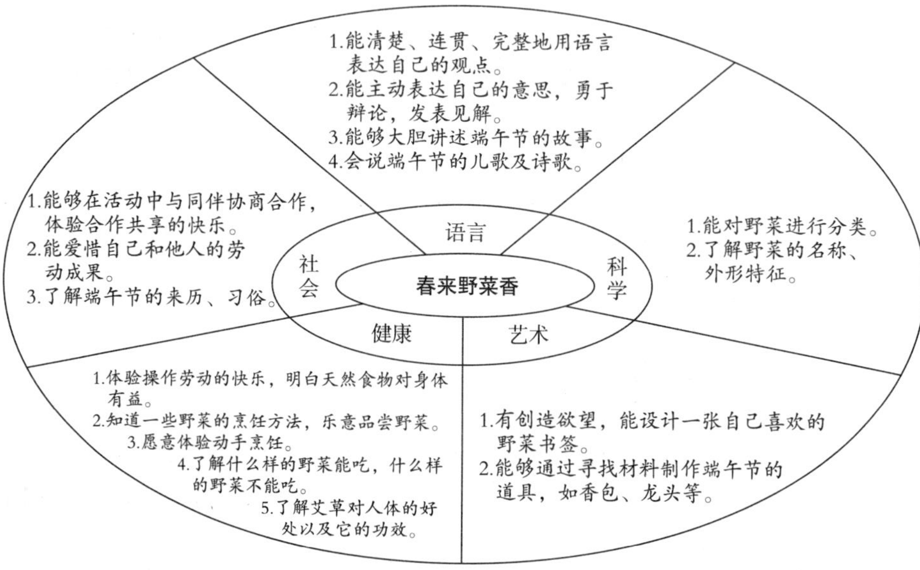

四、主题网络图和主题墙饰

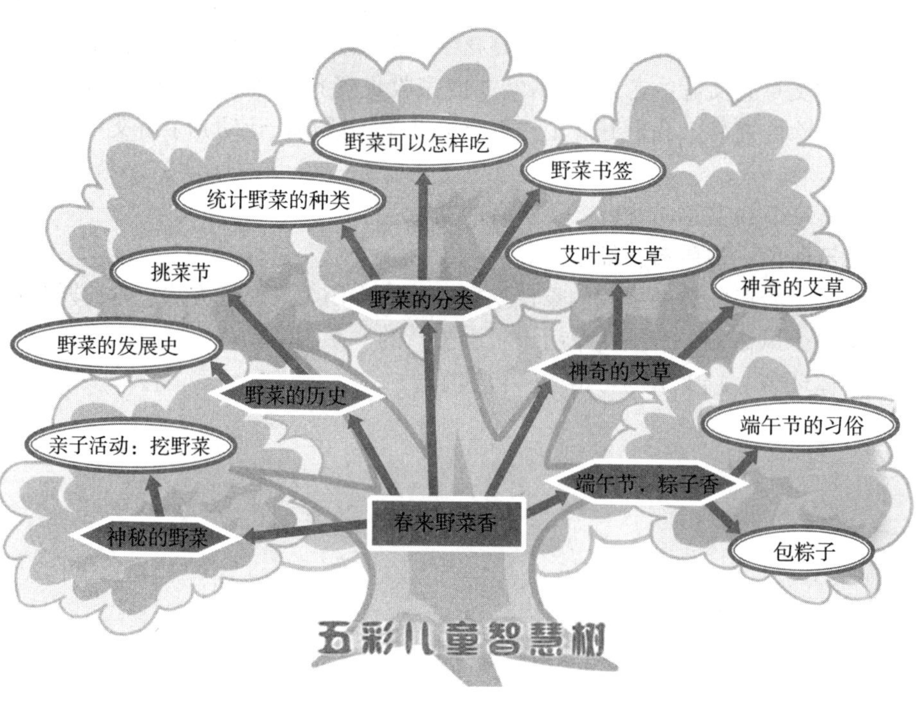

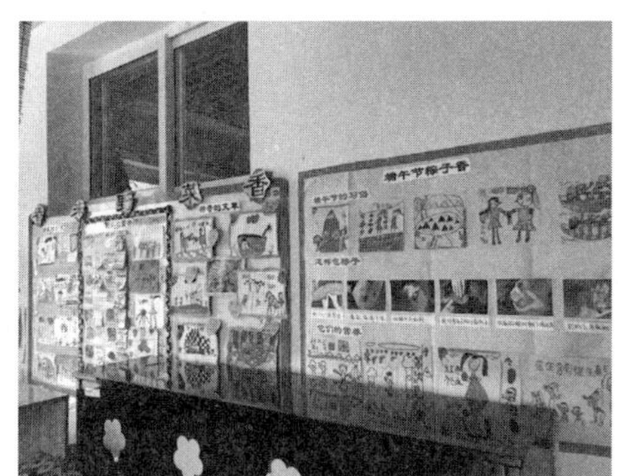

图 1

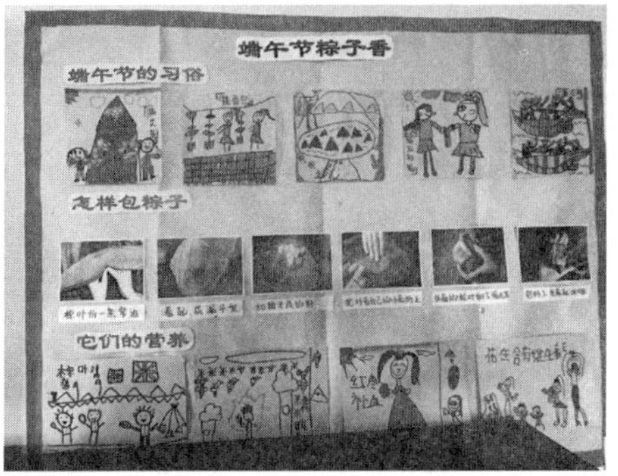

图 2

图 3

图 4

图 5

图 6

五、主题过程实录

第一阶段：神秘的野菜

为了让幼儿和大自然亲密接触，享受自己动手挖野菜、捡野菜的乐趣，让幼儿真正感受到大自然的神秘，在家委会会议中，大家热烈地讨论着……

萱时爸爸连声说："我在来北京前，经常到山上玩，那时家里的老人一到春天就去山上挖野菜。来北京以后，由于工作忙，有多少年没挖过了，好多野菜都不知道长什么样了，真该去认识认识了！"

然然妈妈点头称："让孩子和咱们家长放松放松，去大自然呼吸呼吸新鲜空气，我们山里随时欢迎大家去！"

轩轩爸爸："是个好提议，不过野菜基本都在山里，路程太远，并且咱们应该去不同的地方，多挖些不同种类的野菜，让孩子们都认识认识！"

萱时爸爸："不如就定个周末，三五成群地结伴去挖野菜，咱们就不全班性地组织了！"

张老师："对！我认为这样也比较合理，那咱们就初步这样定了！"

会长汇总了家长们的想法和意见，有时间的就去山里挖野菜，最后收集活动照片。

活动前教师从幼儿的谈话入手，和幼儿共同感受春天的变化，如天气变化、动植物变化及饮食的变化。当幼儿提到这几天我们一直说的野菜时，教师播放视频，引导幼儿发现田野中的野菜与人们种菜的地方不一样，引发幼儿对田野里生长的野菜产生兴趣，从而导入周末的亲子活动。

通过亲子挖野菜的活动，幼儿与家长一起去找野菜、挖野菜，认识了几种常见野菜，了解了其名称、外形特征和用途，体验了与父母共同劳动的乐趣，增进了亲子感情。

活动名称：亲子活动——一起挖野菜

活动目标：

1. 愿意与家长去找野菜、挖野菜。
2. 认识几种常见野菜，了解其名称、外形特征和用途。
3. 体验与父母共同劳动的乐趣，增进亲子感情。

活动准备：小铲子、合适的场地、出行工具。

活动过程：

一、开始部分

观看课件《好吃的野菜》，引发幼儿兴趣，激发幼儿挖野菜的愿望。

导语："小朋友们，你吃过影片中的野菜吗？它们看起来味道怎么样？你知道这些野菜的名称吗？它们长在哪里？是什么样子的？这周末老师就和爸爸妈妈一起带你们去寻找这些野菜。"

二、基础部分

1. 组织幼儿和家长到野外认识野菜、挖野菜。

(1) 向家长、幼儿交代途中的注意事项。

(2) 请有经验的家长分别介绍曲曲菜、蒲公英、荠菜、灰灰菜等野菜，观察了解各种野菜的生长特征。

(3) 幼儿在家长的带领下挖野菜，学习正确使用铲刀和剪刀，体验劳动的辛苦与喜悦（图 7～图 8）。

图 7

图 8

(4) 教师轮流指导，与家长和幼儿共同分享经验。

(5) 让幼儿把各自挖的野菜放好，集中起来，欣赏劳动成果。

2. 韵律活动"挖野菜"。

导语："小朋友，你们挖了这么多野菜，心里一定很开心，老师为你们编了一首'挖野菜'的歌，现在我们一起来听一听、唱一唱、跳一跳，把你们高兴的心情表现出来。"

三、结束部分

小结：小朋友们真能干，挖了这么多野菜，一会儿我们就把这些新鲜的野菜拿到幼儿园，一起做成可口的菜肴让大家品尝。

附：挖野菜儿歌

春风吹，白云飘，挖野菜，到山坳。
婆婆丁叫蒲公英，细长叶子像锯条；
苦麻子叫苣荬菜，叶子短粗像大刀。
大脑蹦，出得早，名字多，最难找。
浸没菜来小根蒜，大头菜也有人叫；
大脑瓜子土中埋，伸出小手像小草。
喜鹊树上喳喳叫，挖出大头菜哈哈笑，
真想弹你个大脑蹦，谁让你和我藏猫猫。

阶段反思：利用本地区条件组织亲子活动，通过让幼儿走进大自然，亲近大自然，调动了幼儿的各种感观，让幼儿在宽松、和谐地氛围中，在老师与家长帮助下认识多种野菜。整个活动开放、直观、有效，大大激发了幼儿的兴趣。

第二阶段：野菜的历史

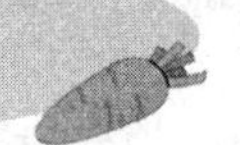

环节一：野菜的发展史

孩子们通过周末与家长挖野菜，对野菜的兴趣愈加浓厚，但是孩子们的问题也随之而来。

“人们是怎么发现野菜的呢?”赵茉含说。

“野菜为什么能吃呢?”金嘉佑说。

“野菜和蔬菜一样吗?”高崧瀚说。

随着孩子们不同问题的接踵而至，野菜的发展史课程有必要提前提上日程。我先事先做好课件，将文字历史全部找到对应的图片，利用多媒体向幼儿介绍野菜的发展史，从农耕时代发展到唐代，再到明清时期，最后到我们现代，野菜是如何被人们发现、被人们食用的，野菜和蔬菜又有什么不同。在我介绍唐代时，幼儿对“挖菜节”这个节日又产生了浓厚的兴趣，于是我给他们布置了一个小任务，回家自己查找相关资料，第二天共同分享。

孩子们了解野菜的发展历史，明白了野菜与蔬菜的区别，了解到野菜可以作为食物充饥，也可以作为药材，还有一些野菜没有特殊的作用。

活动名称：野菜的历史

活动目标：

1. 了解野菜从农耕时代到现代的发展史。

2. 了解野菜是自然生长，而非人工种植的。

活动准备：PPT 课件。

活动过程：

一、开始部分

导语："小朋友，我们现在看到的野菜其实在很久之前就有了，而且在以前还有跟我们现在不太一样的野菜，我们一起来看一看吧。"

二、基础部分

1. 观看视频，了解野菜的发展史。

2. 引导幼儿了解野菜的发展阶段。

3. 教师总结野菜的四个阶段，并逐一说明每段时期野菜的作用（图 9)。

图 9

第一阶段：农耕文明之初，蔬菜也曾是野菜，《诗经》中提到的可食用野菜多达 43 篇 25 种，采摘野菜就是生活的一部分。

第二阶段：唐朝每年农历二月，麦苗返青、野草萌发，河东地区的广大农村有一项传统民俗，几乎家家户户的妇女儿童都要臂挽竹篮，手执铁铲，到麦田、山野中去挖野菜。

第三阶段：明清时挖野菜是为度过饥荒，野菜在这时几乎与饥荒画上了等号。挖野菜是一种苦难生活的表示，不再是一种生活的情趣。

第四阶段：在现代，野菜又开始成为了餐桌上的一道菜，吃野菜不再是度饥荒，野菜不再是苦日子的代言，吃野菜变成了时尚，变成了养生之道，挖野菜、吃野菜再一次成为一种生活情趣。

4. 幼儿以绘画的形式展现出野菜的历史。重点突出每个阶段野菜的不同价值。

三、结束部分

活动结束，教师小结。

环节二：挑菜节

活动前一天晚上，幼儿回家查阅“挑菜节”的资料。

第二天开展活动时，教师提问：“什么是‘挑菜节’？这个节日怎么来的？这一天人们都要做什么？有哪些诗中提到这个节日了呢？”

幼儿了解挑菜节的由来，知道了农历二月初二这天是挑菜节，要比现在流行的二月二龙抬头都要先有，刘禹锡《淮阴行》之五、郑谷《蜀中春雨》等都有提到过挑菜节。

活动名称：挑菜节

活动目标：

1. 了解挑菜节的意义。
2. 清楚挑菜节产生的时间及原因。

活动准备：图片。

活动过程：

一、开始部分

回顾野菜的历史。

二、基础部分

了解唐代的挑菜节。

教师重点介绍挑菜节。在唐代时，如今的运城一带被称为河东。每年农历二月，麦苗返青、野草萌发，河东地区的广大农村有一项传统民俗，几乎家家户户的妇女儿童都要臂挽竹篮，手执铁铲，到麦田、山野中去挖野菜。“二月小蒜香死老汉”是河东地区的一句俗谚，至今一到二月时节，一些山区的村民还会去挖野菜，特别是这种长着黄豆大小蒜头的野菜，挖好后用来包饺子、炒鸡蛋，还可以腌制好储存起来慢慢吃。二月挖野菜在唐代时还曾是一个节日，有具体的时间，就是每年农历的二月初二。据史料以及唐诗记载，当时，京都长安的人们为了丰富生活内容，每到二月初二便三五成群地到郊外踏青，有些妇女提篮执铲去挖鲜嫩的荠菜，于是把这一天定为“挑菜节”。唐代时，二月初二不仅是挑菜节还是花朝节，但到了南宋，花朝节被改在了二月十五，二月初二便只留下了挑菜节。不过，现在的人们只知道二月初二是龙抬头，已经很少有人知道是挑菜节了。

三、结束部分

教师和幼儿共同讨论在挑选野菜时，哪类野菜可作为采摘的对象，哪类野菜不能吃。

“挑菜节”过后，幼儿又开始了新的讨论。

图图：“为什么要挑菜呀？”

妞妞：“对啊！为什么不叫摘菜节啊，哈哈哈……”

图图：“因为要挑选好的野菜，现在我们也要挑好的野菜呀！”

我们将幼儿的问题延伸到现在，有些地方的野菜可以吃，有些地方的野菜吃了会对人的身体造成危害，那么到底什么地方的野菜能摘，什么地方的野菜不能摘呢？教师借着图图和妞妞的疑惑，向全班幼儿抛出问题，让幼儿动脑筋思考。

经过小组讨论，幼儿得出结论，医院旁的野菜不能摘，因为有细菌；被污染的小河、土地旁不能摘，因为也可能会被污染；工厂旁的野菜不能摘，废物排出也会污染野菜；马路旁边的野菜也不能摘，因为排出的二氧化碳可能会被野菜吸收（图10）。

图10

阶段反思：这一阶段的活动其实是生成的活动。孩子们在与家长挖野菜的过程中，一个接一个的问题引发了以上一系列的活动。教师根据孩子们提出的问题“什么时候开始有野菜？”查找资料，为孩子们答疑解惑，孩子们知道了远古时期的人们就已经开始吃野菜了。之后野菜经历了一段辉煌时期，由于蔬菜的匮乏，野菜作为皇帝的贡品，然后一直持续到现代，有的饭店作为特色菜呈现在饭桌上。孩子们对唐代的“挑菜节”尤为感兴趣，所以我们为幼儿重点介绍了“挑菜节”。那么应该挑选什么样的野菜，哪里的野菜不能采摘？这个问题又引发了一个活动。我们的活动就在幼儿发现问题、教师和幼儿共同查阅资料解决问题的过程中开展，我很喜欢我们班这种处理问题的方式，在今后的每个活动中，我也会延续此方式。

第三阶段：野菜的分类

环节一：统计野菜的种类

“春天可以采摘很多很多的野菜，那么在我们身边，比较常见的野菜都有什么？晚上和你爸爸妈妈、爷爷奶奶一起说一说，明天把它们的名字和照片（或幼儿自己画的）带过来吧！”

第二天幼儿兴高采烈地来到了幼儿园，有的拿着很多照片，还有的拿着自己画的画，兴奋地跟我说：“老师，我这是车前草！”“老师，我画的这个是蒲公英！”“老师，我这是艾叶！”“这是香椿！”“老师老师……”瞬间我就被孩子们的热情包围了！

教师请幼儿依次分享自己查阅到的资料，教师边帮助幼儿整理归纳，边从电脑搜索野菜的样子，让全班幼儿进行观察学习，最后总结出 16 种常见的野菜。幼儿不仅知道了野菜的名称，还知道了他们外形及特征。

环节二：野菜可以怎样吃

我们总结出了 16 种常见的野菜，那么这些野菜有些是可以食用的，有些是不可以食用的，并且每一种野菜都有不同的营养，我请幼儿和自己的爸爸妈妈将它们分好类，并且将它们的营养画出来。接着请个别幼儿分享自己分类的结果，其他幼儿倾听，有不同意见都可自由发言。（小插曲：艾叶与艾草什么关系，有些孩子说能吃，又有些孩子说不能吃）分类完毕后，我们梳理了每一种野菜的营养。

经过一段时间的了解，幼儿对野菜有了一定的认识，所以在进行“野菜可以怎样吃”的活动时，幼儿基本说得非常全面，如木兰芽做馅、香椿炸着吃等。幼儿边说教师边查阅图片供幼儿观察，教师着重讲解幼儿感兴趣的做法，并鼓励幼儿回家与家长尝试制作。

活动名称：野菜可以怎样吃

活动目标：

1. 能合作设计出简单的野菜食谱。

2. 喜欢吃野菜。

活动准备：教师、幼儿和家长一起搜集的野菜图片、实物。

活动过程：

一、开始部分

导语："小朋友吃野菜了吗？你吃过什么样的野菜？它是什么味道的？你还认识哪些野菜？它们是什么样子的？"

二、基础部分

1. 导语："这些野菜宝宝很想成为我们的朋友，你知道怎样和它交朋友吗？"（喜欢吃它）

2. 引导幼儿讨论各种野菜的吃法。

3. 分组设计一份菜谱。

三、结束部分

将设计好的菜谱带回家，请家长按照菜谱帮忙制作。

环节三：野菜书签

孩子们对于野菜始终有着高度的热情，为了让他们对此活动有更高的兴趣，我开展了一个制作书签的活动。

孩子们在教师的指导下都制作了漂亮的书签。孩子们从中不仅锻炼了动手能力，还培养了专注能力，最重要的是他们发现野菜还可以用来玩。

活动名称：野菜书签

活动目标：设计一张自己喜欢的野菜书签。

活动过程：

一、开始部分

导语："小朋友快来看看我的书里有什么秘密？书里的这个纸片叫做书签。"

小结：书签是我们的好朋友，它可以用来做标记，帮助我们更快地找到看书的页码，为我们节省时间。

二、基础部分

1. 欣赏书签。

导语："我们看了这么多的书签，你喜欢哪一个？为什么？"

2. 指导幼儿用野菜制作书签。

导语："我们欣赏了这么多好看的书签，这些书签是用各种材料做成的，有叶子，有贝壳，有卡纸，还有的是用丝绸做成的，小朋友想不想自己做一个别致的书签，放到自己的小书里面？我们这几天挖了野菜，今天我们就用野菜做成精美的书签吧。"

3. 幼儿自动分成蒲公英组、曲曲菜组、灰灰菜组、荠菜组、苦菜组、马生菜（马齿苋）组等几组，自由选择野菜。

导语："请小朋友选择自己喜欢的野菜组，然后选择剪子或彩笔等工具进行制作，可以把喜欢的图案画出来再剪下来，还可以用多个野菜拼出自己喜欢的造型，大家看一看、比一比谁的野菜书签最特别、最漂亮，还可以给你的野菜书签起一个好听的名字呢!”

4. 指导幼儿把选择好的几种野菜捋平，用工具进行绘制、裁剪，并摆出自己喜欢的造型，轻轻放进书里压平。

5. 让幼儿把摆好的野菜造型轻轻放进压膜纸，把压膜纸放平，放进压膜机压膜。

6. 野菜压膜结束后，指导幼儿沿边剪下野菜书签。

三、结束部分

请幼儿互相交流自己制作的书签，进行精品书签展示，让幼儿体验成功的喜悦。

导语：“小朋友，拿着自己亲手做的书签开心吗？你的书签叫什么名字？是用什么做的？有什么特别的地方，和大家一起交流一下吧。”

阶段反思：此阶段主要是引导幼儿发现问题，在家长的帮助下解决问题，教师的主要作用就是帮助幼儿梳理他们查阅到的资料，并帮助幼儿进行分类，提高幼儿的分类整理能力。我们充分利用本地区的自然条件，调动幼儿的各种感官，让幼儿在轻松愉快的氛围中、在老师和家长的帮助下认识了多种野菜，使教学活动变得开放、直观、生动，大大激发了幼儿的活动兴趣。活动既扩展了幼儿的知识面，又促进了幼儿的社会性发展。幼儿在整个活动过程中都是主动的、积极的。此阶段的活动充分体现了以幼儿为中心的现代教育观念，提高了幼儿的观察能力、思维能力和动手操作能力。孩子们在感受春天的同时，丰富和拓展了对野菜的认识，培养了热爱自然的情感。

第四阶段：神奇的艾草

环节一：艾草与艾叶

在统计可食用野菜与不可食用野菜时，幼儿对于艾草和艾叶有了分歧，一种观点是它们两个是同一种植物，不可以食用；另一种观点是它们是两种不同的植物，一类可以食用，一类不可以食用。在活动后，我再一次请孩子们借助家长的力量一起查阅资料。

经过查阅资料，幼儿了解到艾叶和艾草属于同一类植物，艾叶即艾草上的叶子。在查阅资料的过程中，幼儿又学习到一个新的名词——艾蒿，它与艾草在外形和功效上稍微有些区别。

环节二：神奇的艾草

区域活动中，我听到益智区里幼儿之间的谈话。

陈熙："你们知道吗？我奶奶用艾叶泡脚呢！"

图图："为什么要用艾叶泡脚啊？"

叶子："我夏天回山里的时候，我姥姥还用艾草熏蚊子呢！"

金嘉佑："哇，艾草可真神奇！"

我及时关注到幼儿之间的谈话，并适时介入："你们知道艾草有这么多的功能啊？其实啊，艾草还有很多很多的功能呢，你们想不想知道啊？"幼儿都非常愿意了解艾草，于是我和这几位幼儿共同上网查阅资料，了解艾叶的其他功能。活动区游戏结束后，在活动区分享环节，这几位幼儿将我们查阅的资料说给全班幼儿听。幼儿了解到艾叶的其他功能，如艾叶泡澡、泡脚，做成各种美食，做艾灸，在端午节时还有在门口插艾草的习俗呢！

活动名称：神奇的艾草

活动目标：

1. 认识艾草。
2. 知道艾草的神奇功效。

活动策略：

1. 故事引入。

教师讲故事，并提问："艾草主要有什么功能？"

2. 总结艾叶的几个功能。

艾草含软性树脂、挥发性精油、鞣酸、苦艾素等成分，其中苦艾素有收缩血管、兴奋中枢神经的作用。用艾草制成的艾条、艾炷、艾饼在艾灸中得到广泛运用，具有温养气血、舒筋活络的作用，能治疗多种疾病。如艾灸足三里穴，能增强全身的免疫功能，减少疾病的发生。

3. 除此之外，你知道艾草还有什么功能吗？

艾叶煮水泡脚能够驱寒，艾条点燃能够熏蚊子，做艾灸对身体好，插艾草能够辟邪。拿艾草还可做成美食：艾草团子、甜艾饼、艾草粑粑等。

4. 幼儿闻一闻、摸一摸，将艾叶的样子画下来。

附故事：

相传唐朝时有一个叫崔炜的书生。有一天，他在集市上看到一位孤苦伶仃的老奶奶。由于很多天没有吃饭，老奶奶饿得头昏眼花，走路摇摇晃晃，竟然撞倒了路边饮酒人的酒杯。那些人气势汹汹地责骂老奶奶，气急之下还想要动手打人。见此情景，崔炜心生同情，虽然身无分文，但还是脱下自己的衣服来替老奶奶偿还酒钱，为老奶奶解了围。可当他转过头来，老奶奶却不见了。生性豁达的崔炜毫不在意，拍了拍身上的灰尘就回家了。

当天晚上，崔炜梦见有一条青蛇向他道谢："下午在街上多亏公子搭救，真是非常感激。特地送来一些艾草作为报答。这个艾草妙用无穷，它可以去除各种赘瘤肿块，只要敷上一点点就可以了，不要多用！希望它能帮你完成心愿，娶一房贤妻。"说完，青蛇再次向他拜谢，随后就消失了。崔炜从梦中惊醒，想着梦中的情景，觉得不可思议，伸手一摸床边竟然真的有一束艾草。过了不久，有一位姓任的千金小姐得了一种怪病，头上长了一颗大肿瘤，访遍了各地名医都没能治好。于是任家老爷贴出告示：只要有人医好小女的病，我愿将女儿许配给他。

崔炜抱着试一试的心态到了任家，给小姐敷上艾草，果然如梦中青蛇所说，不到两天患处就消肿痊愈了。就这样，崔炜娶了温柔可爱的任家小姐为妻，而艾草的药效也被广为了解，一直流传至今。

阶段反思：此阶段活动的开展是孩子们在收集各种野菜时，由于两位幼儿一个收集到"艾草"，一位幼儿收集到"艾叶"之后产生了争论，借着孩子们的兴趣，我及时抓住这一兴趣点，开展了艾叶与艾草对比的活动。孩子们渴望寻求每一个问题的答案，这正是我所期待看到的现象。

第五阶段：端午节，粽子香

环节一：端午节的习俗

提到端午节，幼儿非常兴奋。

瀚瀚："端午节应该吃粽子！"

灿灿："端午节还可以赛龙舟呢！"

君岳："端午节是为了纪念屈原！"

叶子："我还会背端午节的诗呢！"

有了端午节插艾草的习俗，我及时抓住这个中国传统节日，将端午节的习俗引入了我们的活动中。幼儿其实已经知道了一些端午节的习俗，但是大班幼儿应该有更深层次的提升，于是我们针对这些习俗开展了南北方的分类活动，让幼儿的原有经验有了更进一步的提升。幼儿了解到南北方端午节习俗的差异，如南方吃咸粽子，北方吃甜粽子；南方赛龙舟，北方踏柳；南方菖蒲艾条，北方五毒铜钱等。

活动名称：端午节的习俗

活动目标：

1. 了解端午节的名称、来历和有关习俗，知道端午节是中国的传统节日之一。

2. 通过编彩带、做香囊、画彩蛋等有趣的活动，体验端午节特有的习俗。

3. 感受中国民间节日特有的韵味。

活动准备：

1. Flash 故事《端午节的传说》《端午节的习俗》。

2. 编彩带、做香囊、画彩蛋等活动的相关材料。

活动过程：

一、开始部分

导语："五月初五是端午节，端午节是我们中国的传统节日。"

二、基础部分

引导幼儿了解端午节的来历。

1. 观看端午节的故事。

2. 提问帮助理解。

提问："刚才故事里说了什么？"

小结：端午节是为了纪念伟大的爱国诗人屈原才设立的。在端午节还要吃粽子呢。

3. 南北方过端午节的差异。

4. 玩赛龙舟游戏，体验端午赛龙舟的快乐。

导语："端午节除了吃粽子，人们还要进行一项很热闹的活动，那就是赛龙舟。"

5. 自主探索，通过编彩带、做香囊、画彩蛋等有趣的活动了解端午节的其他习俗。

6. 提供实物、录像等，幼儿分组探索端午节的常见习俗。

小结：这些活动不仅是为了纪念屈原，还寄托着人们希望一家团聚，生活美满的心愿呢。

三、结束部分

1. 教师念儿歌做总结。

2. 继续寻找端午节的其他习俗。

环节二：包粽子

正巧我们活动的推进临近端午节，幼儿和家长去超市发现了热卖的粽子，幼儿非常感兴趣。教师抓住幼儿对粽子的关注和兴趣引发大家思考：粽子叶是从哪里来的？怎样让粽子叶、糯米和豆子变软？怎样让食材保持干净卫生？粽子是怎么包的？绳子系不好会怎么办？煮粽子放多少水合适？吃粽子如何不粘手？

孩子们结合自己的兴趣和需要，大胆地发表了自己的意见。因此我班决定今年用包粽子的活动庆祝端午节的到来。决定做粽子以后，孩子们就着手解决教师提出的问题，孩子们找周老师帮忙收集粽叶，请食堂阿姨帮忙浸泡粽叶、糯米，还告诉阿姨们粽叶要先泡一段时间，然后开水煮 3 分钟。接下来清洗红枣，准备红豆沙，观察探究粽子的包法以及绳子的系法，最后和家长一起包粽子。

活动名称：包粽子

活动准备：

1. 糯米、红枣、豆沙、红枣、苇叶、包粽线若干。

2. 轻柔的音乐。

活动过程：

一、开始部分

导语："马上就是端午节了，我们该吃美味的粽子了。以往我们都是从超市买粽子吃，今天我们和爸爸妈妈一起亲手包粽子好不好？"

二、基础部分

1. 家长示范包粽子的过程。

导语："将苇叶 3～4 片（窄的用 4～5 片）一叶搭一叶地排好，然后折成三角形用左手拿住，右手抓一些湿米放入三角形中，再放上 2～3 个大枣或是红豆，接着再抓些湿米填平，把叶子包裹起来，包严包密，
用棉线捆好。"

2. 说明包粽子前的注意事项。

（1）请家长带幼儿去洗手，在制作的过程中应注意卫生。

（2）因地制宜，安排好幼儿家长的座位。

（3）家长、幼儿和教师一起包粽子。（播放喜庆的音乐，体验浓浓的温馨氛围）

（4）整理场地。

3. 在煮粽子的时候做亲子游戏"猜爸爸妈妈"。

玩法：5～6 个幼儿蒙眼坐成一排，父母分别走到幼儿面前，教师说出此人特征，如发式、衣着，由幼儿猜出哪个是自己的爸爸妈妈。

三、结束部分

导语："现在我们亲手包的粽子就要出炉了，我们一起来品尝我们包的粽

子，在品尝的过程中小朋友们应该怎么做呢？我们可以先喂自己的爸爸妈妈吃，对爸爸妈妈说一声‘您辛苦了！’然后可以与同伴分享。(图 11)”

图 11

阶段反思：在每个环节中，教师都让幼儿进行全方位的自主体验和探索。在以往仅靠教师一步步地讲解和教授的被动学习过程中，孩子们往往因学不会、包不好而情绪低落，还会因不能正确认识自己和评价自己而丧失信心。这次我们采用让孩子们在不断探究和发现中主动建构相关经验的方法，孩子们不仅知道了制作粽子的方法，更重要的是在探究过程中更加敢想、敢做、愿意做并且会做，所以说相信孩子，他们会带给你很多意外的惊喜。

六、收获感悟

幼儿园饮食活动的教育目标和价值重在让幼儿感受、亲历探究的过程和方法，重在体验发现的乐趣上。从最开始幼儿在草地上发现野菜，到亲子间寻找野菜，再到了解野菜，给野菜分类，探究艾叶，了解端午节等一系列活动，都让自主探索、生生互动、师生互动的良好氛围得以延续和发展。教师也注重保护孩子的好奇心，鼓励幼儿多提问，让幼儿在发现问题、解决问题的过程中养成良好的学习品质。

另外，结合《纲要》中提到的“家庭是幼儿园重要的合作伙伴，应本着尊重、平等、合作的原则，争取家长的理解、支持和主动参与。”在诸多环节，我都借助家长的力量，让家长和幼儿共同去查阅资料、去解决问题，我认为这不仅增进了亲子间的感情交流，还提高了幼儿解决问题的能力。

当然，本次主题的开展还存在着诸多问题，如由于时间紧，很多环节开展不够深入；教师本身对于野菜的了解也不够深入，所以对很多野菜的介绍也只是一带而过；考虑到幼儿食品安全的问题，并没有集体品尝野菜；教师在开展活动时始终把重点放在发现问题、解决问题方面，缺少一定的趣味性。这些问题告诉我在今后主题的开展过程中要多思、多想，争取让幼儿有更多收获。

图书在版编目（CIP）数据

幼儿园食育主题活动案例精选 / 刘秋红主编 . —北京：中国农业出版社，2018. 9
ISBN 978 - 7 - 109 - 19349 - 9

Ⅰ. ①幼…　Ⅱ. ①刘…　Ⅲ. ①饮食—卫生习惯—学前教育—教学参考资料　Ⅳ. ①G613. 3

中国版本图书馆 CIP 数据核字（2018）第 172163 号

中国农业出版社出版
（北京市朝阳区麦子店街 18 号楼）
（邮政编码 100125）
责任编辑　马英连

中国农业出版社印刷厂印刷　　新华书店北京发行所发行
2018 年 9 月第 1 版　　2018 年 9 月北京第 1 次印刷

开本：700mm×1000mm 1/16　　印张：16. 25
字数：408 千字
定价：38. 00 元